가족복지론

박용오 기은광 탁순자 이정숙 조성상 백혜영 공저

신정

머/리/말

가족은 가장 오래된 사회제도이며, 가족구성원 개인뿐만 아니라 우리 사회 전체의 존속과 발전에 기여해 온 사회적 기본 단위이다. 가족복지는 가족은 물론 가족구성원의 보호, 보장, 강화를 도모하여 사회적 기능의 수행을 효과적으로 지원함으로써 가족구성원 모두의 행복을 증진하기 위한 정책적 · 제도적 · 기술적 서비스 등의 제반 활동이 이루어지는 사회복지 실천분야이다.

가족복지론은 급변하는 환경 속에서 가족의 다양성의 확대에 따른 사회복지사로서의 관점을 정립하고, 다양한 수준에서 가족복지에 접근하는 방법을 학습하며, 가족의 욕구와 문제를 해결하는 과정에서 사회복지사로 개입하고 지원하는 실천능력을 함양할 수 있는 교과목이다. 이 책을 통해 국내 · 외의 가족복지정책, 가족복지서비스와 가족중심의 사회복지 실천방법들을 다양한 측면에서 이론과 사례중심으로 학습함으로써 가족복지 현장에서 사회복지사로서의 실천능력을 키울 수 있도록 공저자들이 뜻을 모아 집필하였다.

한국 사회복지교육협의회 사회복지교과목지침서(2021~2022)의 가족복지론 목차를 기반으로 하여 총 14장으로 내용을 구성하였다. 제1장은 가족에 대한 이해, 제2장은 가족복지의 이해, 제3장은 복지국가와 가족복지정책, 제4장은 한국과 외국의 가족복지정책, 제5장은 가족복지 관련 법, 제6장은 가족복지실천과정, 제7장은 가족치료, 제8장은 빈곤가족, 제9장은 한부모가족, 제10장은 폭력가족, 제11장은 다문화가족, 제12장은 중독자가족, 제13장은 장애인가족, 제14장은 1인가족(독신가족)으로 구성되어 있다.

최근에는 다양하고 급격한 사회환경 변화에 따라 가족복지와 관련된 법, 제도, 서비스 전달체계 및 가족의 욕구와 문제 등에서도 많은 변화가 일어나고 있다. 가족복지 실천현장의 이러한 변화들을 반영하고자 가급적이면 최신 자료와 정보를 사용하였다. 앞으로 대학에서 가족복지론 교재로 사용하면서 부족한 부분들과 함께 가족복지 실천현장에서 일어나는 변화들을 신속하게 반영해 나갈 것을 약속한다. 끝으로 출판을 독려하고 도와주신 도서출판 신정 최용구 대표님과 직원들에게 감사드린다.

2023년 2월

저자 일동

차/례/

CHAPTER 06 | 가족복지실천과정 / 107

CHAPTER 07 | 가족치료 / 139

CHAPTER 01
가족에 대한 이해

학습목표

1. 가족의 개념과 특성을 이해한다.
2. 가족의 기능과 가족의 유형분류를 살펴보고 이해를 증진한다.
3. 가족체계와 가족생활주기에 대한 이해를 증진한다.
4. 가족에 대한 다양한 이론적 관점과 가족의 특성변화를 이해한다.

1 가족의 개념과 특성

1) 가족의 개념

가족은 가장 오래된 사회제도이며, 가족구성원 개인뿐만 아니라 우리 사회 전체의 존속과 발전에 기여해 온 사회적 기본 단위이다. 가족은 가족복지정책의 주요 단위로서 사회복지실천의 일차적인 대상이며, 가족문제와 욕구를 해결하는 자원이고 지지체계이다. 가족이란 인구, 예술, 성, 정치 등 사회 전반에 걸쳐 영향을 미치며 동시에 가장 큰 변화를 경험하는 조직이라고 할 수 있다. 일반적으로 가족의 개념은 '결혼제도를 통해 결합된 남녀 한 쌍의 부부와 그들의 자녀로 구성되며, 가족구성원 각자에게 주어진 성역할에 따라 구분된 역할을 하는 집단'이라고 개념을 정의할 수 있다.

하지만 오늘날에는 가족을 혼인, 혈연, 입양 등의 전통적 방식에 따라 구성된 가족 이외에도 구성원의 필요에 따라 다양한 관계의 사람들이 연대감을 가지고 일상생활을 함께 하는 집단까지도 가족으로 보는 보다 광의의 개념으로 받아들이고 있는 추세이다. 가족의 의미와 형태가 시대에 따라서 그리고 사회·문화에 따라 다양하다는 점을 고려해 볼 때 가족을 정의하는 데는 한계가 있을 수밖에 없다. 따라서 가족의 가변성, 유연성, 다양성을 아우를 수 있는 가족에 대한 새로운 개념 정의가 요구되고 있는 것이다.

2) 가족의 특성

가족이란 적어도 두 사람 이상이 모여서 생활하는 사회집단을 의미하며, 각종 사회단체, 국가, 친척 등과 같은 사회집단의 일종으로 볼 수 있으나 이들과는 구분되는 특징들을 가지고 있다.

(1) 가족은 1차적 집단이다.

쿨리(Cooley)는 가족을 1차적 집단(primary group)과 2차적 집단(secondary group)으로 구분하고, 인간 간의 접촉방식에 따라 감정적인 유대로 묶인 일단의 사람들을 1차적 집단으로 특징지었다. 1차적 집단에서의 관계는 직접적이고 친밀하며, 항구적으로 지속되며 구성원들은 강한 일체감을 갖는다. 이에 비해 2차적 집단은 간접적 거리를 가지고 접촉하는 결합관계를 통해 공적인 성격을 갖는 사람들의 모임을 의미하는데, 이 2차적 집단은 구조가 비교적 복잡하고 제도화되어 있다.

(2) 가족은 공동사회 집단이다.

퇴니스(Tönnis)는 집단을 상호 간의 사랑과 이해로 결합되어 분열되지 않는 본질적인 결합관계를 가지는 게마인샤프트(Gemeinschaft, 공동사회)와 어떠한 결합에도 불구하고 본질적으로 분열되어 있는 이익사회인 게젤샤프트(Gesellschaft)로 구분하였다. 즉, 게마인샤프트는 구성원 간의 상호신뢰를 바탕으로 한 정서적, 감정적 기초로 성립되는 관계인 반면, 게젤샤프트는 특정한 이익이나 목적을 달성하기 위하여 수단을 사용하며, 타산적으로 대등하게 주고받는 이해관계가 개입되는 집단이다. 퇴니스에 따르면 가족은 대표적인 공동사회 집단에 해당한다.

(3) 가족은 폐쇄적 집단이다.

가족은 그 구성원이 되기 위한 어떤 자격의 획득 또는 포기가 쉽지 않은 집단이다. 즉, 가족관계는 그 관계를 쉽게 포기할 수 없는 운명적이며 자연적으로 결정된 결과라고 할 수 있다.

(4) 가족은 공식적인 집단이며 가족관계는 비형식적이다.

가족은 객관적 조직과 특정한 관습적 절차에 따라 통제되는 공식적인 집단이다. 또한 가족은 가족집단 내에서 남편 및 아버지로서 또는 아내 및 어머니로서의 지위가 자연적으로 결정되며, 결정된 지위에 따른 역할 수행이 기대된다. 그러나 가족구성원 간의 관계는 정서적인 감정으로 연결되어 어떤 형식에도 얽매이지 않는 비형식적이라고 할 수 있다.

(5) 가족은 상호 관계적 규칙을 지니는 집단이다.

양육, 보호, 그 외의 모든 가족활동은 상호 관계적 규칙을 갖는다. 예를 들어 자녀를 양육하거나 노부모를 돌보는 데 있어 천편일률적인 규칙을 적용할 수는 없으며 가족마다의 상황과 맥락에 따라 상호 관계적 규칙을 가지고 행동하게 된다.

(6) 가족은 공동 목표를 추구한다.

가족은 공동의 가치와 목표를 추구하는 집단이다.

(7) 가족은 매우 이질적인 성원들로 이루어진 집단이다.

가족은 남성과 여성, 성인과 아동 및 노인, 성장 배경이 같은 사람과 다른 사람 등 이질적인 성원들로 이루어진 집단이다. 그러므로 가족 내에서 개별 구성원들은 성별이나 세대에 따라 다양한 가치관을 가질 수 있으며, 입장의 차이를 나타낼 수 있다.

2 가족의 기능과 유형분류

1) 가족의 기능

가족은 다양한 역할과 행동을 수행하는데, 이를 가족의 기능이라고 한다. 사회에서 수행하는 가족의 기능을 크게 대내적 기능과 대외적 기능 두 가지로 구분하여 살펴볼 수 있다. 가족의 대내적 기능은 가족구성원에게 애정과 유대를 통해서 정서적인 지원을 해주며 개인의 성장과 성숙을 가능하게 한다. 대외적 기능으로는 자녀출산과 양육을 통해서 사회 구성원을 충원해 주며 가족 내 노인과 장애인을 보살피는 돌봄 역할을 한다.

가족은 그 구성원과 더 큰 사회를 위해 일정한 역할과 기능을 수행하고 있는데 이러한 가족의 기능은 사회와 시대에 따라 다양하게 나타나며 계속해서 변화하고 있다. 〈표 1-1〉은 가족의 기능 변화를 보여준다. 가족의 기능이 지속적으로 변화하고 있음에도 불구하고 여전히 가족은 사회 내에서 주요한 역할을 맡고 있다. 가족의 다양한 기능들 중에서 애정적 기능, 경제적 기능, 자녀 양육과 사회화 기능, 지위 부여와 사회적 역할 할당의 기능은 여전히 주요한 가족 기능으로 남아 있다.

표 1-1 ■ 가족의 기능 변화

전통적 가족 기능	가족 기능 변화내용
경제공동체의 기능	• 생산기능 상실 및 약화 • 소비기능 강화
성행위와 출산통제의 기능	• 성과 출산 통제 기능 약화 • 부부간의 성생활 기능 강화
자녀 양육 및 사회화 기능	• 자녀 양육 기능 강화 • 자녀 양육 기능 국가와 공유 • 사회화 기능 왜곡
정서적 유대 및 여가 기능	• 정서적 유대 및 여가 기능 강화
사회복지 기능	• 기능 왜곡(핵가족 책임론) • 사회보장기능 국가와 공유
지위 계승(계급재생산) 기능	• 성차별적 사회화
성역할의 사회화 기능	• 가사노동의 사회화·상품화·기계화

출처: 함인희(1995). 가족 기능의 변화 발췌·정리.

2) 가족의 유형분류

가족은 가족구성의 범위, 가족 내에서의 권위의 소재, 부부의 결합 형태, 가계계승 방식 등에 따라 다양하게 유형분류를 할 수 있다.

(1) 가족 구성의 범위에 따른 유형분류

- 핵가족(nuclear family) 부부와 그들의 미혼직계자녀들로 구성되는 가장 간단한 형태로써 출생가족일 수도 있고 생식가족일 수도 있다. 이러한 가족 형태는 가족을 구성하는 기본이 되는 원초적 단위로써, 이러한 핵가족 형태에서는 가족구성원 간의 애정 및 화목한 분위기를 유지하는 것이 중요시

되며 가족구성원들의 개성이 강하게 나타난다. 또한 가족 외부로부터의 간섭이 적으며, 기본적으로 부부의 결합으로 가족이 성립되므로 이혼 또는 부부 중 어느 한쪽의 사망으로 인해 가족이 해체되기 쉽다.

- 확대가족(extended family)은 결혼한 아들 한 사람만이 그의 생식가족과 더불어 부모와 동거하는 가족을 직계가족이라 하고, 결혼한 아들 모두가 부모와 동거하는 경우 방계가족이라 칭한다. 이러한 직계가족과 방계가족을 아울러 확대가족이라고 한다.

(2) 가족 내에서의 권위의 소재에 따른 유형분류

- 부권제(patriarchism)는 가부장제로 가족의 권위가 남자(부계)로 계승되는 사회를 의미한다. 이를 가장권, 가부장권(가산상속, 가계계승, 가독권, 대표권)이라고도 하며, 역사적으로 가장 발달했으며 가장 많은 사회에서 나타났던 형태이다.
- 모권제(matriarchism)는 부권제와 달리 가족의 권위가 여자(모계)로 계승되는 사회를 말한다. 실제 모계사회는 존재했지만 모권제 사회는 드물다. 또한 모권제라 해도 가독권이나 대표권을 남자가 갖기 때문에 전적으로 모권제로 보기는 어렵다.
- 동권제(equalitarianism)는 가장의 권위가 부부 공동으로 속해 있는 가족을 의미하며, 가산을 상속함에 있어서 자녀들에게 균등하게 분배하고 가족 내의 결정권을 부부가 협력하여 행사하는 경우에 해당한다. 현대의 가족 관계는 점점 그 권한이 동등해지는 방향으로 바뀌는 추세이다.

(3) 부부의 결합 형태에 따른 유형분류

- 단혼제(monogamy)는 일부일처제로 가장 보편적인 부부 결합 형태이다. 결혼한 사람의 절반 정도가 이혼하고 이혼한 사람의 3/4이 재혼하는 미국

사회의 경우 두 번 이상의 일부일처제를 경험하게 되는데 이를 연속적 단혼제라고 한다.

- 복혼제(polygamy)는 한 사람이 여러 사람의 배우자를 동시에 갖는 형태로서 일부다처제와 일처다부제로 나눌 수 있다. 일부다처제는 역사적으로 많은 나라에서 존재했었고 지금도 존재하고 있는 반면, 일처다부제는 빈민층의 경제적 필요성에 의해 발생하거나 여아살해 풍습으로 초래되는 경우가 있었으나 상대적으로 드물게 존재한다.

(4) 가계 계승 방식에 따른 유형분류

가명과 친족의 계보가 부의 혈통을 따라서 계승되는 경우를 부권제(patriarchy, 패트리아키)라 하고, 이와 반대로 모의 혈통을 따르는 경우를 모권제(matriarchy, 매트리아키)라 한다. 부권제 하의 가족에서 혈통은 남성에 의해 계승된다. 우리나라나 중국은 부권제 사회로, 일반적으로 가족구성원은 자신의 성(姓)을 아버지로부터 물려받다.

가보에서 차지하는 친척의 범위와 비중이 양계 동격이거나, 가명이나 가산상속이 혈통보다 개인의 상황에 따라 양계 어느 쪽에서나 계승자를 택할 수 있는 경우를 양계제(bilineal system)라 한다.

3 가족체계와 가족생활주기

1) 가족체계[1)]

(1) 가족의 하위체계 및 경계선

가족체계이론은 일반체계이론을 받아들여 전체적인 관점에서 가족생활의 모든 부분을 이해하려는 접근방법이다. 이러한 가족체계이론에서 개인은 독립된 개인인 동시에 부부체계, 부모-자녀체계, 가족체계의 구성원이 된다. 가족체계는 부부, 부모, 자녀, 형제자매, 여성, 남성, 모자, 부녀 등 여러 하위체계로 구성되며, 이와 동시에 사회나 문화와 같은 더 큰 체계의 하위체계로 기능한다.

가족체계에서 경계는 구성원들 간에 관계의 성격을 규정하는 행동 유형과 가족의 관습 및 가치를 토대로 만들어지며, 가족구성원 각자는 다른 구성원과의 정보 의사소통을 기초로 하여 다른 가족과 구별되는 경계를 만들어 간다.

경계선은 모호한 경계선, 분명한 경계선, 경직된 경계선 등으로 구분된다. 모호한 경계에서는 가족원 사이에 모든 정보를 공유하지만 모든 문제에 지나치게 얽혀 있어 필요 이상의 밀착된 관계를 맺게 될 수 있다. 반면 경직된 경계는 가족구성원 사이에 생각이나 감정 정보 등을 공유하지 못한다는 한계를 갖는다. 폐쇄적이고 경직된 경계를 지닌 가족체계는 지역사회, 이웃, 직장, 친척, 친구 등과의 관계에서 매우 제한적으로만 정보교환과 상호작용을 진행한다.

(2) 가족 항상성

항상성(homeostasis)은 건강의 개념이다. 가족의 항상성은 가족 내에서 가족

1) 가족체계에 대해서는 7장 가족치료에서 좀 더 세부적인 내용을 학습하게 된다.

스스로 안정을 도모하기 위한 제반 가족활동으로 이해할 수 있으며, 이러한 가족활동은 가족 간의 관계를 유지해 주는 상호작용적 과정을 의미한다. 이러한 과정을 통해 가족은 내적인 균형을 유지·개선하며 안정을 추구해 나간다.

가족 항상성으로 인해 한 가족구성원의 문제가 개선됨에 따라 다른 가족구성원이 문제를 드러내는 상황이 발생하기도 한다. 즉, 가족의 기본 구조의 틀을 유지한 채 한 가족구성원의 문제가 개선되는 경우 현재의 상태를 유지하고자 하는 항상성으로 인해 이러한 균형을 깨뜨리지 않기 위한 반응으로 다른 가족구성원에게 문제가 생기는 결과를 초래 수 있다. 그러므로 가족치료자는 가족문제에 개입하고자 할 때 가족 내에 역기능적인 상호작용 체계를 그대로 유지하면서 치료의 초점을 환자 가족에게 돌린다면 환자의 증상 행동이 오히려 더 심화되거나 악화될 수 있다는 점을 고려해야 한다.

(3) 가족규칙

모든 가족은 나름의 규칙을 갖는다. 이 규칙은 그 가정 내의 가치관과 밀접하게 연관되어 있으며 가문의 전통과도 관련되어 있다. 이와 같이 규칙에 의해 지배되는 가족체계 내에서 가족구성원은 조직화되고 반복적인 상호작용 패턴을 갖고 행동하게 된다. 가족 내에는 힘의 논리에 따른 분배 역할 등에 관한 규칙이 존재하는데, 이는 오랜 기간 이어져오면서 자연스럽게 반복되는 가운데 은연중에 불문율처럼 굳어져 가족을 지배한다. 그러므로 좋은 규칙을 가진 부부는 상호 보완적이며 서로 돕는 관계를 유지하게 되고, 이러한 규칙을 자연스럽게 실천하면서 행복한 가정을 만들어갈 수 있다.

(4) 가족 삼각관계

가족 삼각관계는 세 사람 간의 인간관계를 설명하는 개념으로 어떤 두 사람이 또는 이들 두 사람 중 한 사람이 자신(들)이 안고 있는 문제를 해결하지 않은 채 제3자를 끌어들여 긴장을 완화하고자 노력하는 것이다. 두 사람이 2인 관계를 맺으면 불안이나 긴장이 유발될 수 있는데, 이러한 긴장을 최소화하기 위하여 제3자나 문제를 끌어들여 삼각관계를 형성하고자 하는 심리가 존재한다. 가장 흔한 예로는 부부와 자녀로 구성된 삼각관계 또는 시어머니와 남편, 며느리로 구성된 삼각관계이다.

병리적이고 역기능적인 삼각관계는 대부분 세대가 다른 사람들 간에 맺어지고, 자신의 연합 사실을 인정하고 싶지 않아 부정하며, 관계 유형은 정형화되어 있다. 그러나 모든 삼각관계가 가족의 병리를 나타내는 지표가 된다고는 할 수 없다. 삼각관계는 긴장을 조장하는 에너지의 방향을 전환하게 하여 개인이나 가족관계가 생산적이고 정상적인 기능을 유지하는 데 일시적 도움이 될 수도 있다.

2) 가족생활주기

가족생활주기는 가족치료를 발달이론에 접목한 것으로, 일반적으로 시간의 경과에 따른 가족 내의 발달적 경향을 묘사하기 위해 사용된다. 모든 가족은 가족생활주기의 단계를 반드시 거치게 되는데, 각 단계에서 다음 단계로 넘어갈 때 적응상의 문제가 발생하게 된다. 이러한 적응상의 문제가 심각할 경우 가족은 심각한 스트레스 상황에 놓이게 된다. 따라서 가족생활주기상의 이러한 위기가 가족문제의 원인이 될 수도 있다. 예를 들어, 결혼을 한 젊은 남편과 부인이 결혼 이후에도 각자의 부모들과의 관계로부터 정서적으로 분리되지 못함으로써 독립적인 부부 단위를 형성할 수 없을 경우에, 그 부부는 다음 단계의 가족생활주기로의 진입 상황에서(즉, 자녀 출생과 출생한 자녀를 기르는 단계) 스트레스와 갈등과 혼란을 경험하게 될 수 있다.

카터와 맥골드릭(Cartter & McGoldrick, 1999)은 가족생활주기를 6단계 이론을 통해 설명하면서 각 단계별로 전환기에 필요한 정서적 과제와 가족체계 변화를 위한 발달과제를 제시하였다. 이들이 제시한 6단계는 1단계: 결혼전기(미혼성인), 2단계: 결혼적응기(신혼부부), 3단계: 자녀아동기, 4단계: 자녀청소년기, 5단계: 자녀독립기, 6단계: 노년기이다. 〈표 1-2〉는 가족생활주기와 각 단계별 주요 과업들 및 가족에게 요구되는 기능을 보여준다.

표 1-2 ■ 가족생활주기에 따른 단계별 과업 및 요구되는 기능

가족생활주기(6단계)	전환기 시점의 주요 과업	가족에게 요구되는 기능
1단계: 결혼전기 (미혼성인)	정서적 · 재정적 책임감을 받아들임	• 원가족과의 관계에서 자아분화 • 친밀한 동료관계의 발달 • 재정적인 독립과 자아의 확립
2단계: 결혼적응기 (신혼부부)	새로운 가족에 대한 적응과 헌신	• 부부체계의 형성 • 배우자와의 성숙한 관계를 유지하기 위해 친구 및 확대가족과의 관계 재형성
3단계: 자녀아동기	새로운 가족구성원에 대한 수용 및 가족체계 변화에의 적응	• 자녀에게 공간을 주기 위한 부부체계의 조정 • 자녀양육·재정·가사에서의 협력 • 부모·조부모 역할 수용을 위해 확대가족과의 관계 재조정
4단계: 자녀청소년기	자녀의 독립과 조부모의 노화를 수용하기 위한 가족경계의 유연성 필요	• 사춘기 자녀가 가족체계의 안과 밖으로 이동하는 것을 수용하기 위한 부모-자녀 관계의 변화 • 중년기 사회적 역할 추구와 부부생활의 위기에 대한 점검 • 노부모를 돌봄을 위한 변화 시작
5단계: 자녀독립기	가족체계로부터 가족구성원들의 잦은 출입 수용	• 두 사람만의 부부체계로서의 재협상 • 성장한 자녀와 부모 간에 성인 대 성인 관계로 발전 • 인척과 손자를 포함하기 위한 관계의 재조정 • 부모(조부모)의 신체적 노쇠와 죽음을 다룸
6단계: 노년기	역할의 전환에 대한 수용	• 생리적인 쇠퇴에 직면하여 자신 또는 부부간의 기능과 관심 유지 • 가족의 새로운 사회적 역할에 대한 탐구

4 가족에 대한 이론적 관점과 가족의 특성 변화

1) 가족에 대한 이론적 관점

(1) 구조기능주의

구조기능주의는 1960년대까지 가족이론의 지배적 이론으로 가족연구에 가장 많이 활용되었다고 할 수 있다. 구조기능주의 이론에 따르면, 사회는 유기적으로 연결된 여러 부분들로 구성되며, 부분들 간의 협동과 합의에 의해 운영되고 유지되는 통합된 체계이다. 즉, 각 부분들은 전체 사회의 조화로운 기능과 유지를 위하여 각각의 역할들을 수행하며, 나아가 전체 사회의 균형 상태를 유지하려고 한다는 것이다. 가족에 대한 구조기능주의 이론에서는 가족을 사회 존속을 위해 가장 중요한 기능을 담당하는 기본 제도로 간주하며, 사회와 가족 자체, 그리고 가족구성원을 위한 가족의 기능 및 이의 수행을 강조한다.

(2) 상징적 상호작용이론

상징적 상호작용이론은 인간행동은 인간 상호 간의 상호작용을 통해 결정되고 설명될 수 있다고 주장한다. 개인의 사회화가 어떻게 일어나는지, 가족 내에서 사회화 과정이 개인의 삶에 어떻게 영향을 미치는지에 관심이 있다. 이 이론에서 상징의 의미는 사회적 상호작용 내에서 만들어지며, 상황에 대한 인식이 인간의 행동에 영향을 미친다고 본다. 인간은 지속적으로 변화하는 사회에 태어나는데, 개인은 자아개념을 갖고 태어나는 것이 아니라 특히 가족 내에서 사회적 상호작용을 통하여 자아개념이 발달된다고 가정한다. 상징적 상호작용이론은 미시적 관점을 갖고 있기 때문에 결혼과 가족에 영향을 미치는 거시적 측면과 가족관계에서의 보이지 않는 권력과 역할을 간과한다는 비판을 받는다. 또한 상호작용으로 해결할 수 없는 권력과 역할의 장벽을 설명하기 어려운 점과 인간생활의 무의식적이면서 정서적인 측면을 충분히 설명하지 못한다는 점 등으로 비판을 받고 있다.

(3) 갈등이론

갈등이론은 인간의 기본적 속성과 사회자원의 제한성 등으로 인하여 갈등은 피할 수 없는 것이며, 갈등은 사회적 진보를 위하여 필요한 것으로 보는 이론이다. 갈등주의적 관점에서는 가족 역시 갈등구조로 파악된다. 즉, 갈등이 상황에 따라 일시적으로 발생하는 것이 아니라 가족관계에 본질적으로 내재되어 있다고 간주한다. 또한 갈등의 원인은 가족 내부뿐만 아니라 가족 외부, 즉 사회체계 모두에서 찾아볼 수 있다. 가족 내 주도권을 얻기 위한 부부간의 갈등을 한 예로 들 수 있다.

갈등주의 이론을 거시적 관점에서 보면, 가족구성원 간 갈등의 원인이 되는 불평등한 관계는 자본주의 사회체제를 유지하고 강화하는 역할을 한다. 자본주의 사회체제에서는 남성과 여성의 활동영역이 사회와 가정으로 양분되어 있으며, 결과적으로 여성을 남성의 경제력에 예속시킴으로써 남녀관계의 불평등 구조를 낳게 된다. 즉, 가족관계에 존재하는 불평등은 사회체제의 부산물로 존재하는데, 이러한 불평등이 체제유지를 위해 기능하고 있다는 것이다. 갈등주의 시각에서는 가족문제 역시 가족 내부의 불평등한 권력구조나 역할분담, 그리고 가족관계에 영향을 미치는 사회체계에서 기인하는 것으로 본다.

(4) 가족체계이론

가족체계이론은 체계이론을 가족에 적용시킨 이론으로서 전체로서의 가족을 분석단위로 보고, 가족구조, 가족구성원들 간의 상호관련성 및 기능 등을 분석하는 개념들을 제시한다. 가족체계이론은 가족문제를 다루는 전문가들에 의해 가족을 분석하고 가족문제를 진단하는 유용한 개념으로 강조되었으며, 특히 가족치료이론의 발전에 큰 영향을 미친 것으로 평가된다(송성자, 2001).

가족은 가족성원들로 구성된 체계이다. 가족체계의 하위요소인 가족구성원들은 다양한 하위체계를 구성하는데, 가족구성원 각자, 부부, 부모와 자녀, 형제자매 등이 하위체계가 된다. 이와 동시에 가족체계는 친족, 이웃, 사회와 같은 더 큰 상위체계의 한 부분으로서 하위체계로 기능한다. 가족체계는 외부와의 상호작용의 상대적 크기에 따라 개방체계(open system)와 폐쇄체계(closed system)로 구분된다. 가족이 상위체계인 환경, 정보, 물질 등을 주고받으며 활발하게 상호작용하는 개방체계인 경우 개방형 가족이라고 하며, 외부와의 상호작용이 상대적으로 저조한 폐쇄체계인 경우 폐쇄형 가족이라고 한다. 가족이 외부와의 경계가 지나치게 개방되어 가족 외부와 구분이 거의 없고, 지역사회나 이웃과의 관계나 접촉을 가족구성원 각자가 자기 뜻대로 행동하는 가정의 경우 방임형 가족에 해당한다.

(5) 여성주의 관점

여성주의 관점은 가족갈등에 주목한다는 점에서는 갈등주의와 같지만, 갈등주의가 경제적 자원 및 자원을 둘러싼 갈등에 주목한 반면 여성주의는 가족 내의 남성과 여성의 불평등한 구조에 초점을 둔다는 점에서 차이가 있다. 여성주의 시각에서 볼 때, 오늘날의 가족은 남편이 아내와 자녀에 대한 통제권을 행사하는 남성중심의 가부장적 가족을 의미한다. 여성주의 시각에 따르면, 경제활동 및 생계 담당자로서의 남성의 역할과 가사노동을 담당하는 여성의 역할에 대한 엄격한 분리가 남녀의 불평등을 초래한 근본적 원인이다.

여성주의 시각에서 가족문제는 가족 내 불평등한 성역할과 권력구조 및 여성에 대한 남성의 통제에서 비롯된다. 이러한 가족문제에 대처하는 접근방법은 매우 다양하다. 미시적으로는 불평등한 남녀 구조에 대한 당사자들의 의식화에 초점을 두는 여성주의 사회복지실천을 들 수 있으며, 거시적으로는 가사노동의 사회화, 즉 여성의 남성에 대한 예속화를 발생시키는 가사노동으로부터 여성을 해방시키기 위해 가사노동을 사회로 이양시키는 제도적 장치가 강조된다.

2) 가족의 특성 변화

(1) 가족구조의 변화

가족의 변화에 있어 가장 두드러지는 양상은 가족 규모의 축소라고 할 수 있다. 현재 1인가구가 급속히 증가하고 있는데 특히 소득계층별로 소득 하위집단의 1인가구 비중이 높게 나타나고 있다. 2035년이 되면 전체 가구 중 1인가구가 가장 큰 비중(34.3%)을 차지할 것으로 전망되고 있으며, 1인가구 다음으로는 부부로 구성된 가족, 부부와 자녀로 구성된 가족 순으로 높은 비중을 차지할 것으로 예상된다(박미은 외, 2000). 이처럼 가구 규모가 축소되는 것은 노인부양이나 부모-자녀관계의 변화와 밀접한 연관이 있는데, 특히 만성질환을 가진 노인에 대한 돌봄이 심각한 사회문제로 대두할 것으로 예상할 수 있다.

(2) 다양한 가족형태

가족의 변화 가운데 가족형태에서의 다양성 역시 크게 증가하고 있다. 한부모가족은 별거, 이혼, 사망, 미혼상태의 임신 등 다양한 원인으로 부모 중 한쪽이 부재한 경우로 제3의 가족유형이라고 불릴 정도로 전 세계적으로 증가하는 추세이다. 인구의 고령화에 따라 고령자가구 또한 증가하고 있다. 의료기술의 발전, 영양상태의 개선 등으로 인류의 건강상태가 크게 개선되면서 수명이 연장됨에 따라 고령자가구는 앞으로도 계속적으로 증가할 것으로 전망된다. 무자녀가족도 가족형태의 한 유형으로 증가하고 있다. 딩크족(Double Income No

Kids: DINK)으로도 불리는 무자녀가족은 부부가 자신들이 처한 상황에서 가장 적합한 삶의 대안을 추구하는 과정에서 만들어진 '과정적 현상'으로 이해할 수 있다. 이외에 맞벌이가족 및 다문화가족 역시 증가하고 있다.

(3) 가족기능의 변화

가족을 바라보는 관점이 다양화하면서 가족의 기능도 변화하고 있다. 가족의 주요 기능 중 하나인 경제적 기능 측면에서 가족의 소비적 기능에 주목할 필요가 있다. 가족의 경제력이 향상되면서 가족의 소비적 기능도 확대되어 왔다. 그러나 최근에는 가족의 소비 기반이 위축되어 있는 상황이어서 앞으로도 가족의 경제적 기능이 변화할 것임을 예상해 볼 수 있다. 가족 내 돌봄 기능 또한 크게 달라지고 있다. 여성의 경제활동참여가 보편화되면서 여성중심의 가족 내 돌봄 기능이 약화되고 있으며, 이렇게 약화된 가족 내 돌봄 기능을 사회적으로 함께 부담하는 것이 요구되는 상황이다.

한편, 가족의 정서적 기능은 강화될 것으로 예상된다. 현실에서 불가피하게 가족원들이 떨어져 산다고 하더라도 현대사회에서 가족의 의미와 존재는 가족의 정서적 기능을 통해 계속 유지될 것이라는 주장이 설득력을 얻는다. 가족의 기능 일부가 사회화되어 가족구성원들의 부담이 줄어들게 되면 오히려 가족의 친밀성이 증가할 수 있는데, 이러한 형태의 가족이 오늘날 선호되는 가족형태이며, 우리사회가 선택할 수 있는 최선의 가족형태임을 보여주는 연구도 있다(박미은 외, 2020).

(4) 가족생활주기의 변화

가족생활주기(family life cycle)는 가족이 생성되어 소멸되기까지의 주기를 말한다. 사회적 변화에 따라 가족형성 이전의 기간이 길어지고 있으며, 만혼의 경향과 이에 따른 출산율 저하로 인해 결혼에서부터 막내 자녀 출산 완료까지의 기간이 단축되고 있다. 또한 저출산의 영향으로 자녀의 수가 감소됨에 따라 첫째 자녀 결혼 시작부터 마지막 자녀의 결혼 완료까지의 기간도 점점 짧아지고 있으며, 이와 함께 기혼여성의 취업 및 이와 관련된 여성에 의한 가족 돌봄에 대한 사회적 돌봄 책임 확대에 대한 방안이 모색되어야 한다. 특히 가족 확대 완료기가 길어지고 있다는 점, 부부만의 기간이 증가하고 있다는 점, 그리고 독거노인으로의 기간이 길어지고 있다는 점을 고려하여 보다 적극적인 대책 마련이 요구된다.

(5) 가족 가치관의 변화

결혼, 부모돌봄, 가족관계 만족도 등에서 가치관의 변화가 크게 나타나고 있다. 오늘날에는 결혼이 가계전승을 위해 반드시 필요하다고 생각하지 않는 경향이 있으며, 결혼을 선택이라 생각하여 결혼 상대를 선택함에 있어서도 낭만적 사랑을 중요시하여 사랑에 기초한 가족을 개인의 중요한 생활기반으로 인식하게 되었다. 이혼과 재혼에 대해서도 부정적인 인식이 감소하고 중립적인 태도가 증가하는 추세이다.

부모돌봄에 대한 태도에서도 가치관의 변화를 볼 수 있다. 예전에는 자녀 중에서도 특히 장남이 부모를 모셔야 한다는 생각이 지배적이었다면 오늘날에는 상황에 맞게 부모를 돌보고 있으며, 부모돌봄에 대한 국가의 역할에 대한 기대도 크게 증가하였다.

가족관계 만족도 및 가사분담에 대한 가치관의 경우, 가족의 정서적 기능이 강조됨에 따라 가족관계 만족여부가 가족구성원에게 큰 영향을 미치고 있으며, 남녀평등에 대한 인식 확대와 여성의 취업 증가 등으로 인해 결혼생활에서 가사분담을 보다 중요하게 고려하게 되었다.

CHAPTER 02

가족복지의 이해

학습목표

1. 가족복지의 개념과 목표를 이해한다.
2. 가족복지의 관점과 접근방법에 대한 이해를 증진한다.
3. 가족의 욕구·문제를 해결하는 가족복지의 기능을 이해한다.
4. 가족복지서비스의 전달체계와 실천방법에 대한 이해를 증진한다.

1 가족복지의 개념과 목표

1) 가족복지의 필요성과 개념

최근에는 다양한 가족형태의 등장과 욕구변화로 인하여 가족이 사회적으로 기대되는 역할과 책임을 잘 수행하기 위해 다양한 가족복지 서비스 지원에 대한 요구가 증가하고 있다. 기존의 획일적인 가족구조를 전제로 한 가족복지의 제도만으로는 다양한 가족의 욕구와 문제에 접근하는 데 한계가 있어 이를 극복할 수 있는 새로운 접근이 요구되고 있다. 특히 노인가구의 급격한 증가에 따라 가족복지의 영역에서 가족의 돌봄기능 및 보호기능에 대한 정책적·제도적·기술적 서비스 등 현실에 알맞은 다양한 가족복지의 대책과 서비스 지원의 필요성이 더욱 커지고 있다.

가족복지는 '한 단위(unit)로서의 가족 전체'에 주목하면서 가족은 물론 가족구성원의 보호, 보장, 강화를 도모하여 사회적 기능의 수행을 효과적으로 지원함으로써 가족구성원 모두의 행복을 증진하기 위해 정책적 · 제도적 · 기술적 서비스 등의 제반 활동이 이루어지는 사회복지실천분야로 개념을 정의할 수 있다.

2) 가족복지의 목표

가족은 가장 오래된 사회제도이며, 가족구성원 개인뿐만 아니라 우리 사회 전체의 존속과 발전에 기여해 온 사회적 기본 단위이다. 가족은 가족복지정책의 주요 단위로서 사회복지실천의 일차적인 대상이며, 가족문제와 욕구를 해결하는 자원이고 지지체계이다. 사회복지가 추구하는 일반적인 목표는 개인과 가족의 복지, 국민들의 자유와 권리 보장, 사회정의 실현과 사회적 통합, 효율성과 평등성 추구 등이다. 사회복지의 일반적인 목표는 그 사회의 경제, 정치 및 역사적 배경에 따라 다양한 변화가 있을 수 있다.

가족복지의 일반적인 목표는 가족의 안녕 도모와 삶의 질 향상, 가족과 가족구성원 간의 권리보장과 평등 실현, 다양한 새로운 가족형태의 인정과 기능 보완, 사회문제 해결과 사회통합에의 기여 등이다.

(1) 가족의 안녕 도모와 삶의 질 향상

가족복지는 개인 및 가족의 안녕을 도모하기 위하여 가족의 욕구와 문제를 해결하고 삶의 질을 향상하는 것을 기본 목표로 하고 있다.

(2) 가족구성원 간의 권리보장과 평등 실현

아동학대, 가정폭력 등 다양한 가족구성원 간의 문제를 해결하고 예방할 수 있는 법적 · 제도적 장치가 가족구성원 간의 권리를 보장하고 평등을 실현하는 데 목표를 둔 정책과 서비스 실천이 적극 이루어져야 한다.

(3) 다양한 새로운 가족형태의 인정과 기능 보완

전통적인 가족형태를 벗어난 다문화가족, 1인가족, 한부모가족, 소년소녀가족, 노인단독가족 등 다양한 새로운 가족형태의 출현을 인정하고, 이 가족들이 정상적인 사회생활을 할 수 있도록 가족기능을 보완하는 데 목표를 둔 정책과 서비스 실천이 적극 이루어져야 한다.

(4) 가족의 욕구와 문제해결을 통한 사회문제의 예방과 사회통합에 기여

가족은 사회적 기본 단위이기 때문에 가족의 욕구와 문제해결을 통하여 사회문제를 예방하고 사회통합에 기여하는 데 목표를 둔 정책과 서비스 실천이 적극 이루어져야 한다. 이러한 가족복지의 목표는 인간이 끊임없이 추구해 온 가치, 즉 평등과 자유의 개념을 실현하는 수단이 되며 이를 통한 가족과 사회의 변화를 유도할 수 있어야 한다.

2 가족복지의 관점과 접근방법

1) 가족복지의 관점

가족은 인류가 만들어 낸 가장 오래된 사회제도이며, 가족구성원 개인뿐만 아니라 우리 사회 전체의 존속과 발전에 기여해 온 사회적 기본 단위이다. 사회복지에서 가족의 의미는 가족복지정책의 주요 단위로서 실천방법론이 적용되는 대상이며, 사회복지실천의 일차적인 대상으로 주요 환경체계이며, 가족문제와 욕구를 해결하는 자원이고 지지체계이다. 최근 정부와 지방자치단체가 시행하고 있는 다양한 복지정책과 시책들은 상당 부분 가족과 관련되어 있다. 어디까지가 가족복지이고 그 핵심적인 기능이 무엇인지, 어떤 시각과 관점에서 바라보아야 하는지를 신중하게 생각해 볼 필요가 있다.

(1) 광의적 관점

가족복지의 개념에 사회보장정책, 고용 · 임금 · 물가 등에 관련한 경제정책, 가족의 기초생활 보장과 삶의 질 향상을 위한 각종 복지 · 보건 · 의료정책, 교육 · 문화정책, 주택 · 환경정책 등 가족의 복지와 관련된 정부의 다양한 제도나 서비스 지원 등의 제반 행정활동을 포괄하는 것으로 보는 관점이다.

(2) 협의적 관점

가족복지를 아동복지, 노인복지, 여성복지, 장애인복지 등과 같이 대상별 수준으로 한정된 영역에서 사회복지서비스를 제공하는 사회복지실천의 한 분야로 규정하는 것으로 보는 관점이다.

2) 가족복지의 접근방법

(1) 보수주의적 접근방법

전통적 가족관에 기반하고 있는 보수주의적 접근방법은 가족을 사회통제의 기본 단위로 인식하고 전통적인 가족을 유지하는 것을 목표로 한다. 이러한 접근방법은 특정 형태의 가족을 지향할 뿐 아니라 가족 스스로의 책임과 가족의 기능을 강조한다. 전통적인 가족유형 이외의 다른 형태의 가족을 다소 병리적으로 간주하는 경향이 있으며 전통적인 가족의 형태 및 역할, 기능에 대한 신념을 가지고 있다. 국가개입을 최소한으로 인정해야 한다는 자유주의형 가족복지와 가족의 보호와 양육기능을 수행하는 책임주체로서 여성의 역할을 강화하는 방향에서 가족복지를 바라보는 가족주의형 가족복지가 보수주의적 접근방법이다.

(2) 진보주의적 접근방법

가족을 하나의 사회적 통제의 단위로 보는 기존의 관점에서 벗어나 가족구성원들의 개별적 행복추구권을 존중하는 관점으로의 변화를 강조하는 접근방법이다. 사회적 변화에 대응하기 위한 다양한 가족형태를 인정하고, 이러한 가족의 요구에 대응하는 적극적인 국가적 · 사회적 지원에 대하여 긍정적 시각을 가지고 있다. 진보주의적 접근방법은 현재 가족의 변화, 구조적 혹은 기능적 변화를 사회적 위기로 바라보지 않는다. 지금까지 전통적인 관점에서 수행해 왔던 가족의 정형화된 역할에 대한 보완적 · 대체적 기능이 아니라 직장에서의 가족생활 배려, 자녀양육과 교육에 필요한 사회보장의 혜택, 노인부양에 대한 사회적 지원, 여성에 대한 정당한 평가와 보상, 이혼여성과 독신여성 및 새로운 형태의 가족에 대한 사회통념의 불신 · 불공평을 시정하는 데 관심을 가지고 있는 것이 진보주의적 접근방법이다.

3) 사회복지사가 추구해야 할 관점과 접근방법

가족복지는 사회복지실천의 한 분야로서 가족과 관련된 모든 정책과 실천을 포괄하고 있다. 사회복지사가 가족을 도울 때는 가족구성원 개인의 행복과 가족공동체의 건강한 유지가 모두 중요하다는 점을 인식할 필요가 있으며, 다양한 유형의 복지이슈에 대한 이해와 아울러 가족문제의 예방과 치료, 회복의 기능을 지원함에 있어서는 고정적인 성역할에 기반하고 있는 가부장적인 가족의 역할 및 기능에 대한 인식의 한계를 극복해야 한다. 이혼여성과 독신여성 및 새로운 형태의 가족에 대한 사회통념의 불신 · 불공평을 시정하고자 하는 성평등적 · 성인지적 관점도 가지고 있어야 한다. 따라서 사회복지사는 가족복지에 대하여 광의적이고 진보주의적인 접근방법을 추구하는 것이 바람직한 관점이라 할 수 있다.

3 가족의 욕구·문제와 가족복지의 기능

1) 가족의 욕구

욕구(needs)란 어떠한 목적을 위해 좋은 것, 필요한 것 또는 필수적인 것이 결여되거나 결핍된 상태를 말한다. 가족의 욕구는 가족구성원이 일생을 영위하는 데 연령별 혹은 생애의 시기별로 다양하게 나타난다. 가족의 욕구는 소득과 의료, 교육, 주택 및 조세정책에 의한 욕구 해결뿐만 아니라 전문적 사회복지서비스를 통한 해결 가능한 욕구 모두를 포함한다. 생활 전반이나 생애 전반에 걸쳐 국가는 사회구성의 기본 단위인 가족을 중심으로 한 국민의 욕구 해결을 위해 정부나 지역사회가 적극 원조하여야 한다는 신념을 가지고 있으며, 가족의 욕구해결을 위한 가족복지정책을 적극 추진하고 있다.

2) 가족의 문제

문제(problem)란 해결 욕구를 유발시키는 불만족스런 상태 또는 조건을 말한다. 가족의 문제는 가족의 욕구와 밀접하게 연관되어 있다. 문제와 욕구는 대응관계를 지니고 있어 가족복지를 통한 욕구 충족은 문제 해결과 예방으로 연결되며, 인간다운 생활의 보장과 삶의 질 향상이라는 가족복지의 목표 달성으로 연결된다. 가족의 문제는 빈곤과 같은 경제적 문제와 각종 질병과 장애와 같은 의료 및 심리적 문제, 미혼부모, 독신가족, 한부모가족, 노인가족, 다문화가족 등 다양한 형태의 가족들이 겪게 되는 사회환경적 · 가족구조적인 문제들 모두를 포함한다. 경제적 발전에 따른 물질적 풍요로움, 높은 소비수준 등의 사회적 분위기는 그 이면에 여러 가지 사회양극화와 사회문제도 동시에 등장하고 있기 때문에 가족문제는 사회문제의 하나로 볼 수 있다.[1)]

최근에는 가족규모의 축소와 노인 · 소년소녀가족 등의 단독가구의 증가, 여성의 취업 증가로 인한 가족 내의 아동, 장애인, 노인 등에 대한 보호 기능의 약화 현상, 이혼율의 증가, 개인주의적 가치관의 발달, 가족관계의 평등화 경향, 가족과 관련된 사회병리 현상의 증가 등 다양한 가족의 문제가 증가하고 있다. 가족의 문제를 구체적으로 살펴보면 다음과 같다.

① 경제적 부양문제

가족소득의 문제, 가정의 빈곤문제, 가족구조상 취업 여성의 증가, 가족 간의 빈부 차이에 의한 상대적 박탈감 등이 있다.

② 가족의 보호기능 약화 문제

핵가족화에 따른 아동, 장애인, 노인의 가족구성원에 대한 가족의 보호 기능이 약화되는 데서 오는 가족문제의 증가, 가족공동체로서의 사회화, 정서적 지지 기능의 약화 등이 있다.

③ 가족의 통제기능 약화 혹은 상실 문제

부부불화 · 고부간대립 · 배우자부정 등의 갈등문제와 배우자학대 · 자녀학

1) 사회문제란 정부조직이나 민간조직 등 영향력 있는 집단이 특정한 사회현상을 두고서 그것이 사회가치관을 저해한다고 규정한 것을 말한다.

대 등의 가정폭력 문제가 있다.

④ 결손가정의 증가에 따른 소외 문제

부부의 별거 혹은 이혼에 따른 결손가정의 증가, 사회현상의 복잡화와 정신적 · 정서적 · 심리적 문제에 따른 장애아동의 증가, 인터넷 및 정보화 사회의 발달에 따른 가출 및 비행청소년의 증가 등 가족구성원의 각종 심리적 · 경제적 · 사회적 문제와 또는 소외문제 등이 점차 많아지고 있다.

3) 가족복지의 기능

가족복지의 기능은 일반적으로 의뢰적 기능, 조정적 기능, 개발적 기능, 회복적 기능으로 구분하고 있다. 자세한 내용을 살펴보면 다음과 같다.

(1) 의뢰적 기능

의뢰적 기능은 가족문제의 사정에 기초하고 있다. 가족사정이란 가족을 진단하고 평가하여 측정하는 일련의 행위로 가족을 하나의 서비스 단위로 보고 가족 내 · 외부 체계 및 이들 간의 상호작용을 파악하기 위해 자료를 수집하고 분석하고 종합하여 그 가족에 대한 개입을 계획하는 과정을 말한다. 의뢰적 기능은 가족복지실천 기관이 가족의 욕구나 문제에 대하여 종합적으로 진단할 때 해당 기관이 직접적으로 서비스를 제공하는 것보다는 그 문제에 대해 가장 효과적인 서비스를 제공할 수 있는 지역사회의 전문기관과 자원을 알고 있거나 발견하였을 경우 그 사례(case)를 의뢰하고 활동하도록 돕는 기능이다.

(2) 조정적 기능

지역사회의 가족복지실천 기관들은 가족 전체를 하나의 서비스 단위로 보고 가족구성원 전체가 가족으로서의 기능을 보완하거나 회복하여 가족문제를 해결하는 데 목적을 두고 원조하게 된다. 조정적 기능은 가족복지실천 기관이 동일가족에 대하여 지역사회 내의 사회복지관, 노인복지관, 장애인복지관, 지역아동센터, 건강가정지원센터, 다문화가족지원센터, 의료기관, 보건소, 학교, 직업안정기관 등의 다른 전문기관을 통하여 가족생활의 일부 혹은 가족의 일원을 대상으로 필요한 서비스를 원조하도록 서비스를 조정하는 기능이다. 이러한 조정적 기능은 가족구성원의 욕구와 가족의 문제해결이 지역사회관계 전체와 조화와 균형을 유지하도록 원조해야 한다.

(3) 개발적 기능

개발적 기능은 지역사회의 가족복지실천 기관이 소집단 활동 그리고 개별 활동을 통해서 모든 가족구성원이 그 지위에 맞는 역할을 수행할 수 있는 기회와 능력의 개발을 촉진하고, 가족문제 해결을 위한 생각과 태도를 발전시켜 나가는 기능이다. 이러한 개발적 기능은 가족을 둘러싸고 있는 그 지역사회 내에 여러 가지 사회적 자원, 예를 들어 사회보장제도, 주택문제, 복지시설, 교육시설, 법제도 등의 개선을 위한 사회행동 및 지역주민의 자발적 협력을 조직화하여 이루는 것도 포함이 된다.

(4) 회복적 기능

회복적 기능은 가족이 지역사회 내에서 정상적 가족기능을 발휘하도록 그 장애요인인 빈곤, 실업, 신체적·정신적 장애, 중독, 장시간 노동 등의 환경적 요인과 가족 간의 불화와 갈등 등 대인관계의 문제를 가진 가족에 대하여 가족구성원과 가족을 직접 원조함으로써 가족 역할이나 책임을 잘 수행할 수 있도록 예방·치료·재활을 원조하는 기능이다. 회복적 기능은 공공부조에 의한 원조나 재가노인·장애인 방문서비스 제공, 아동상담지도, 직업지도 및 알선, 주택알선, 산전산후보조, 가정지도 및 가족계획지도, 가족진단 및 가족치료 등 그 가족이 욕구나 문제해결을 위해 필요로 하는 다양한 서비스를 제공함으로써 달성할 수 있다.

4 가족복지서비스의 전달체계

1) 공공전달체계

(1) 중앙정부

① 보건복지부

국민의 건강과 보건, 복지, 사회보장 등 삶의 질 제고를 위한 정책 및 사무를 관장하는 중앙행정기관이다. 보건복지부는 두터운 중산층 형성 및 안락·건강한 삶 보장을 통해 국민 모두가 행복한 사회를 만드는 것을 목표로 하고 있다. 아동, 청장년, 노인, 취약계층, 보건의료 등 5개 분야를 주요 국정과제 대상으로 삼고 각각 보육부담 경감(아동), 일자리 창출(청장년), 행복한 노후(노인), 맞춤형 복지(취약계층), 건강한 삶 보장(보건의료)을 달성하기 위해 다양한 정책을 펼치고 있다.

② 여성가족부

여성의 사회참여 확대와 권익증진을 중심으로 여성·가족 정책 및 청소년·아동 복지업무를 관장하는 중앙행정기관이다. 여성가족부의 주요업무로 여성정책의 기획·종합 및 여성의 사회참여 확대, 정책의 성별영향 분석·평가, 여성인력의 개발·활용, 청소년정책의 협의·조정, 청소년활동 진흥 및 역량개발, 유해환경으로부터의 청소년 보호, 위기청소년 등의 보호·지원, 가족 및 다문화가족 정책의 기획 · 종합, 양육 · 부양 등 가족기능의 지원, 성폭력 · 가정폭력 예방 및 피해자 보호, 성매매 예방 및 피해자 보호, 아동 · 청소년 등의 성보호, 이주여성 · 여성장애인 등의 권익보호 등을 담당한다. 구체적으로는 양성평등정책 여성인력개발, 청소년활동 진흥, 역량개발, 국제교류, 청소년 프로그램 · 사업의 개발 · 보급, 청소년 관련 시설의 설치 · 지원 및 지도 · 감독, 청소년의 사회진출 및 취업 · 창업 지원, 다문화가족 사회통합 지원대책, 한부모가족 등 취약가족에 대한 지원을 담당한다. 또한 성매매방지 및 피해자 보호, 아동청소년의 성보호를 위한 시책, 가정폭력 예방과 피해자 보호, 이주여성 폭력피해 예방 및 보호, 일본군위안부 피해자에 대한 생활안정 지원 및 기념사업에 관한 사항 등의 업무를 담당한다.

③ 고용노동부

고용과 노동에 관한 사무를 관장하는 중앙행정기관이다. 고용노동부는 고용정책의 총괄, 고용보험, 직업능력개발훈련, 고용평등과 일 · 가정 양립 지원, 근로조건의 기준, 근로자 복지후생, 노사관계의 조정, 노사협력의 증진, 산업안전보건, 산업재해보상보험과 그밖에 고용과 노동에 관한 사무를 담당한다. 세부적으로는 노동정책과 고용과 고용안정정책을 위한 규제와 법령 심사 및 입법 추진, 고용노동 분야 국제협력에 관한 주요업무계획의 수립 · 추진, 해외진출기업의 노무관리 지원 및 해외진출 근로자의 보호, 외국인근로자 도입계획 수립, 외국 인력 고용정책의 총괄 · 조정 등의 업무를 담당한다. 고용노동부의 업무 중 가족복지와 직접 관련된 내용으로는 여성고용차별 개선, 청년의 장기근속 및 자산형성 지원, 장애인 취업기회 확대, 직업능력개발훈련 등이 있다.

(2) 지방자치단체

① 광역지방자치단체

가족해체를 예방하기 위하여 필요한 제도와 시책을 강구, 건강한 가정구현에 기여할 수 있도록 지역사회자원을 최대한 개발하고 활용, 자녀 양육, 가족교육 · 상담 등 가족구성원에게 건강한 가정생활을 영위하는 데 도움이 되는 정보를 최대한 제공하고 가정생활에 관한 정보관리체계를 확립, 재난에 의하여 가족의 부양 · 양육 · 보호 · 교육 등 가족기능이 현저하게 저하된 경우 원활한 가족기능을 수행하는 데에 긴급하게 필요한 범위에서 아이돌봄 · 가사돌봄 지원 등의 가족돌봄, 가족상담, 집단프로그램, 자조모임 운영 등 가족의 심리 · 정서지원, 법률구조, 의료지원, 복지서비스 연계 등을 관장하고 있다.

② 기초지방자치단체

기초지방자치단체는 시·군·구의 가족복지에 관한 업무를 총괄하고 있다. 읍 · 면 · 동에서는 국민기초생활보장 업무와 함께 아동, 노인, 장애인, 한부모가족 등 종합적 복지행정서비스를 제공하고 있다.

2) 민간전달체계

(1) 가족센터

여성가족부 가족사업안내 지침 개정으로 2021년 10월부터 건강가정지원센터와 다문화가족지원센터를 통합하여 가족통합지원센터로 운영하다가 '가족센터'로 명칭이 변경되었다. 가족센터는 가족의 유형별로 이원화되어 있는 가족지원서비스를 가족의 유형에 상관없이 한 곳에서 다양한 가족에 대한 보편적이고 포괄적 서비스를 제공함으로써 수혜자 중심의 서비스 확대 및 접근성 제고, 지역여건 및 정책 수요자 특성에 맞는 맞춤형 서비스 강화, 모든 가족에 대한 가족의 안정성 강화 및 가족관계 증진에 기여하기 위한 목적으로 통합운영을 하고 있다. 가족센터의 운영유형은 지방자치단체가 직접 운영하는 직영센터와 국가 또는 지방자치단체가 센터를 설치하고 운영을 전문기관(법인·단체 등)에 위탁하는 형태의 위탁센터가 있으며, 위탁센터의 위탁기간은 5년이다.[2] 가족센터의 사업영역과 기본사업의 내용은 〈표 2-1〉과 같다.

표 2-1 ■ 가족센터의 사업영역과 기본사업의 내용

사업영역	기 본 사 업	비 고
가족관계	부모역할 지원(임신출산(부모)지원, 영유아기 부모지원, 학부모지원, 혼례가치교육, 아버지 역할 지원), 부부역할지원(부부갈등예방·해결지원, 노년기 부부지원), 이혼 전·후 가족지원, 다문화가족관계향상지원, 다문화가족이중언어환경 조성, 다문화가족자녀성장지원, 가족상담	교육, 상담(정보제공 및 초기상담), 문화프로그램 등
가족돌봄	가족역량강화지원, 다문화가족 방문서비스	교육, 상담(정보제공 + 초기상담 → 전문상담) 돌보미 파견, 사례관리 등
가족생활	맞벌이가정 일가정양립지원, 다문화가족 초기정착지원, 결혼이민자 통번역 지원, 결혼이민자 취업지원	교육, 상담, 정보제공, 문화프로그램 등
가족과 함께하는 지역공동체	가족봉사단(다문화가족나눔봉사단), 공동육아나눔터(가족품앗이), 다문화가족 교류·소통공간 운영, 가족사랑의 날, 결혼이민자 정착단계별 지원 패키지, 인식개선 및 공동체의식, 가족친화문화프로그램, 찾아가는 결혼이주여성 다이음사업	모임, 활동, 문화프로그램 등

출처: 여성가족부, 2020년 가족사업안내(1).

(2) 건강가정지원센터

「건강가정기본법」 제35조(건강가정지원센터의 설치)에 근거하여 국가 및 지

2) 통합운영이 아닌 단독으로 운영하고 있는 건강가정지원센터나 다문화가족지원센터의 위탁기관도 5년으로 동일하다.

방자치단체는 가정문제의 예방 · 상담 및 치료, 건강가정의 유지를 위한 프로그램의 개발, 가족문화운동의 전개, 가정 관련 정보 및 자료제공 등을 위하여 건강가정지원센터를 설치 · 운영하고 있다. 시 · 군 · 구 건강가정지원센터의 공통사업 분야는 가족돌봄 나눔, 가족교육, 가족상담, 가족문화, 지역사회 연계 등이다.

(3) 다문화가족지원센터

「다문화가족지원법」 제12조(다문화가족지원센터의 설치 · 운영 등)에 근거하여 국가와 지방자치단체는 다문화가족지원센터를 설치 · 운영하고 있다. 시 · 군 · 구 다문화가족지원센터의 공통사업 분야는 가족분야, 성평등 · 인권분야, 사회통합분야, 가족상담분야, 홍보 및 자원연계분야 등이 있다.

(4) 한부모가족지원센터

한부모가족이 안정적인 가족기능을 유지하고 자립할 수 있도록 지원함으로써 생활안정과 복지증진에 이바지함을 목적으로 한부모가정지원센터를 설치 · 운영하고 있다. 시 · 군 · 구 한부모가족지원센터의 공통사업 분야는 자립지원, 주거지원, 교육 · 문화지원, 의료지원, 상담 및 정보 제공, 네트워크 구축 및 연계 지원, 한부모가족복지시설 지원, 한부모가족 역량강화사업 등이 있다.

(5) 종합사회복지관

지역사회의 특성과 지역주민의 복지욕구를 고려하여 서비스 제공 등 지역복지증진을 위한 사업을 실시하는 사회복지 기관으로서 가족기능 강화 및 지역사회문제를 예방 치료하는 매개 역할을 목적으로 종합사회복지관을 설치 · 운영하고 있다. 시 · 군 · 구 종합사회복지관의 공통사업 분야는 사례관리, 가족기능 강화, 교육 · 문화 지원, 자활지원, 지역사회 보호, 지역복지 네트워크 구축, 지역주민 조직화, 지역사회 자원개발 · 관리사업 등이 있다.

5 가족복지서비스의 실천방법

1) 가족에 대한 직접적 개입

가장 대표적 가족복지서비스의 실천방법으로 가족문제에 사회복지사 등의 전문가가 직접 개입하는 방법이다. 가족에 대한 직접적인 개입에 있어서 사회복지사와 모든 가족복지서비스 실천기관은 인간의 존엄성과 가치에 입각하여 가족의 인권과 권익을 보호하는 차원에서 가족보존과 가족기반의 서비스를 제공하여야 한다. 부부간의 문제, 부모 · 자녀 간의 문제, 세대 간의 갈등문제 등에 대하여 사회복지사가 직접적으로 개입하여 문제해결을 원조하는 방법이다.

2) 가족보호

가족보호(family care)는 가정 내에서 발생하는 가족장애 문제에 대해 지역사회 보호를 제공함으로써 가족의 역할수행과 능력고취를 향상시키는 기능을 수행하는 것이다. 예를 들어, 발달장애아동을 양육하는 가족, 치매노인가족, 만성질환자 부양가족들에 대한 서비스 등이 가족보호이다.

3) 가족옹호

가족옹호(family advocacy)는 지역사회에 필요한 변화를 일으키기 위해 사람들이 사회행동에 사명을 가지고, 가족의 욕구에 대한 직접적이고 전문적인 지식을 이용하여 가족의 생활조건을 향상시키도록 계획하는 전문적인 서비스이다. 가족옹호의 목표는 현존하는 공적 및 민간서비스의 전달체계의 향상뿐만 아니라 그 지역사회에 적합한 새롭고 변화된 형태의 서비스를 개발하는 데 있다. 예를 들어, 약물중독, 알코올중독, 지적장애 및 인권의 남용과 같은 공통의 문제해결을 위해 그 지역사회의 가족들이 협동적으로 사회행동을 하도록 조직화하고 지원하는 것이 가족옹호의 좋은 사례라고 볼 수 있다.

4) 가족치료

가족치료(family therapy)는 가족진단을 기초로 가족문제를 해결하여 정상적 기능을 수행할 수 있도록 원조하는 전문적 개입활동이다. 개입의 초점은 가족구성원이 아닌 가족 전체로 하여 가족이 변화에 참여하도록 유도한다. 개인을 하나의 독립된 존재로 인식하기보다는 환경과 상호작용하는 연대적 맥락 안에서 이해하기 위한 방법이다. 개인상담보다는 인간의 문제를 더 포괄적으로 이해할 수 있고, 다양한 접근방법이 가능하다. 가족을 단위로 하는 사회복지사업으로 치료 및 상담 등의 방법을 절충하는 다양한 모델을 가지며, 가족복지기관과 사회복지 관련 분야에서 활발히 이루어지고 있다.

5) 가족생활교육

가족생활교육(family life education)은 가족생활에 관련된 개념이나 원리에 대한 지식을 습득하고 개인적 태도나 가치를 개발하며, 타인의 가치를 이해·수용하고 가족복지에 기여할 수 있도록 가족구성원과 가족의 집단역할을 교육하는 과정을 말한다. 가족생활교육은 가족 안의 삶의 질 향상을 목표로 집단역할의 학습과정을 통하여 가족구성원 및 가족의 사회적 기능을 향상시키기 위한 서비스이다. 가족가치의 혼란과 탈규범적인 가족문화의 출현, 가족구성원의 긴장과 가족 내 역기능의 증가, 가족의 교육기능 상실과 이에 대한 외부자원에 대한 가족의 욕구 증가와 같은 가족과 사회의 변화에 따라 그 필요성이 강조된다. 가족을 위한 지속적 재사회화 교육이 실시되어야 하며 이러한 재사회화 교육은 가족복지의 차원에서 계획되고 실천되어야만 가족생활의 질을 향상시킴과 더불어 가족과 관련된 사회문제를 사전에 예방할 수 있다.

6) 가족계획사업

가족계획사업(family planing)은 재생산적 건강보호서비스의 일종으로 임신중절, 성병에 대한 보호, 영양, 자녀수에 대한 계획, 임신을 위한 서비스 등을 제공함으로써 자녀출산과 육아 및 건강한 가족생활을 하도록 원조하는 데 목표를 두고 있다.

7) 가족자원관리

가족자원관리(family resource management)는 가족구성원과 가족의 목표를 달성하기 위해 가족이 갖고 있는 자원을 발굴하고, 자원을 활용할 수 있는 합리적인 방법을 제시하는 과정이다. 가족자원관리는 가족의 건강성을 최대한 발현할 수 있도록 합리적이고 효율적으로 자원을 활용하는 길을 안내하는 것으로, 가족이 가장 긴급히 해결해야 할 과제는 무엇인가, 가족구성원들이 가장 원하는 바가 무엇인지 미리 욕구를 파악하고 분석하는 것이 필요하다.

CHAPTER 03

복지국가와 가족복지정책

학습목표

1. 복지국가의 유형과 가족복지정책의 발달사를 이해한다.
2. 가족복지정책의 개념 및 필요성과 분류에 대한 이해를 증진한다.
3. 가족복지정책의 대상과 접근방법에 대한 이해를 증진한다.

1 복지국가의 유형과 가족복지정책의 발달사

1) 복지국가의 유형

가족은 인류가 만들어 낸 가장 오래된 사회제도이며, 가족구성원 개인뿐만 아니라 우리 사회 전체의 존속과 발전에 기여해 온 사회적 기본 단위이다. 사회복지에서 가족의 의미는 가족복지정책의 주요 단위이다. 사회변동에 따라 가족의 기능을 제대로 수행할 수 없게 되는 경우 사회를 대표하는 실체인 국가가 가족의 복지기능을 강화, 보완 또는 대리하기 위하여 지속적으로 제도적인 측면에서 다양한 개선의 노력을 하게 되는데 이러한 국가적인 노력은 복지국가 성립과 유형의 기반이 되는 것이다.

가족은 현대 산업화 사회로 진입하면서 빠르게 변화하고 있으며, 가족의 규모와 구조 · 기능면에서 점차 축소 · 약화되고 있다. 현대사회에서의 가족은 전통적 가족기능이 다른 사회제도에 의해 많이 수행되고 있다. 그렇기 때문에 가족은 더 이상 사적 영역으로 한정될 수 없으며 공·사가 함께 공존하는 영역이다. 현대사회의 다양한 가족형태 속에서 가족의 욕구나 문제에 대처할 수 있는 방법을 구체화하여 가족의 기능을 정상화하고 가족 전체의 삶의 질을 향상시키는 것이 가족복지정책의 목표이다. 최근 정부와 지방자치단체가 시행하고 있는 다양한 복지정책과 시책들은 상당 부분 가족과 관련되어 있다.

복지국가의 유형은 학자들마다 다르게 구분하고 있지만, 가장 대표적인 것은 에스핑-앤더슨(Esping-Andersen)의 복지국가 유형이다. 에스핑-앤더슨의 복지국가 유형론은 1990년에 「복지자본주의의 세 가지 세계」에서 제시된 이후 지금까지 가장 대표적인 복지국가 유형론으로 인정받고 있다. 에스핑-앤더슨은 복지급여에 대한 사회권 인정과 계층화의 정도 및 탈상품화의 수준에 따라[3] 복지국가를 자유주의 복지국가 유형, 조합주의 복지국가 유형, 사회민주주의 복지국가 유형의 3가지 유형으로 나누었다. 에스핑-앤더슨(Esping-Andersen)이 제시한 복지국가 유형을 토대로 핵심가치, 계층화 정도와 탈상품화 수준, 사회서비스에 대한 가족과 국가의 역할 등을 간략하게 도표화하면 [그림 3-1] 및 〈표 3-1〉과 같다.

3) 계층화(階層化)는 사회집단의 구성원이 경제적 요인 등에 의해 여러 계층으로 구별되어 나누어지거나 서열화되는 것을 말한다. 사회복지에서 계층화는 개인이 노동시장에서의 사회계층 지위가 복지서비스 수급시기에도 유지되는 정도를 뜻한다. 탈상품화(脫商品化)는 근로자가 자신의 노동력을 상품으로 내다 팔지 않고도 살 수 있는 정도, 근로자가 노동시장에서 일을 할 수 없게 되었을 때 국가가 제공해 주는 급여의 정도를 말한다. 일반적으로 사회계층화의 정도가 낮고, 탈상품화 수준이 높을수록 더욱 높은 수준의 복지국가임을 의미한다.

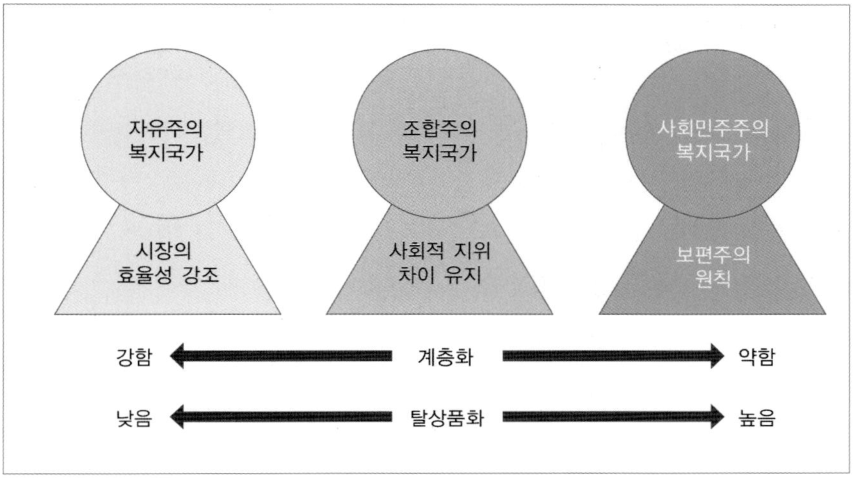

그림 3-1 ■ 에스핑-앤더슨의 복지국가 유형별 계층화·탈상품화 수준

표 3-1 ■ 에스핑-앤더슨의 복지국가 유형별 가족과 국가의 역할

분류기준	자유주의 복지국가	조합주의 복지국가	사회민주주의 복지국가
핵심가치	• 시장의 효율성 강조	• 사회적 지위 차이 유지	• 보편주의 원칙
복지급여에 대한 사회권 인정 및 계층화 정도	• 사회권으로 인정 • 계층화 강함	• 사회권으로 인정 • 계층화 약함	• 사회권으로 높게 인정 • 계층화 거의 없음
탈상품화 수준	• 탈상품화 수준 낮음	• 탈상품화 수준 보통	• 탈상품화 수준 높음
사회서비스에 대한 가족과 국가의 역할	• 시장에 맡김 • 개인에 대한 가족의 책임 강조 • 가족의 실패 후에 국가가 최소한으로 개입	• 시장과 가족의 1차적 책임 강조 • 가족의 실패 후에 국가가 개입 • 국가는 보충적 가족지원 원칙 유지	• 가족의 역할을 사회화 하는 정도가 큼 • 가족이 실패하기 전에 국가가 개입
주요 프로그램	• 공적부조 강조	• 공적부조와 사회보험	• 완전고용 추구 • 기초연금 중심의 보편적 사회보장제도
해당국가[4)]	• 미국, 캐나다, 호주, 일본 등	• 독일, 프랑스, 이탈리아, 오스트리아 등	• 스웨덴, 덴마크, 노르웨이 등의 스칸디나비아 국가들

(1) 자유주의 복지국가 유형

자유주의 복지국가에서는 복지급여에 대한 사회권은 인정하지만 계층화 정도가 강하고, 탈상품화 수준이 낮다. 사회서비스에 대한 가족과 국가의 역할은 주로 시장에 맡기며, 개인에 대한 가족의 책임을 강조하고 가족의 실패 후에 국가가 최소한으로 개입하는 가족복지정책을 추진하고 있다. 주요 프로그램으로는 공적부조를 강조하고 있다. 해당 국가는 미국, 캐나다, 호주, 일본 등이다.

사회서비스 제공을 위한 국가와 시장 간의 역할 분담에 있어서 국가의 역할이 작고 시장의 역할이 크다. 가족복지정책의 수급 자격이 엄격하고 급여 수준이 낮아 국가에 의해 공급되는 집합적 급여의 규모가 작다. 사회복지제도 측면에서 사회부조제도나 낮은 수준의 제한적 사회보험이 중심이다. 그래서 가족복지정책은 빈곤층에 대해 기초 보장을 제공하거나 또는 위험에 직면한 일반 국민에 대하여 기초 수준의 사회보험 급여를 제공하는 정도로 제한된다. 한편, 보다 높은 수준의 급여의 분배는 시장에서 민간보험이나 기업복지를 통하여 이루어진다. 개인들이 시장에서 민간보험을 구입하거나 또는 기업에서 고용주가 노동자들에게 기업복지를 제공하는 것이다. 따라서 국가의 사회복지정책에 의해 공급되는 복지 규모가 작다. 급여대상은 자산조사를 통한 저소득층에 집중되어 있고, 사회적 낙인의 가능성이 높다.

(2) 조합주의 복지국가 유형

조합주의 복지국가에서는 복지급여에 대한 사회권은 인정하지만 계층화 정도가 약하고, 탈상품화 수준이 보통이다. 사회서비스에 대한 가족과 국가의

4) 영국은 자유주의 복지국가와 사회민주주의 복지국가의 유형을 함께 반영한 혼합형 복지국가이다.

역할은 주로 시장과 가족의 1차적 책임을 강조하고, 가족의 실패 후에 국가가 개입하며 국가는 보충적 가족지원의 원칙을 유지하는 가족복지정책을 추진하고 있다. 주요 프로그램으로는 공적부조와 사회보험을 강조한다. 해당 국가는 독일, 프랑스, 이탈리아, 오스트리아 등이다.

사회보험은 높은 수준의 소득비례 급여를 제공한다. 사회보험의 급여가 빈곤 방지 수준을 넘어 위험 발생 이전의 생활수준을 상당히 유지할 수 있을 정도로 높다. 시장에서의 민간보험이나 기업복지의 역할은 상대적으로 작다. 국가에 의해 공급되는 복지의 규모가 크다. 하지만 사회보험이 직역 등에 따라 분절적으로 구축되어 있고, 사회보험은 개인이 기여한 만큼 급여가 제공되기 때문에 사회보험 급여의 불평등이 크다.

(3) 사회민주주의 복지국가 유형

사회민주주의 복지국가에서는 복지급여에 대한 사회권을 높게 인정하고 있다. 사회 계층화가 거의 없고 탈상품화 수준이 높다. 사회서비스에 대한 가족의 역할을 사회화하는 정도가 크고, 가족이 실패하기 전에 국가가 개입하는 가족복지정책을 추진하고 있다. 주요 프로그램은 완전고용을 추구하며, 기초연금 중심의 보편적 사회보장제도이다. 해당 국가는 스웨덴, 덴마크, 노르웨이, 벨기에 등의 스칸디나비아 국가들이다.

이들 국가들은 최소한의 욕구나 평등성보다는 최고 수준의 평등성을 추구한다. 사회구성원이 모두 함께 복지혜택을 받는 동시에 복지비용을 지불해야 할 책임도 지니고 있다. 가족의 기능을 보완하는 정책이 아니라 가족의 역할을 적극적으로 공유하고 가족기능의 사회화에 국가가 먼저 주도적인 역할을 하고 있다.

2) 가족복지정책의 발달사

가족복지정책의 발달사는 그 시대의 정치적 · 사회적 · 문화적 배경에 따라 다르게 구성되는 역사적 특성을 갖고 있다. 가족복지정책의 발달사에 대하여 고티어(Gauthier, 1996)는 5단계로 구분하였다. 최근에는 일부 학자들이 고티어가 발표한 시점 이후부터 현재까지를 추가하여 6단계로 발달사를 구분하기도 한다. 시기별 가족복지정책의 발달사와 각 단계별 주요 내용은 다음과 같다.

(1) 1단계(1879~1929년): 급속한 산업화와 도시화가 진행된 시기

이 시기는 급속한 산업화와 도시화 진행으로 대다수 임금근로자 가족들이 높은 빈곤율과 높은 영아 사망률 등에 허덕이며 사회문제로까지 등장하게 된다. 이에 여러 국가들은 모성휴가제도를 통한 일하는 여성의 보호, 여성복지센터 혹은 아동복지센터의 설립, 빈곤한 어머니, 과부, 고아 등에 대한 제한적 현금급여 등을 통해 아동과 여성을 보호하고자 하는 국가의 공적 개입을 시작하였다. 또한 두드러진 출산율의 하락에 대응하여 낙태와 피임을 금하는 법적조치도 시행하였다.

(2) 2단계(1930~1944년): 경제공황이후 제2차 세계대전까지의 시기

이 시기는 경제공항과 제2차 세계대전 등으로 인한 출산율의 하락으로 인구감소에 대한 우려가 지배적이었다. 또한 가족의 불안정성 증가와 가족 내 부모의 권위 약화는 사회적 위협이 되기도 하였다. 그 결과 독일, 이탈리아, 스페인 등 파시스트 국가들이나 프랑스, 일본 등에서 출산수당, 결혼자금 대부 등과 같이 결혼과 출산을 장려하는 조치들이 취해졌으며, 일부 국가에서는 부양자녀를 거느린 남성노동자에게 임금보너스 혹은 가족수당의 형태로 현금급여의 지원을 하기도 하였다.

(3) 3단계(1945~1959년): 제2차 세계대전 종전과 출산율 증가 시기

이 시기는 제2차 세계대전의 종전으로 평화의 시기가 도래하면서 출산율은 다시 높아지고 가족은 다시 안정화되어 가는 경향을 나타냈다. 인구감소에 대한 우려는 적었지만 보편주의에 기반을 둔 복지국가 팽창의 가속도에 힘입어 국가마다 가족에 대한 지원책을 강화하는 경향을 보이기 시작하였다. 그 결과 제한적 인구를 대상으로 하던 가족수당이 보편주의적 급여로 확장·발전하였다. 일부 임신한 근로여성에 대한 보호조치가 강화되기도 하였지만, 많은 국가들은 전통적인 남성부양가족을 지지하는 정책들을 주요 정책으로 시행하였다. 또한 어머니와 자녀 간의 친밀한 관계를 촉구하고, 전쟁기간 동안 노동시장에 참여했던 여성들이 가정으로 되돌아가 전통적 역할을 수행하는 사회적 분위기를 형성하였다.

(4) 4단계(1960~1974년): 복지국가의 확장과 선별주의적 급여정책 도입 시기

이 시기는 복지국가 확대에 따라 사라진 것으로 보았던 빈곤문제가 다시 사회문제로 재확인되면서, 저소득빈곤가족에 대해 자산조사를 통한 선별주의적 급여정책을 도입하였다. 한부모가족에 대한 급여 확대, 저소득가족에게 불리한 조세감면제도의 개선 등이 이루어졌다. 또한 페미니즘운동[5]에 힘입어 성평등과 출산에 대한 통제권 이슈가 쟁점화 되면서 피임과 낙태에 관련된 법규들이 완화되고, 노동시장 내 성평등을 추구하는 조치들이 이루어졌다.

---

5) 페미니즘(feminism) 운동은 성별에 의한 차별을 없애고 여성의 사회, 정치, 법률상의 지위와 역할의 신장을 주장하는 운동으로 여권주의 운동이라고도 한다.

(5) 5단계(1975~1995년): 여성의 노동시장 참여 증가와 다양한 가족형태 출현 시기

이 시기는 유례없는 저출산 · 고령화, 여성의 노동시장 참여율 증가, 다양한 가족형태의 출현, 사회양극화 등이 사회적 특징으로 나타났다. 이에 대응하여 아동과 노인에 대한 대책 마련, 낙태에 관한 법규의 완화, 취업모에 대한 지원 강화, 부양자녀가 있는 빈곤가족에 대한 지원 강화 등 다양한 차원에서 공공정책을 실시하였다. 일부 국가에서는 다시 출산장려 정책을 추진하였는데, 이는 1930년대와 같이 명시적 방식이 아니라 가족복지, 취업활동과 부모역할의 양립을 지원하는 가족친화적 정책 등을 통한 간접적인 방식으로 제도와 시책을 추진하였다.

(6) 6단계(1996~현재): 젠더의 불평등 해소와 페미니즘에 대한 이해 증가 시기

이 시기는 젠더(사회적 성) 불평등의 해소[6], 고용과 가족생활의 공유, 가족생활의 양성평등 증진, 신자유주의 경제의 확산과 서비스업의 증가, 페미니즘에 대한 이해 증가 등이 사회적 특징으로 나타나고 있다. 이에 따라 많은 국가들은 지속가능한 거시적 차원의 가족복지정책을 배경으로 한 다양한 접근방법으로 제도와 시책을 추진하고 있다.

---

6) '젠더(gender)'는 사회적 성이라는 뜻으로, 남·여의 정체성이 생물학적 속성 이외에 사회적 속성에 의해서도 형성된다는 것을 강조하는 용어이다. 이 용어는 1995년 베이징에서 열린 제4차 세계여성대회 이후에 일반적으로 사용되기 시작했다. '젠더'에는 우리가 흔히 알고 있는 여성다움, 남성다움의 규정에 사회 · 문화적 영향이 스며있음을 분명히 하는 뜻이 있으며, 불평등하고 차별적인 현실을 극복해야 한다는 문제의식도 포함되어 있다.

2 가족복지정책의 개념 및 필요성과 분류

1) 가족복지정책의 개념

정책은 공공문제를 해결하거나 목표 달성을 위해 정부에 의해 결정된 행동방침으로서 일반적으로 다음과 같은 특징을 가지고 있다. 정책결정과 집행의 주체는 정부이다, 정책은 권위 있는 결정의 산물이다, 정책은 행동방침이다, 정책은 공공문제 해결이나 목표달성과 관련이 있다, 정책은 미래지향성을 띤다.

이러한 정책의 특징을 바탕으로 가족복지정책의 개념을 구체적으로 살펴보면, 짐머만(Zimmerman, 1995)은 "가족복지라는 목적을 추구하는 정책으로서 사회 내의 가족이 경험하는 여러 문제들에 대처하기 위해, 가족복지라는 합의된 목적을 달성하고자 하는 일련의 상호 연관된 정책 선택들"이라고 정의하였다. 국내 학자들 중에서 조흥식(2010)은 "가족복지에 관심을 두고 정부가 의도적으로 취하는 조치나 행동, 개인을 다루더라도 가족과 연계해서 다루는 정책, 가족구성원을 대상으로 복리 증진을 위한 수단으로서의 제반 정책들을 포함하는 개념"으로 정의하였다. 윤홍식(2010)은 "국가가 가족과 관련하여 그 사회가 추구하는 목표를 실현한다는 의도를 가지고 가족 및 가족구성원으로서의 개인을 대상으로 행하는 일련의 정책"으로 정의하였다. 성정현(2020)은 "가족의 복지증진이라는 정책 목적을 가지고 가족 전체 및 가족구성원이라는 차원에서 발생하는 욕구충족을 위해 행하는 국가의 모든 정책"으로 정의하였다.

이러한 개념 정의들을 종합해 보면, 가족복지정책은 '사회 내의 가족이 경험하는 다양한 욕구와 문제들에 대처하기 위해 가족의 복지증진이라는 목표를 가지고 가족전체 및 가족구성원들의 욕구충족과 문제해결을 위해 시행하는 국가차원의 모든 정책'으로 개념을 정의할 수 있다.

2) 가족복지정책의 필요성

가족복지정책의 필요성은 크게 가족기능의 약화와 사회적인 변화의 2가지 요인에서 그 필요성을 찾을 수 있다.

(1) 가족기능의 약화

1970년 이후 급속한 산업화와 사회변화가 요인이 되었다. 산업화는 개별 가족의 기능적 과부하를 초래하였고, 다양한 가족형태에 따른 욕구와 문제, 가치관이 다양해짐으로써 예전과 같은 획일적인 대응방안이 효율성을 발휘할 수 없게 되었다. 여성의 사회활동참여 증가, 가족문제로 인한 갈등과 위기가족의 증가, 핵가족의 증가 등으로 인한 가족기능의 약화는 새로운 사회문제로 대두되면서 가족복지정책이 필요성은 더욱 높아지게 되었다.

(2) 사회적인 변화

새로운 가족형태 출현에 따른 가족의 욕구와 문제 다양화, 여성 경제활동인구의 지속적인 증가와 출산율 감소, 가족부양기능의 약화, 사회양극화와 빈곤가족의 증가, 자녀양육에 대한 경제적 부담 증가 등의 사회적인 변화는 가족생활주기상의 변화로까지 현저히 나타나기 시작하였다. 그동안 가족이 전통적으로 수행하던 많은 기능들이 축소되고, 사회적인 변화에 따른 가족 내 다양한 욕구와 문제들을 해결하기 위해서 보완적 · 대체적 · 예방적 차원에서의 다양한 가족복지정책이 필요하게 되었다.

3) 가족복지정책의 분류

가족복지정책은 일반적으로 사회복지정책의 한 분야로서의 가족복지정책,

사회복지정책의 목표를 달성하기 위한 수단으로서의 가족복지정책, 하나의 관점 혹은 기준으로서의 가족복지정책 3가지로 분류할 수 있다.

(1) 사회복지정책의 한 분야로서의 가족복지정책

사회문제 해결을 위한 사회복지정책의 한 분야로서 가족과 관련된 특정한 목표를 설정하고 있는 가족복지정책이다. 구체적인 예를 들어보면, 아동 양육비용 부담의 완화를 위한 아동보호 및 발달 관련 서비스, 아동건강 증진, 성평등적 가족문화 확산, 가족의 소득 및 생활보장과 관련한 현금 급여 프로그램, 돌봄노동 소득근로자에 대한 세액경감, 출산율 증대를 위한 가족계획 등이 있다.

(2) 사회복지정책의 목표를 달성하기 위한 수단으로서의 가족복지정책

가족복지정책은 다른 사회복지정책의 목표달성을 위한 수단이 되기도 한다. 가족복지정책이 인구정책, 보건의료정책, 고용정책, 주택정책, 교육정책 등과 밀접한 관련이 있기 때문이다. 구체적인 예를 들어보면, 재택근무제나 탄력근무제 등을 통해 노동시장에서의 여성의 참여율을 보다 높이거나 혹은 아동양육 수당을 지급해 가정에 머물면서 돌봄서비스에 참여하도록 하여 노동시장으로의 진입을 통제하는 정책의 수단이 될 수도 있다.

(3) 하나의 관점 혹은 기준으로서의 가족복지정책

가족복지정책은 분야나 수단이 아닌 그 자체로서 관점(perspective)이나 기준(criterion)이 된다. 구체적인 예를 들어보면, 사회복지정책, 인구정책, 보건의료정책, 고용정책, 주택정책, 교육정책 등의 선택이나 또는 정책 평가의 관점이나 기준으로 가족복지정책을 보는 것이다. 이러한 이유는 각종 정책의 효과를 평가하는 관점이나 기준으로 사회의 기본 단위인 가족을 적용하는 사례가 많이 있기 때문이다.

3 가족복지정책의 대상과 접근방법

1) 가족복지정책의 대상

가족복지정책은 '사회 내의 가족이 경험하는 다양한 욕구와 문제들에 대처하기 위한 가족의 복지증진이라는 목표를 가지고 가족전체 및 가족구성원들의 욕구충족과 문제해결을 위해 시행하는 정부차원의 모든 정책'이다. 가족복지정책의 핵심적인 대상은 사회적인 변화에 따른 가족의 욕구와 문제라고 할 수 있다. 가족복지정책의 대상이 되는 가족의 욕구와 문제는 가족구조, 가족기능, 가족생활주기 등에 따라 다양하게 나타난다.

(1) 가족구조에 따른 가족복지정책의 대상

현대사회에서는 조손가족, 한부모가족, 1인가족, 위탁가족, 다문화가족, 미혼모가족, 맞벌이가족 등 매우 다양한 형태의 가족이 생겨나고 있다. 가족구조에 따른 대표적인 가족복지정책은 한부모가족 및 조손가족에 대한 가족지원정책이 있다. 비정형 가족구조의 가구에 주목해야 하는 이유는 이러한 가족구조의 변화가 가족의 빈곤을 파생하고 가속화시킨다는 점이다. 가족구조에 따른 가족복지정책의 대상은 가족구조상의 다양화를 고려하여 각 가족이 지닌 특성에 따라 복지서비스를 차별적으로 제공할 수 있어야 한다.

(2) 가족의 욕구와 약화된 가족기능의 지원에 따른 가족복지정책의 대상

가족의 욕구와 약화된 가족기능의 지원에 따른 가족복지정책의 대상을 규정하는 것으로 빈곤가족, 학대가족, 알코올중독이나 약물중독가족, 청소년비행가족, 실직으로 인한 소득의 상실로 경제적 측면에서 기능상의 결손을 경험하는 가족과 병리 혹은 장애로 인해 심리적 및 의료적 문제를 겪고 있는 가족 등이다. 최근에는 가족구조가 축소되고 불안정성이 증가하고 있다. 또한 가족구성원들 간의 유대가 약화되고 있기 때문에 전통적인 가족기능이 약화되는 특징이 있다. 가족의 욕구와 약화된 가족기능의 지원에 따른 가족복지정책의 대상을 보면 〈표 3-2〉와 같다.

표 3-2 ▪ 가족의 욕구와 약화된 가족기능에 따른 가족복지정책

가족의 욕구와 약화된 가족기능	가족복지정책
소득안정 및 주거안정의 욕구 (경제적 지원의 기능)	사회보험, 공적부조, 가족수당, 조세감면 등
모성보호 및 건강보장의 욕구 (노동력 재생산의 기능)	임신 및 출산 급여와 휴가, 건강보장 프로그램 등
양육 및 보호의 욕구 (양육 및 보호의 기능)	아동수당, 육아휴직, 양육비 지원, 보육서비스, 가족간호휴가, 노인·장애인·아동의 부양지원 서비스 등
심리사회적인 욕구 (정서적 지원의 기능)	가족상담 및 치료 서비스, 가정폭력예방 서비스, 부부상담 지원서비스 등
건강가정 형성의 욕구 (사회유지 및 통제의 기능)	민법(가족법) 규정된 상속, 이혼, 재혼, 입양 등

(3) 가족생활주기에 따른 가족복지정책의 대상

가족심리학자인 카터와 맥골드릭(Carter & McGoldrick, 1999)은 가족생활주기의 각 단계에 따라 한 가족 내의 가족구성원은 전환기에 따른 스트레스를 각기 다른 방식으로 경험하며 각기 다르게 반응한다고 한다. 또한 스트레스는 각 가족의 연령, 그들이 속한 생활주기에 따라 다양하다고 주장한다.

카터와 맥골드릭은 가족생활주기를 6단계 이론을 통해 설명하면서 각 단계별로 전환기에 필요한 정서적 과제와 가족체계변화를 위한 발달과제를 제시하였다. 이들이 제시한 6단계는 1단계: 결혼전기(미혼성인), 2단계: 결혼적응기(신혼부부), 3단계: 자녀아동기, 4단계: 자녀청소년기, 5단계: 자녀독립기, 6단계: 노년기이다. 이러한 가족생활주기 6단계에 따른 가족복지정책은 〈표 3-3〉과 같다. 최근에는 결혼 연령의 상향, 새로운 형태의 다양한 가족 증가, 출산율의 저하와 고령사회의 가속화, 평균수명이 길어지면서 가족 중 노인만 남는 '빈둥지 시기(empty nest stage)'의 장기화 등으로 가족생활주기도 많은 변화가 예상되고 있다. 가족생활주기에 따른 가족복지정책의 대상은 가족생활주기의 최근 변화를 반영하여 맞춤형 서비스를 제공할 수 있어야 한다.

표 3-3 ■ 가족생활주기 6단계에 따른 주요 가족복지정책

가족생활주기 6단계	전환기에 필요한 단계별 정서적 과제	가족체계변화를 위한 단계별 발달과제	주요 가족복지정책
1단계: 결혼전기 (미혼성인)	자신의 정서적, 재정적 책임 수용하고 부모-자녀 관계 분리 수용	• 원가족 관계에서 분화 • 친밀한 이성관계 발달 • 일과 재정적 독립 확립	사회보험, 취업상담, 직업훈련 지원서비스, 가족수당, 조세감면 등
2단계: 결혼적응기 (신혼부부)	새로운 가족체계 수용	• 부부체계 형성 • 배우자 포함 확대가족, 친구관계 재정비	임신 및 출산 급여와 휴가, 건강보장 프로그램 등
3단계: 자녀아동기	새로운 가족성원 수용	• 부부체계에 자녀 공간 만들기 • 부모역할 받아들이기(양육, 재정, 가사일) • 부모, 조부모 역할 포함된 확대가족 관계형성	아동수당, 육아휴직, 양육비 지원, 보육서비스, 산전산후휴가, 아동의 부양지원 서비스, 가족법에 규정된 입양 등
4단계: 자녀청소년기	자녀의 독립과 조부모 허약함을 고려한 가족경계의 융통성	• 청소년 자녀가 가족체계 출입이 자유롭도록 부모-자녀관계 변화 • 중년기 부부 결혼 및 진로문제 재초점 • 노인세대 돌보기 준비	가족수당, 가족상담 및 치료 서비스, 가정폭력 예방 서비스, 장애인의 부양지원 서비스, 부부상담 지원서비스 등
5단계: 자녀독립기	가족성원 수의 증감 수용	• 부부체계, 부모-자녀 관계 재조정 • 사돈과 며느리, 사위, 손자녀 포함 관계 재정비 • 부모 또는 조부모 무기력과 죽음 대처	노인의 부양지원 서비스, 부부상담 지원서비스, 가족법에 규정된 이혼, 재혼 등

6단계: 노년기	역할변화 수용	• 신체적 쇠퇴 직면 부부의 건강과 생계유지 • 다음 세대가 중추적 역할을 하도록 지원 • 배우자, 형제, 친구의 죽음 대처 및 자신의 죽음 대비	공적연금, 공적부조, 건강보장 프로그램, 노인의 부양지원 서비스, 가족법에 규정된 상속 등

2) 가족복지정책의 접근방법

가족복지정책은 사회복지정책의 한 분야이다. 일반적으로 사회복지정책에서는 개인의 변화와 함께 사회변화를 도모하는 2가지 접근방법, 즉 거시적(macro) 접근방법과 미시적(micro) 접근방법의 2가지 차원으로 개입전략을 수립하고 정책의 목표를 추구하게 된다.

여기서는 가족복지정책의 접근방법으로 ① 거시적(macro)으로 법이나 제도를 통해 사회를 변화시키고자 가족정책을 통한 접근방법, ② 미시적(micro)으로 상담, 서비스 제공, 위기개입 등을 통해 개인이나 소집단을 변화시키고자 가족복지실천, 가족복지서비스를 통한 접근방법, ③ 거시적 접근과 미시적 접근을 혼합한 통합적 접근방법의 3가지 접근방법에 대하여 살펴보면 다음과 같다(장연진 외, 2021).

(1) 거시적인 가족정책을 통한 접근방법

가족복지에서는 가족정책(family policy)을 한 가지 접근방법으로 하위 범주로 포함하고 있다. 거시적인 가족정책은 개별 가족구성원을 직접적인 대상으로 하기보다는 사회의 기본단위로서의 가족을 대상으로 하는 접근방법이다. 가족정책에서는 가족의 경제적 부양 기능, 돌봄 기능을 보완 · 지원하는 역할, 민주적이고 평등한 가족관계를 법적 · 제도적으로 지원하는 역할, 가족의 범위를 규정하는 가족법 개정을 통하여 다양한 가족형태를 인정 · 수용하는 역할을 할 수 있다.

법과 정책 · 제도적인 접근은 필연적으로 국가의 적극적 개입이 필요하다. 따라서 가족에 대한 정책적 접근은 가족복지실천과 비교해 역사가 길지 않으며, 국가가 가족생활 지원에 개입하기 시작한 1970~1980년대 이후부터 활성화되기 시작하였다. 최근에 들어와서는 전통적인 가족기능의 축소, 사회적인 변화에 따른 다양한 가족형태의 출현에 따른 가족의 욕구와 문제의 다양화 등을 해결하기 위해서 보완적 · 예방적 차원에서의 다양한 가족정책의 접근에 대한 요구가 점차 높아지고 있다.

(2) 미시적인 가족복지실천 및 서비스를 통한 접근방법

가족에 대한 미시적인 실천적 접근은 오랜 역사를 가지고 있다. 가족복지실천 및 서비스를 통한 접근방법은 특수한 요구를 가진 가족구성원의 문제에 개입하는 개별적 · 직접적 속성을 갖는다. 미국사회복지사협회(NASW, 1995)가 출판한 사회복지백과사전에서는 가족복지실천을 위한 대표적인 프로그램으로 가족에 대한 직접적인 개입, 가족돌봄, 가족생활교육, 가족계획사업, 가족유지와 가족기반 서비스, 가족치료, 가족옹호 등을 제시하고 있다.

(3) 거시적 · 미시적 접근을 혼합한 통합적 접근방법

거시적 접근과 미시적 접근의 2가지 접근방법 및 개입전략은 상호보완적이다. 따라서 거시적 · 미시적 접근을 혼합한 통합적 접근방법은 가족들의 욕구와 문제를 효과적으로 해결할 수 있다. 가정폭력 문제에 개입하는 접근방법에 대하여 예를 들면 거시적으로 가정폭력에 대한 정부의 개입을 법 · 제도화하여 가해자에 대한 처벌을 강화함으로써 사회구조적인 원인을 제거하는 것이 중요한 개입전략이다. 이와 아울러 미시적으로 가정폭력 피해자를 위한 심리상담, 위기 개입, 의식주 지원, 일시보호시설 지원, 법률지원 등의 개입전략이 필요하며, 가해자의 가정폭력 재발방지와 가해자를 변화시키기 위한 상담, 교육 등의 개입전략도 필요하다. 이처럼 거시적인 접근방법과 미시적인 접근방법을 혼합한 개입전략이 통합적 접근방법이다.

가정폭력 문제에 개입하는 사회복지사나 상담기관의 상담원은 미시적 차원에서 직접적 서비스 제공 및 상담가의 역할 등과 함께, 거시적 차원에서 관련 법률의 제·개정 요구를 통한 클라이언트 옹호활동도 할 수 있다. 이처럼 가족복지정책의 목표를 효과적으로 달성하기 위해서는 거시적 차원의 정책적 전략과 미시적 차원의 실천적 전략이 혼합된 통합적 접근방법을 사용하는 것이 바람직하다.

CHAPTER **04**

한국과 외국의 가족복지정책

학습목표

1. 한국의 가족복지 관련 정책을 살펴본다.
2. 외국의 가족복지 관련 정책을 살펴본다.
3. 외국의 가족복지정책 동향에 대해 살펴본다.

가족의 유지와 복지는 사회를 대표하는 국가가 정책적으로 개입하여 보장해 주어야 한다는 것이 복지국가의 기본적인 원칙이다. 특히 현대 산업사회에서 가족으로서는 불가항력적인 사회변화로 인하여 가족의 생존과 복지가 위협을 당하는 경우가 발생하기 때문에 국가가 가족에 대하여 개입을 하지 않을 수가 없다. 특히 전통적으로 가족 또는 가족주의가 개인의 삶에 중심축인 동시에 사회의 구성논리이자 사회문화의 중심원리였던 우리 사회에서는 아직까지 이러한 가족의 기능을 대신할 다른 어떤 사회적 체제가 존재하지 않는다. 따라서 가족을 유지시키고 가족의 기능과 역할을 지지하고 보완할 가족복지의 필요성이 대두되고 있는 것이다.

가족복지정책은 본래 한 가족을 대상으로 전개하는 정부의 제도나 프로그램이라고 할 수 있다. 그러나 개인을 대상으로 하더라도 가족과 연계해서 그것이 다른 가족성원에게나 가족 전체에게 영향을 미친다면 가족정책에 포함될 수 있다. 즉, 가족성원을 대상으로 하여 그들의 복리를 증진하기 위한 수단으로서 행해지는 제반 정책은 가족정책에 포함될 수 있다는 것이다. 가족과 관련된 사회보험, 공적 부조, 사회복지서비스 외에도 고용정책, 조세정책, 보건의료정책, 주택정책 등이 포함될 수 있다. 이 말은 그 내용이 무엇이든 가족정책이 궁극적으로 추구하는 목표는 가족성원의 안정과 복리를 강화하고 삶의 질을 높이기 위한 것이라고 할 수 있다.

1 한국의 가족복지정책

최근 우리나라의 가족변화를 설명할 때 주요하게 언급되는 특징은 가족기능의 약화, 가족과 사회에 대한 관점변화, 제도적 가족형태의 변화 등을 들 수 있다. 이러한 상황 속에서 가족이 사회적으로 기대되는 역할과 책임을 잘 수행하기 위한 가족지원 정책에 대한 욕구는 그 어느 때보다 증가되고 있는 현실이다. 우리나라의 가족복지정책은 노동권보장 정책과 부모권보장 정책, 노인돌봄 관련 정책, 소득보장 정책 등이 핵심적인 내용으로 포함된다.

1) 노동권보장 정책

가족복지와 관련해서 '노동권'을 보장한다는 것은 '누구'의 노동권을 보장하느냐가 쟁점인데 대부분이 아동의 출산과 육아를 담당하는 어머니, 즉 여성의 노동권을 보장하거나 강화하는 데 초점이 맞춰져 있다. 산업화에 따른 여성들의 사회참여 증가와 가족구조의 변화, 가족기능의 약화 등으로 인하여 일과 가정을 어떻게 조화롭게 병행할 것인가 하는 문제는 개인의 문제를 넘어서 사회문제로 이슈가 되었다. 하지만 여전히 고용기회와 임금 등에 있어서 여성의 차별과 가정 내 여성에 대한 역할 기대는 그대로 존재하고 있어서 많은 여성들이 일을 포기하거나 결혼, 출산 등을 기피하기도 하는 실정이다.

2021년 통계청의 사회조사에 따르면 여성 취업의 가장 큰 장애 요인은 50.5%의 육아 부담이고, 그 다음은 16.3%의 사회적 편견, 12.2%의 불평등한 근로여건 등의 순서로 나타났다. 이러한 통계는 여성의 노동권 보장이 저출산 문제를 해결하기 위한 필수 과제라는 점을 제시하고 있는 셈이다. 따라서 일과 가정의 양립을 지원하는 가족복지정책의 중요성은 아무리 강조하여도 부족할 것이다. 이러한 시각에서 우리나라는 가족의 노동권을 보장하기 위하여 방과후 보육을 포함한 한부모가족지원, 육아휴직제도 등을 시행하고 있다.

(1) 보육정책

우리나라의 보육정책은 1921년 태화기독교사회관에서 저소득층 직장여성 및 자녀를 위한 탁아사업으로 출발하여 1961년 「아동복리법」, 「육아교육진흥법」, 「남녀고용평등법」, 「아동복지법」을 거쳐 1991년 「영유아보육법」 제정과 함께 보육정책을 시작하게 되었다. 초기의 보육정책은 영유아의 복리향상에 초점이 맞추어져 있어서 1980년대 이후 촉진된 여성의 사회진출에 따른 보육환경 변화의 대응에는 미흡하였다.

2004년에 제정된 영유아보육법은 보호자의 경제적 · 사회적 활동을 원활하게 함과 동시에 영유아의 보호와 건전한 교육을 통하여 건강한 사회성원으로 육성하도록 법제화 하였다. 또한 교육인적자원부 주도로 초등학교 재학생을 자녀로 둔 맞벌이 부부의 노동권을 보장하기 위하여 초등학교에서 방과후 교육을 실시하고 있다. 방과후 교육은 학생들이 방과후 학교에서 특기적성 교육과 함께 학과공부 보충, 숙제지도 등을 받으며 부모가 퇴근할 때까지 친구들과 함께 지낼 수 있고, 학교 여건에 따라 토요휴업일과 방학기간에도 운영할 수 있도록 하고 있다.

2006년에는 여성가족부에서 수립한 제1차 중장기보육계획 '새싹플랜'을 발표하여 보육료 지원제도인 기본보조금 제도와 민간보육시설 확대, 영아전담시설 지원, 취업부모의 일 · 가정양립지원정책 그리고 시간연장보육, 시간제보육, 야간보육, 농어촌보육서비스와 같은 수요자 요구에 따른 보육서비스 제공 등 영유아보육을 위한 다양한 정책을 제시하여 실시해 왔다. 한편 보건복지부와 관련 부처에서는 '저출산 · 고령사회 기본계획'인 '새로마지 플랜 2010'을 발표하여 출산과 양육에 유리한 환경조성이라는 정책과제를 제시하여 일과 가정의 양립을 위한 사회시스템 구축의 일환으로 육아휴직제도의 활성화와 휴직급여 인상, 국공립 보육시설의 확충 등 구체적 정책을 추진하고 있는 중이다. 이러한 가운데 우리나라의 보육정책은 2013년부터 전환기를 맞이하게 되었다. 0~5세 영유아를 대상으로 보육료 전액을 소득수준과 연령에 제한을 두지 않고 정부가 정한 단가를 지원하기 시작하였으며, 어린이집 미이용 아동에게는 양육수당을 제공하고 있다. 또한 장애아 무상보육은 2003년부터 실시하고 있다. 다음은 우리나라 보육정책을 정리한 내용이다(보건복지부, 2022년).

① 0~5세 보육료 지원

만 0~2세 영유아는 기본보육에 대한 보육료를 지원하고 추가적 돌봄이 필요한 영유아가 연장보육 이용 시 시간당 연장보육료를 추가 지원한다. 다만 연장보육 신청 사유를 검토하여 연장보육 서비스 필요 정도를 판단하여 결정하게 되며, 어린이집을 이용하는 3~5세의 유아도 보육료를 지원하고 있다. 다음은 2022년 기준 보육료 지원 내용이다.

표 4-1 ■ 보육료 지원 현황(2022년 기준) (단위: 원)

연령(적용시기)	지원단가		
	기본보육	야간	24시
만 0세반(22.1.1.~)	499,000	499,000	748,500
만 1세반(22.1.1.~)	439,000	439,000	658,500
만 2세반(22.1.1.~)	364,000	364,000	546,000
만 3~5세반(22.1.1.~2.28)	260,000	260,000	390,000
만 3~5세반(22.3.1.~)	280,000	280,000	420,000

② 장애아 보육료

장애아 보육료 지원은 원칙적으로 장애인복지카드(등록증)를 소지한 만 12세 이하의 미취학 장애아동을 대상으로 하나, 예외적으로 특수교육 대상자로 선정된 만 3~8세 아동이 특수교육 대상자 진단 · 평가결과 통지서를 제출한 경우이거나 취학연령이 되었음에도 부득이하게 질병 등의 사유로 어린이집(3~5세)이나 일반 초등학교 및 특수학교(6~8세)에 취학하지 못한 경우, 또는 장애 소견이 있는 의사진단서를 제출할 경우에는 장애아 보육료를 지원받을 수 있다. 장애아 보육료 지원 금액은 교사 대 아동비율이 1:3으로 반을 편성하고, 장애아전담보육교사 또는 특수교사를 별도 배치해 보육하는 경우 2022년 기준 532,000원을 지원하고 있다.

③ 다문화가족 자녀 보육료

다문화가족 자녀 중 초등학교 취학 전 만 0~5세 아동이 어린이집을 이용하는 경우에는 가구의 소득 · 재산 수준과 관계없이 연령별 보육료 정부지원 단가를 지원받을 수 있다. 또한 취학대상 아동이 취학을 유예하는 경우에는 만 5세아 1회에 한하여 보육료를 재지원 받을 수 있다.

④ 방과후 보육료 지원

방과후 보육료 지원은 부모가 자녀를 양육할 수 없는 시간대의 보육료를 지원하는 제도로서 차상위 이하(법정저소득층 포함) 및 장애아동에 해당되는 취학아동이 방과후에 어린이집을 일일 4시간 이상 이용하는 경우 방과후 보육료를 지원받을 수 있다. 방과후 보육은 기본적으로 여성의 경제참여에 따른 여성노동권 보장을 위한 아동보육 환경의 필요와 저소득 소외계층의 교육격차 해소라는 두 가지 목적이 공존하여 방과후 보육시설, 초등학교 방과후학교, 지역아동센터, 청소년 방과후 아카데미, 우리동네키움센터(다함께돌봄센터) 등 매우 다양한 사업으로 진행되고 있다. 이 외에도 위스타트(We Start)와 드림스타트(Dream Start)를 통해 국민기초생활수급자 및 차상위 계층을 대상으로 방과후 보육을 확대하고 있으며, 부모가 만 12세 이하 자녀를 양육할 수 없는 시간대에 아이돌보미 파견을 통해 가정 내 보육도 가능하도록 지원하고 있다.

2) 부모권 보장 정책

여성의 사회경제활동 참여는 저출산 · 고령화 사회의 원인인 동시에 국가경제 활성화에 중요한 영향을 미친다. 일과 가족의 양립을 지원하는 정책적 배려는 향후 우리나라의 복지적 필요를 채우는 중요한 과제라 할 수 있다. 전통적 개념에서 자녀 돌봄의 주체였던 여성의 사회경제적 역할이 증대될 수밖에 없는 상황에서 시장에서의 소득활동과 가족 보살핌 및 노동을 동시에 보장하고 양자가 조화되도록 하는 조건을 구축하는 것이 필요하게 되었다. 이러한 시각에서 최근 우리나라 가족복지정책의 패러다임이 제도 중심에서 벗어나 탈제도화, 다양화, 개인화라는 가족변화를 반영하여 다양성의 패러다임으로 변화하고 있다. 초기 가족복지정책은 가족 내에서 전통적 분업 장려와 노동자의 재생산 영역의 보호에 초점을 두었지만 최근 우리나라의 가족복지정책은 가족의 변화와 가족의 복지욕구를 반영하여 가족 유형에 무관하게 가족기능을 실현하며, 개인의 질적 발전까지도 도모할 수 있는 보편주의로 확대되고 있다.

부모권 보장 정책은 여성의 경제활동 참여율 증가와 가족의 경제활동 참여를 보장하면서 부모의 권리와 의무를 다 할 수 있도록 하는 정책을 말한다. 제도적으로 육아휴직, 산전후휴가, 아버지육아휴직 등이 있다. 또한 경력단절을 방지하기 위한 육아휴직급여정율제 및 복귀 시 인센티브 제공, 경제적 부담 경감(건강보험료 경감, 대체인력 지원), 육아근로시간단축제도 등이 실시되고 있다.

(1) 육아휴직

육아휴직은 근로자의 육아부담을 해소하고 근로자의 생활안정 및 고용안정을 도모하기 위한 목적으로 시행하게 되었다. 만 8세 이하 또는 초등학교 2학년 이하의 자녀(입양자녀 포함)가 있는 남여 근로자 모두 육아휴직을 30일 이상 최대 1년(한 자녀에 대하여 남녀 근로자 각각 1년 사용 가능) 2회에 한하여 분할 사용이 가능하다. 육아휴직 급여는 2017년부터 첫 3개월은 월 통상임금의 80%(상한 150만 원/하한 70만 원), 나머지 기간(최대 9개월)은 월 통상임금의 50%(상한 120만 원, 하한 70만 원)를 월별로 지급하고 있다. 다만, 육아휴직 급여의 25%에 해당하는 금액은 직장 복귀 후 6개월 이상 계속 근무한 경우에 일시불로 지급받을 수 있다(비자발적 사유로 6개월 이상 계속 근무하지 못한 경우에도 지급). 한부모근로자 육아휴직 급여는 첫 3개월은 통상임금 100%(상한 250만 원), 4~6개월은 통상임금 80%(상한 150만 원), 7개월 이후 종료 시까지는 통상임금 50%(상한 120만 원)를 지급하고 있다.

(2) 출산전후휴가

출산전후휴가 정책은 2002년 1월에 시행된 「근로복지법」과 2008년 6월에 시행된 「남녀고용평등과 일 · 가정 양립지원에 관한 법률」을 기반으로 한다. 임신 중의 여성에 대하여는 출산 전과 출산 후를 통하여 계속해서 90일(다태아의 경우 120일)의 보호휴가를 주는 정책이다. 출산 후에 45일(다태아 60일) 이상이 확보되도록 부여하여야 하며, 출산한 여성근로자의 근로의무를 면제하고 임금 상실 없이 휴식을 보장받도록 하고 있다. 출산이 예정보다 늦어져 산전휴가가 45일을 초과한 경우에도 산후 45일 이상이 되도록 휴가기간을 연장할 수 있다. 휴가기간 중의 임금지급은 종전에는 산전 후 휴가기간 중 최소 60일 분은 사업주가 지급하고, 이후 30일 분은 고용보험에서 지급하였으나 2006년부터는 중소기업장은 유급기간을 포함한 90일(다태아 120일) 모두 통상임금의 100%를 지원하고, 대기업은 30일 무급기간에 대해서만 지원하고 있다.

(3) 아빠육아휴직 보너스제

엄마가 육아휴직을 사용한 후에 같은 자녀에 대해 아빠가 육아휴직을 사용하면(엄마, 아빠의 순서가 바뀌어도 같음/연속으로 사용할 필요는 없음) 두 번째 육아휴직자(주로 아빠)의 첫 3개월 육아휴직 급여는 통상임금의 100%(상한액 250만 원)로 상향하여 지원하는 정책이다. 다만, 같은 자녀를 대상으로 부부 동시 육아휴직 시 두 번째 육아휴직자의 첫 3개월 중 겹치는 기간에 대해서는 아빠 육아휴직 보너스제를 적용하지 않는다.

이 외에도 배우자(아내)의 출산을 이유로 휴가를 청구하는 남편은 10일의 유급휴가를 받을 수 있는 배우자 출산휴가 제도(「남녀고용평등과 일 · 가정양립 지원에 관한법률」)와 만 8세 이하 또는 초등학교 2학년 이하의 자녀(입양 자녀 포함)가 있는 남녀 근로자 모두 에게 1년 간 근로자가 근로시간을 단축하고 단축급여를 받을 수 있는 육아기 근로시간단축제도(육아휴직 미사용 기간 가산 시 최대 2년), 유산 또는 사산한 임신근로자에게 최대 90일까지 출산전후휴가와 같이 통상임금 급여를 지급 받으면서 휴가를 받을 수 있는 유산사산휴가 및 급여 정책이 있다.

3) 노인돌봄 관련 정책: 노인장기요양제도

우리 사회는 전통적인 관념상 가족주의 안에서 노인부양을 해결해야 한다는 논리가 지배적이었다. 하지만 오늘날 급속한 고령화 사회, 핵가족화, 여성의 경제활동 증가 등의 변화로 가족의 기능과 구조가 변화하고 있고, 가족성원들의 생활방식이나 가치관이 달라짐에 따라 노인인구가 증가하면서 노인부양 문제에 대한 시각은 부담에서 사회적 · 국가적 책무가 강조되고 있는 상황이다. 이러한 상황에서 우리나라는 2007년 4월 「노인장기요양보험법」을 제정하여 2008년 7월부터 노인장기요양보험 제도가 시행되었다. 이 정책은 고령이나 노인성 질병 등의 사유로 일상생활을 혼자서 수행하기 어려운 노인 등에게 신체활동 또는 가사활동 지원 등의 장기요양급여를 제공하여 노후의 건강증진 및 생활안정을 도모하고 그 가족의 부담을 덜어준다는 목적이 가족복지의 관점에서 의의가 크다고 할 수 있다. 제도의 적용대상은 전 국민이며, 장기요양 신청대상자는 65세 이상 노인 및 노인성 질환을 가진 65세 미만 국민으로 하되 6개월 이상 혼자 일상생활이 어려운 자로서 장기요양등급판정위원회에서 등급판정을 받은 국민으로 한다. 급여종류는 시설급여와 재가급여, 현금급여로 구분하며, 시설급여는 노인요양시설과 노인전문요양시설의 통합형태인 요양시설과 소규모 형태의 노인요양공동생활시설로 구분되며 재가급여는 방문요양, 방문목욕, 주 · 야간보호서비스, 단기보호서비스로 구분된다. 이 외에도 현금급여인 가족요양비, 특례요양비 및 요양병원간병비가 급여서비스에 포함되었다.

우리나라에서는 노인장기요양제도 외에 고용노동부에서 시행하는 가족돌봄휴직 정책이 있다. 이는 근로자가 부모, 배우자, 자녀, 또는 배우자의 부모의 질병, 사고, 노령으로 인하여 돌봄이 필요한 경우, 그 가족을 돌보기 위하여 무급으로 연간 최장 90일의 휴가를 사용하며 나누어 사용할 수도 있다. 가족돌봄휴직 기간은 근속기간에는 포함되지만 평균임금산정 기간에서는 제외하고 있다(고용노동부, 2019).

4) 소득보장 정책

오늘날은 핵가족화의 진행과 맞벌이 가족의 증가 등으로 부모의 자녀양육 부담을 완화하고 취업부모의 일과 가정의 양립을 지원하기 위한 육아지원정책의 필요성이 더욱 중요해지고 있는 상황이다. 육아지원정책은 보육시설을 중심으로 제공하는 지원과 가정 내 육아지원의 두 가지 방식으로 지원되고 있다. 1990년대는 영유아보육법을 기점으로 보육시설을 중심으로 한 육아지원정책이 추진되었고, 2002년부터 보육비지원 정책을 통해 정부 중심적인 자녀양육지원정책이 추진되어 오는 가운데 2013년부터는 무상보육정책이 전면적으로 시행되고 있다.

가족복지의 소득보장 정책은 의식주와 관련된 기본적 욕구 해결뿐 아니라 자녀를 양육하는 데 필요한 최소한의 물질적 지원이라고 할 수 있다. 우리나라에서 제도화하고 있는 가족복지의 소득보장 정책으로는 우선적으로 빈곤가정에 대해서는 「기초생활보장법」에 의한 가족의 최소한의 생활을 보장하고 있으며, 자녀양육과 관련된 소득보장은 아동수당, 가정양육수당, 부모수당 등이 있다.

① 아동수당

아동(가족)수당이란 아동을 양육하고 교육하는 데 소요되는 비용을 보조하기 위해 가족에게 지급되는 급여를 말하며 보편적 복지의 기본축이라고 할 수 있다. 아동이 있는 가구가 그렇지 않은 가구에 비해 소비지출이 많기 때문에 아동양육에 따른 경제적 부담을 줄이고 아동의 기본적 권리와 가정의 복지수준을 높이는 데에도 중요한 정책인 동시에 출산율의 제고에도 긍정적 효과를 가져올 수 있을 것이다.

아동수당은 미국, 터키, 멕시코를 제외한 모든 OECD 국가에서, 프랑스(1932), 영국(1945), 체코(1945), 일본(1972) 등은 오래전부터 시행중인 제도로 우리나라에서는 2018년 9월 도입됐다. 시행 초기 2인 이상 가구 소득인정액 하위 90%에 해당하는 가구만 받을 수 있었지만 2019년 이후 모든 아동으로 확대 · 개편되어 부모 소득과 상관없이 만 7세 미만(0~83개월) 아동에게 1인당 월 10만 원이 지급되던 것이 2022년 2월부터 만 8세 미만으로 확대하여 실시하고 있다.

② 가정양육수당(양육수당)

우리나라의 가정 내 육아지원정책인 양육수당제도는 2008년 「영유아보육법」 개정으로 처음 도입되었으며 도입 당시에는 차상위 이하 만 0~1세 아동을 대상으로 10만 원을 지원하는 최소화된 형태로 설계되었다. 이후 2011년에는 만 2세 아동까지 최대 20만 원을 지원하도록 하여 지원범위가 다소 확대되었으나 여전히 소득계층은 차상위 이하 아동만을 대상으로 하였다. 그후 2013년 '무상보육'의 일환으로 어린이집, 유치원(특수학교 포함), 종일제아이돌봄서비스를 이용하지 않고 영유아를 가정에서 보육하는 경우 소득수준에 상관없이 취학 전 만 84개월 미만의 전 계층을 대상으로 초등학교 취학 연도의 2월까지 지원하고 있다.

장애아동 양육수당은 보육료나 유아학비 또는 종일제아이돌봄서비스를 지원

받지 않는 취학 전 만 0~5세 등록 장애아동에게 소득수준 관계없이 지원한다.

농어촌 양육수당은 만 0~5세 취학 전 영유아로 농어촌 지역에 거주하며 보육료, 유아학비 또는 종일제아이돌봄서비스를 지원받지 않는 농어업인 가구의 가정 양육 아동에게 지원한다. 또한 다문화, 난민 등 기준을 충족하는 영유아 가구의 아동으로 국적과 주민번호가 유효한 자를 대상으로 양육수당을 지급한다. 아동복지시설(그룹홈 포함) 재원 아동과 입양대상 또는 위탁가정에서 보호 · 양육 되고 있는 아동도 포함된다.

양육수당은 영유아 아동의 연령에 따라 정해진 정부지원 단가가 지원되며, 장애아동과 농어촌 아동은 별도로 정해진 급여액이 연령별로 지급된다. 이러한 양육수당제도는 시설이용과 가정 내 양육의 보육방식 중에서 부모가 선택할 수 있도록 함으로써 부모의 선택권을 존중한다는 의의를 가지고 있다.

③ 부모급여수당

2022년부터 시행되던 영아수당이 2023년 1월 4일부터 부모급여수당으로 개편되어 24개월 미만 아동 보호자들의 출산 및 양육으로 인한 경제적 부담을 경감하고 영아기 집중 돌봄을 두텁게 지원하기 위한 정책으로 영아수당이 지급되고 있다. 지원 금액은 2022년 기준 만 0세 월 70만 원, 만 1세 월 35만 원인데, 2024년부터 100만 원, 50만 원으로 각각 인상될 예정이다

이외에도 「한부모가족지원법」에 따라 18세 미만의 자녀를 둔 한부모가족은 재산과 소득기준에 따라 입학금과 수업료 지급 등 자녀의 학비지원, 양육비지원, 복지자금대여, 영구임대주택입주, 직업훈련 및 취업알선에 대한 지원 등이 이루어지고 있다.

2 외국의 가족복지정책

1) 미국의 가족복지정책

미국은 명시적 목표를 갖는 가족복지정책을 가지고 있지 않는 대신 여러 사회정책을 통해 자녀가 있는 취약 가족을 대상으로 하는 암묵적 가족복지정책을 형성해 왔다. 국가보다 시장의 역할을 중시하는 대표적 자유주의 복지국가로서 평등보다는 능력주의의 입장을 취하는 나라라고 볼 수 있다. 이러한 특성이 가족 정책에 반영되어 가족을 종합적으로 지지하는 계획된 가족복지정책은 없는 편이고, 다만 사후적 치료 차원에서 사회복지 서비스가 가족복지정책의 성격을 띠고 있다(변화순, 1997). 또한 사회복지서비스는 가족, 부모, 결혼관계의 유지와 안정을 위하여 아동이 있는 가정을 중심으로 이루어지며, 빈곤가정은 사회 빈곤자로서 지원을 하고, 중산층 계급 이상에 대해서는 세금공제 혜택의 방식을 통한 간접적 지원을 하고 있는 셈이다.

(1) 소득지원

① 빈곤가족 한시적 부조 정책

이 정책(Temporary Assistance to Needy Family: TANF)은 본래 AFDC(Aid to Family with Depen dent Children)에서 전환된 프로그램이다. AFDC는 부양 아동을 가진 빈곤가족에 대한 사회보장제도 중의 하나로 부모의 사망, 무능력, 부재로 인해 부모가 아동을 양육할 수 없는 경우 급여를 제공하는데 수혜기간을 구애받지 않고 서비스를 제공받을 수 있는 점이 특징적이다. 그러나 이 제도는 재정의 효율성 및 혼외출산 증가 등 많은 문제가 제기되었다. 이에 1996년 복지개혁을 통하여 AFDC는 폐지되고, TANF가 등장하게 되었다. 새로이 등장한 TANF는 요보호 대상가족(아동을 양육하는 빈곤가족)에게 5년이라는 한시적인 기간을 한정하는 사회보장제도로 바뀌게 되었으며(변화순, 1997), 처음 복지 급여를 수급한 후 2개월이 경과하면 취업을 하거나 'workfare'라는 지역 사회서비스 활동에 참여하게 함으로써 빈곤가족에 대한 현금 지원이 취업을 조건으로 하는 소득지원 정책이 되었다(김학주, 2004).

② 식품권 제공 정책

이 정책은 1964년부터 저소득층이 영양 부족으로 기아 상태에 빠지는 것을 막고자 식료품 지원을 목적으로 쿠폰을 제공하는 연방급여정책이다. TANF 수급자나 한부모가족, 보충적 소득지원 수급자, 장애급여 수급자 등은 자동적으로 식품권 혜택을 제공받게 되며, 주별 현금급여 수준이 빈약한 경우 빈곤가족의 소득보호에 큰 도움을 주는 정책이라고 할 수 있다(김학주, 2004).

③ 보충적 소득지원 정책

이 정책(supplemental Security Income: SSI)은 고용이 불가능한 저소득층 노인 또는 장애인 중 재정적 도움을 필요로 하는 사람에게 매달 급여를 제공함으로써 최저 생활을 보장하는 제도이다. 소득이 있는 경우 소득수준에 따라 급여가 감소하는 보충적 급여 제도이다(김학주, 2004).

④ 근로소득 세액 환급 정책

미국은 유럽과 달리 보편적 아동수당이나 가족수당이 존재하지 않으나 자녀가 있는 근로자 가족의 조세를 통한 간접적인 소득이전 프로그램(Earned Income Tax Credit: EITC)을 실시하고 있다. 이는 일정수준 이하의 근로소득가구를 대상으로 환급 가능한 세액공제 혜택을 주는 제도로서 노동능력이 있는 근로자가 복지에 의존하지 않고 취업을 유지하도록 재정적 인센티브를 제공하는 것이다(김학주, 2004).

⑤ 아동세금 환급 프로그램

EITC가 근로소득세 환급 시 주마다 다른 수급 기준을 적용하는데 비해 최근 등장한 아동세금 환급 프로그램(Child Tax Credit: CTC)은 연방정부내로부터 직접 지급 받는 환급혜택으로서 근로소득 존재 여부와는 별도로 17세 이하 아동이 있는 가정에 제공된다. 2001년 처음 시행되던 때는 빈곤층 가정만을 대상으로 하다가 중류층 가정까지 확대되어 실시하고 있다(김학주, 2004).

(2) 가족-취업 양립 지원 정책

미국은 가족 의료 휴가 제도(the family and Medical Leave) 외에 유럽 여러 나라의 유급부모휴가와 같은 프로그램이 부재하여 민간기업 차원에서 그 공백의 일부분을 채우고 있다.

① 가족 의료 휴가 제도

1993년 「가족의료휴가법(the Family and Medical Leave Act)」에 의거 가족의료휴가 제도가 마련되었다. 이는 50인 이상 기업에 종사하는 근로자로서 출산자녀 혹은 입양자녀를 돌보거나 배우자, 부모, 자녀의 질병을 돌보아야 하는 경우 12주간 휴가를 제공하는 제도이다. 휴가 기간 동안 계속해서 의료보험의 혜택은 받을 수 있으나 무급이고 육아의 추가적 급여 지원도 없다(김태홍·고인아, 2001).

② 민간기업 가족지원 프로그램

민간기업 차원에서 취업과 가족생활의 양립을 지원하는 프로그램으로 직장 내외 보육 센터, 기업 간 공동보육 센터, 가족보육 네트워크 등이 있다. 보육비용을 지원하는 방법은 보육바우처(voucher), 보육비용 상환제도(reimbursement), 혹은 기업과 보육기관이 합의하여 보육 서비스를 제공하거나 가족 간호나 보육의 지출비용을 소득공제 해주는 제도 등이 있다.

(3) 돌봄 및 양육 지원 정책(홍승아, 2006)

① 보육 제도

미국의 보육정책은 일부 취약계층 아동에게 보육 서비스를 제공하는 형태인데 세 가지로 구성되어 있다. 첫째는 빈곤가족의 아동을 대상으로 하는 헤드스타트(Head Start) 프로그램이다. 헤드스타트(Head Start) 프로그램은 1965년 존슨 행정부가 '대 빈곤 전쟁(War on poverty)'의 일환인 빈곤 퇴치를 목적으로 빈곤가족의 3~5세 아동에 대해 포괄적인 교육, 건강 및 발달 관련 검사 등의 서비스를 제공한 프로그램이다. 둘째는 시장을 통해 이용자가 구매하는 보육서비스를 말하며, 셋째는 취학 전 아동을 대상으로 하는 공립학교 체계이다. 그러나 이 세 가지는 주정부 수준에서 일관된 정책 틀이 없으며 독립적으로 움직인다는 특성이 있다.

② 아동보육 및 발달 일괄교부금(Child Care and Development Block Grant: CCDBG)

미국의 아동보육서비스에 있어서 가장 큰 재원으로 제공되는 서비스는 연방 일괄교부금이라 할 수 있다. 1990년 처음 시행되었으며 저소득층 아동을 위한 보육서비스로 아동의 연령이 13세 미만이어야 하며, 취업부모와 함께 살고 있거나 학교를 다니거나 직업훈련을 받고 있어야 수급 자격요건이 된다. 1996년 복지개혁 과정에서 다시 개정되어 서비스를 받을 수 있는 자격요건을 가족소득이 주(州) 중위소득의 85%를 넘지 않도록 규정을 두었다(Kamerman & Kahn, 2001; Gornick & Meyers, 2003; 홍승아, 2006, 재인용).

2) 스웨덴의 가족복지정책

스웨덴은 사회구성원 누구나 공공복지에 기여자가 되는 동시에 수혜자가 될 수 있다는 것을 강조하여 사회연대와 평등을 가족정책의 기본 이념으로 가족친화적 정책을 전개하고 있는 것이 특징이다(한국임상사업학회, 2020). 1970년대 육아를 전담하던 여성이 노동시장에 대거 나오면서 육아의 지원 요구가 증대하자 국가와 사회가 정책적으로 이를 해결하고, 아동양육의 기본적 의무를 부모와 국가가 공동으로 책임지고 변화하는 가족구조에 대처하기 위해 다른 국가들과 구별되는 가족복지정책을 추진하고 있다. 그 내용을 살펴보면 크게 3가지 형태로 시행하고 있으며, 부모의 평등한 양육책임을 지향하는 출산 · 육아휴직 제도, 직장생활과 육아의 병행을 보장하는 공보육제도, 자녀 양육부담 경감을 위한 아동수당 제도 등이 있다. 이에 대하여 주 스웨덴 대사관(2016)에서 발표한 '스웨덴의 아동 양육정책'을 중심으로 살펴보고자 한다.

(1) 출산·육아휴가 및 급여

스웨덴은 출산 · 육아휴가 및 급여 정책으로 임신급여, 아버지 휴가, 출산 · 육아 휴가, 아동 병간호 휴가 제도 등이 있다.

① 임신급여

임신한 여성이 육체노동, 위험직종 등 직업 특성상 일을 계속할 수 없는 상태에서 대체업무가 제공되기 어려울 때 출산 60일 전부터 휴가가 가능하며, 최대 50일간 사용할 수 있다. 휴가 기간 중 월 급여의 80%를 임신급여로 지급받으며, 일일 한도액(2016년 기준 709크로나)이 있다. 50일은 출산 · 육아휴직 480일에서 공제되며, 출산 예정 10일 전부터는 출산 준비를 위한 부모수당

(Parental Benefits)을 지급받을 수 있다. 또한 임신 기간 중에는 시간제로도 근무가 가능하며, 시간제 근무 상황에 비례하여 휴가기간은 연장되고 하루 노동시간의 75%, 50%, 25%를 근무할 경우, 근무시간에 대해서는 정상적 급여를 지불한다. 근무하지 않은 시간에 대해서는 월평균 소득의 80%에 해당하는 임신급여를 제공한다.

② 아버지 휴가(Paternity Leave)

스웨덴의 경우 남성(부)은 자녀 출생 또는 입양 시 10일간의 '아버지 휴가' 사용이 가능하다. 이 휴가는 자녀를 출산하거나 입양한 후 60일 이내에 사용해야 되며, 휴가 기간 중 월 급여의 80%를 받을 수 있으며, 출산 전후 산모동반, 유아를 돌보는 방법에 대한 학습기회 제공, 입양자녀와 부모가 친해지는 시간 제공 등의 목적으로 제공되는 셈이다. 이 휴가 중 10일은 출산 · 육아휴직 480일에 포함되지 않으며, 쌍둥이 출산/입양 시 20일, 세쌍둥이 출산/입양시 30일을 사용할 수 있다.

자녀 입양 시 부부가 모두 아버지휴가를 사용하기 원할 경우 반씩 나누어 사용할 수 있고, 아버지는 이 기간 중 시간제로도 근무가 가능하며 하루 노동시간의 75%, 50%, 25%를 근무할 경우 근무시간에 대해서는 정상적 급여를 지불하고, 근무하지 않은 시간에 대해서는 월평균 소득의 80%에 해당하는 임시부모휴가 수당을 지급한다. 근무시간을 50% 축소할 경우, 20일간 휴가 사용이 가능하다.

③ 출산·육아휴직(Parental Benefit/Föräldrapenning)제도

스웨덴의 가족정책 중 세계 각국에서 많은 주목을 받고 있는 정책은 양성중립 성격을 띠고 있는 출산 · 육아휴직제도이다. 일과 가족 중 한 쪽의 선택을 강조하는 것이 아니라 일과 가족의 조화와 균형을 장려하는 것을 목표로

삼고 있다(송지원, 2015).

스웨덴은 1974년 세계 최초로 신생아를 가진 취업 부모에게 유급의 부모휴가를 제공하는 제도를 도입하였으며, 처음에는 육아휴직 기간이 180일이었으나 1990년 450일, 2002년 480일로 개정되어 현재는 480일간 부부가 공동으로 사용할 수 있는 유급 육아휴직이 제공된다. 급여와 연계된 육아휴직을 받는 경우 총 480일 중 390일 동안 급여의 80%를 보장받으며, 자녀가 8세가 될 때까지 언제든지 이용할 수 있을 뿐 아니라 시간 단위로 나누어 휴직을 사용할 수 있기 때문에 매우 유연한 성격을 갖고 있다. 풀타임, 하프타임, 쿼터타임, 1/8 타임까지 사용할 수 있으며 또한 480일의 유급육아휴직 기간을 제외하고, 스웨덴의 부모들은 자녀들이 8세가 될 때까지 노동시간을 최대 25% 수준까지 줄일 수 있는 법적 권리가 있다.

아버지(남성)의 육아휴직 사용 장려를 위해 2016년부터 기존 60일에서 90일로 연장했으며, 이 기간은 배우자(어머니)에게 양도가 불가한 특징을 갖고 있다. 남성(아버지)이 90일을 사용하지 않을 경우 휴가일수는 사라지며, 여성(어머니)은 90일을 제외한 390일간 육아휴직 사용이 가능하다. 또한 부 또는 모는 출산 · 육아휴직 기간 중 시간제로도 근무가 가능하며 하루 노동시간의 75%, 50%, 25%를 근무할 경우 근무시간에 대해서는 정상적 급여를 지불하고, 근무하지 않은 시간에 대해서는 월평균 소득의 80%에 해당하는 휴직수당을 지급하며, 시간제 근무 상황에 비례하여 휴가기간은 연장된다.

④ 아동 병간호 휴가(Temporary Parental Benefit)

스웨덴의 경우 1세에서 12세 이하의 자녀를 둔 부모로서, 자녀 병간호를 위해 휴직해야 되는 경우에 휴직이 가능하다. 자녀 한명 당 연간 최대 120일간 사용 가능하며, 월 급여의 80% 지급된다. 1세 미만의 자녀가 아플 경우 일반적으로 육아휴직을 사용하지만 단, 1세 미만 자녀가 입원해 있을 경우에는 병간호 휴가를 사용할 수 있다. 자녀가 심각한 질병이 있는 경우에는 기간 제한 없이 병간호 휴가를 사용할 수 있으며, 12에서 16세 자녀는 특별한 경우에 병간호 휴가 사용이 가능하다.

자녀가 만성질환 및 혼자서는 병을 감당하지 못할 경우, 자녀의 병원 진료를 위해 동반해야 되는 경우, 또는 16세를 넘은 자녀라 할지라도 정신장애, 자폐증, 신체장애 등을 사유로 '일부 기능장애인에 대한 지원 법률(Act concerning Support and Service for Persons with Certain Functional Impairments: LSS)'의 적용을 받는 경우에는 21세까지 병간호 휴가를 사용할 수 있다.

(2) 보육 제도

스웨덴의 보육서비스 형태는 1세부터 5세 어린이를 대상으로 하는 유치원과 개방형 유치원이 있으며, 6세 어린이를 대상으로 하는 취학 전 학급(Pre-School Class), 1세부터 12세 아동을 대상으로 하는 가정 탁아(Family Day Care), 6세부터 12세 어린이를 대상으로 하는 방과후 학급(After School)으로 구성되어 있다. 스웨덴의 경우 취학 전 학급(Pre-school class)에서 대학교까지는 무상으로 교육이 제공되지만 취학 전 아동(1~5세) 교육에 대해서는 부모가 일정 비용을 부담하고 있다. 이 경우 부모의 부담을 최소화시키기 위해 '부모부담 한도액(일반적으로 월 급여의 3% 이내)'을 설정하고 있으며, 이 한도액은 어린이들이 부모의 재정 능력에 상관없이 동등한 보육을 받도록 하는 데 중요한 역할을 한다고 볼 수 있다. 이 가운데 3세부터 5세 아동은 일주일에 15시간, 일 년에 525시간이 무료이다.

스웨덴은 '놀이에 기반한 아동 돌봄 및 교육'을 제공한다는 원칙하에 보살핌, 음식, 휴식, 놀이와 학습 기회를 제공하며, 자연친화적인 교육을 중시하고 있으며, 배운다는 느낌이 들지 않게 놀이를 통해 예절과 언어, 수학, 미술 등을 가르치면서 일과 육아를 병행하는 부모의 양육 부담을 줄이기 위한 정책을 펼치고 있다.

(3) 소득지원 정책

① 아동수당

스웨덴은 사회보험, 공공부조, 조세정책과 같은 보장성 연금이나 가족연금 등 연금제도를 통하여 가족에 대한 최저보장연금제도(Guaranteed pension system)를 추진하고 있다. 또한 1948년 처음으로 아동수당(가족수당)이 도입되었으며, 이는 보편적 복지정책으로 기본아동수당을 비롯하여 추가아동수당, 연장아동수당, 다자녀가족보조금등이 있다. 기본아동수당은 16세 이하의 모든 아동에게 지급하는데 둘째 자녀까지 동일 액수가 지급된다. 자녀가 세 명 이상 일 경우에는 추가아동수당이 지급되는데 순서에 따라 차등을 두다가 1998년부터 동일 액수로 정해졌다. 연장아동수당은 자녀가 16세 이상인데도 의무교육을 계속 받고 있는 경우 같은 액수의 학업보조비가 제공되며, 다자녀가족보조금은 자녀수가 증가할수록 지원액이 누진 증가되어 가정의 양육부담을 경감시키는 정책이다. 이러한 아동수당의 취지는 모든 국민에게 최소한의 생계를 보장하고 빈곤에서 아동은 보호받아야 하며 경제적으로도 만족스러운 환경에서 성장해야 한다는 목적을 가지고 있는 셈이다.

② 한부모 양육지원비(Maintenance Support)

이 제도는 부모가 이혼하였을 경우 자녀 양육비는 합의에 의해 결정되나, 합의가 성립되지 못하였거나, 이혼한 배우자가 자녀 양육비를 지불할 능력이 없는 경우, 또는 지불키로 한 양육비가 부족할 경우 사회보험청이 양육비를 제공한다. 한부모 양육비는 자녀가 18세가 될 때까지 지원하며, 18세 이후에도 고등학교 등 교육기관에 재학 시에는 20세까지 지급되며, 향후 지급의무가 있는 부 또는 모에게서 소득이 발생하면 동 비용을 사회보장청에 납부하는 제도로 한부모 가정의 양육부담을 지원하고 있다.

③ 아동보호수당(Care allowance)

아동보호수당은 자녀가 장애 또는 만성 질환이 있어 6개월 이상 병간호가 필요한 경우, 부모에게 자녀의 간호비를 지원하는 정책이다. 이는 자녀 출생 시부터 19세까지 지급하며, 병간호 수당, 부대비용 지원, 간병인 수당, 자동차 수당 등이 포함된다.

④ 기타

스웨덴은 이외에도 외국으로부터 10세 이하의 자녀를 입양할 경우에 지원하는 입양수당과 일정소득 이하의 자녀가 있는 가정과 자녀는 없지만 28세 이하의 청년 부부 가정에 대해 지원하는 주거수당, 부모 모두 혹은 한쪽이 사망한 18세 미만(재학 중일 경우 20세) 아동에게 지급하는 아동연금 등의 정책이 가족을 지원하고 있다.

3) 프랑스의 가족복지정책

프랑스 가족복지정책은 가족적 가치를 지지하는 보수층과 국가가 보장하는 개인 간 평등을 지지하는 사람들 사이에서 한 세기에 걸친 논쟁의 결과이며, 다양한 이데올로기에 기반을 둔 광범위한 조치까지 포함하고 있다. 우리나라에서는 가정생활과 일은 한 개인에게 혹은 가족성원 간 갈등을 유발하는 원인을 제공하기도 한다. 그러나 프랑스의 가족복지정책은 양립하기 쉽지 않은 이 두 가치를 보다 조화롭게 만들어 가족형성과 경제활동 사이에서 한 가지 선택이 강요되지 않도록 지원한다. 특히 프랑스의 가족복지정책은 다른 국가들의 가족복지정책의 모델국가로 일컬어지며, 유럽공동체 국가 사이에서 가장 훌륭한 아동보육체계를 갖고 있다는 평가를 받는 국가이다. 국내총생산(GDP)의 3.7%를 대가족에 대한 자녀수당과 자녀양육과 취업활동을 병행할 수 있도록 지출하고 있다. 이는 OECD 국가 중 공공지출이 매우 높은 편이라고 할 수 있다(송신영 · 서문희, 2011).

(1) 가족수당

프랑스의 가족수당(allocations familiales) 정책에는 가족을 대상으로 지원하는 다양한 수당이 패키지 형태로 포함되어 있다(신윤정, 2022). 이에는 추가가족수당, 가족보조금, 영아보육수당, 장애아동수당, 독거가족수당, 자녀간호수당, 출산 · 입양장려금, 기초수당, 자녀보육대체수당 등이 포함된다.

이 가운데 가족수당은 자녀가 둘 이상인 모든 가정을 대상으로 자녀가 16살이 될 때까지 지급하는 소득지원을 말하며, 세 자녀 이상인 경우 혜택은 크게 늘어나는데 셋째 아이의 출산 후 무급휴가를 쓰게 되면 매달 추가수당을 더 받을 수 있다. 소득이 적은 가정은 추가적으로 최저소득보조금(revenu minimum d'insertion)을 지급받으며, 한부모가족일 경우에는 독거가족수당(allocation de parent isolé) 등을 통해 상당한 재정지원을 받게 된다. 출산 · 입양장려금은 출산 혹은 입양으로 자녀를 갖게 되었을 때 지급되는 일시불 수당이며, 기초수당은 3세 미만의 자녀를 양육하는 경우와 20세 미만의 아동을 입양할 경우 지급되는 수당을 말한다. 또한 자녀보육대체 수당은 직업을 가지고 있는 부모가 6세 미만의 자녀를 양육하기 위해 보육사를 고용할 때 지원받는 수당으로 우리 여성가족부의 아이돌봄서비스와 비슷하다고 할 수 있다. 급여액은 자녀수와 소득수준에 따라 다르고 부모가 최소 이용비용의 15%는 부담해야 한다. 가족계수(quotient familial)를 통한 세금우대 조치 등의 직접적인 재정지원은 세 번째와 그 이상 자녀들의 출산을 증가시키는 결과를 가져오기도 했다. 이러한 지원은 본래 세 명 이상의 자녀를 갖도록 장려하기 위한 조치였지만 규모가 큰 가정과 작은 가정 그리고 자녀가 없는 가정 간의 생활 수준 차이를 줄이기 위해 이용되기도 했다. 재정지원은 육아비용의 절감을 통해 가정이 더 많은 자녀를 갖게 만들 뿐만 아니라 보다 나은 육아조건을 제공하게 되었다.

(2) 육아휴직

프랑스의 모든 여성은 16주에 걸친 건강보험을 통해 급여가 보장되는 출산휴가(출산예정일로부터 6주 전부터 출산 후 10주간)를 받을 수 있으며 상황에 따라 26주까지 연장이 가능하다. 남성들 또한 2주간의 유급 육아휴가를 신청할 수 있다. 자격조건(같은 직장에 1년 이상 근무)을 충족하는 부모는 자녀가 태어난 후 최대 3년 동안 육아휴직을 신청 또는 시간제로 일할 수 있으며 동일한 직장 혹은 다른 직장 내 유사한 직위로 복귀할 수 있다. 휴가 동안에는 최저임금의 절반보다 조금 적은 재택수당이 지급된다(송신영 · 서문희, 2011).

(3) 보육서비스

프랑스의 보육서비스에 대한 지출의 대부분은 유치원 교육에 할당되며 3세에서 6세까지의 모든 어린이에게 무료 공립 유치원이 제공된다. 가정 외부의 보육서비스는 실제로는 가계수입에 의해 고도로 계층화되어 있었기 때문에 2013년부터는 빈곤선 이하 가정의 어린이 10%를 확보해야 한다는 조건을 통해 빈곤층 가정의 보육시설에 대한 접근성을 개선했다.

프랑스 가족정책의 목표는 시간이 지남에 따라 더욱 다양해졌다. 더 이상 목표를 출산율을 높이고 생활수준을 향상시키는 것에 한정짓지 않고 가정 내 균형을 유지하는 데에도 영향을 미칠 수 있도록 하였다. 재정지원과 육아휴직 및 육아서비스가 서로 보완적인 역할을 하는 가운데 출산율에 영향을 줄 수 있는 메커니즘의 넓어진 범위를 반영한 셈이다.

육아와 부모의 노동시장 참여 사이의 균형이 중요시 되는 현대 사회에서 프랑스는 폭넓은 지원범위를 가진 국가 중 하나이다. 역사적으로 오랫동안 노력한 가족정책의 결과, 자녀의 출생부터 학교에 입학할 때까지 지속적인 지원을 받으며 이러한 지원이 시간이나 소득 및 서비스 측면에서 필요에 맞게 조정될 것이라는 확신을 가져오게 되었다. 그러한 확신은 자녀를 갖는 결정을 내리는 데 유리한 환경을 조성하게 된 셈이다.

3 외국 가족복지정책의 동향

가족과 관련 가장 두드러진 사회 변화는 가족형태의 다양화라고 볼 수 있다. 부부중심 2세대가족, 확대가족, 한부모가족, 노인가족, 독신가족, 비정형적 가족 등 가족형태의 다양화는 개별 가족들이 살아가는 방식이나 개인들이 선택한 삶의 양식 등이 다양하게 변화되면서 공통으로 제기되는 문제는 경제적 · 정치적 · 사회적으로 안정된 재생산을 이루어 내느냐 하는 것이었다. 1990년 이후 가족복지정책의 화두는 '빈곤'이며 더욱 아동과 노인, 장애인 등 취약계층에 대한 대책 방안을 마련하는 것이었다(변화순 외, 2003). 또한 '빈곤'의 문제로 인하여 발생하게 된 여성의 노동시장 참여와 결부된 결혼의 불안전성 증대, 고용과 가족생활의 공유, 가족생활의 양성평등 증진이 핵심적 정책 과제로 부상하게 되었다. 외국의 경우 가족과 관련 정책적 변화 경향을 보면 다음과 같이 정리할 수 있다.

첫째, 부부와 자녀로 구성된 가족을 대상으로 하는 기존의 가족복지정책으로는 오늘날 증가하고 있는 여성의 취업과 가족생활을 조화시킬 수 있는지, 그리고 가족 기능약화에 따른 대체 방안을 마련할 수 있는가 하는 점이다. 이와 관련 조세제도가 통합 과세 원칙에서 개인별 분리과세로 변화되고 있다. 통합 과세 원칙이 남성의 생계부양과 여성의 피부양자라는 전제조건에서 맞벌이 가족의 경우 누진세 적용이나 소득공제 등에서 피해를 보는 것을 방지할 수 있다.

둘째, 가족구성원 개념의 변화로 점차 합법적 결혼제도를 거치지 않고 형성된 가족관계라도 가족 관련 급여의 혜택을 볼 수 있는 정책의 변화이다. 유럽국가에서는 가족부가급여에 있어 사실혼 관계나 법률혼 관계에 차등을 두지 않는 정책이 등장하고 있다. 프랑스, 스웨덴, 영국 등은 동거도 전형적 가족형태로 인정되는 제도가 이루어지고 있다.

셋째, 가족복지정책의 보편적 가족수당이 일부 선별주의적 성격으로 전환되고 있다. 점점 많은 국가들이 표적화된 가족이나 저소득 가족의 소득 보장을 위해 소득 조사를 병행하여 차별적 급여를 제공하는 형태로 변화하고 있다는 것이다(최경석 외, 2001). 1980년대부터 고소득 가족에 대해 급여를 제한한 경우(스페인, 호주, 캐나다)나 급여율을 감소시키는(그리스, 독일, 이탈리아) 형태의 변화가 좋은 사례라고 볼 수 있다.

넷째, '신빈곤'이 등장한 오늘날 보편적으로 '신빈곤'의 대상이라고 할 수 있는 한부모가족이나 장애인가족 등의 특수한 가정의 빈곤에 대한 정책적 관심이 증대하였다. 영국, 스웨덴은 한부모가족에 대해 가족수당과 별도의 아동수당 제도를 가지고 있다. 특히 여성세대주가족의 빈곤은 여권론적 관점의 연구에 의해 복지국가의 성패를 평가하는 주요 지표로 거론되고 있는 정책 이슈가 되고 있다.

CHAPTER **05**

가족복지 관련 법

학습목표

1. 우리나라 가족복지 관련 법에는 어떤 법들이 있는지 탐색해 본다.
2. 가족 및 가족복지 관련 법의 입법 취지와 목적에 대한 이해를 증진한다.
3. 각종 가족복지 관련 법의 주요 내용과 가족복지서비스 내용에 대하여 숙지한다.

우리나라 모든 법의 근간이 되는 「헌법」 제10조는 '모든 가족은 법률상 평등하며, 인간으로서의 존엄과 가치를 보장받으며 인간다운 생활을 할 권리를 갖는다.'고 규정되어 있으며, 제36조 제1항은 "혼인과 가족생활은 개인의 존엄과 양성의 평등을 기초로 성립되고 유지되어야 하며, 국가는 이를 보장한다."라고 규정하고 있다. 이러한 헌법 규정에 근거하여 정부는 가족복지와 관련된 각종 법령을 통해 혼인, 출생, 입양, 이혼 등 가족이 구성되고 변화하는 모든 과정에 대하여 법적 규제와 보호를 하고 있으며, 가족문제에 대한 개입, 지원을 위해 국가가 제공하는 제반 급여와 서비스는 물론이고, 서비스 전달기관의 설치·운영도 법령에 근거하고 있다.

1 가족법(민법)

1) 법 제정의 목적

우리나라에는 「민법」 제4편 친족법과 제5편 상속법에서 가족생활의 전반에 대한 내용이 규정되어 있어 이것을 흔히 가족법으로 부르고 있다. 「가족법(민법)」은 헌법에 명시되어 있는 인간의 존엄성과 남녀평등을 구현하는 것을 기본 목적으로 삼고 있다.

2) 법의 주요 내용

「가족법(민법)」의 주요 내용은 다음과 같다.

- 제779조(가족의 범위) ① 다음의 자는 가족으로 한다. 1. 배우자, 직계혈족 및 형제자매 2. 직계혈족의 배우자, 배우자의 직계혈족 및 배우자의 형제자매 ② 제1항 제2호의 경우에는 생계를 같이 하는 경우에 한한다.
- 제826조(부부간의 의무) ① 부부는 동거하며 서로 부양하고 협조하여야 한다. 그러나 정당한 이유로 일시적으로 동거하지 아니하는 경우에는 서로 인용하여야 한다. ② 부부의 동거 장소는 부부의 협의에 따라 정한다. 그러나 협의가 이루어지지 아니하는 경우에는 당사자의 청구에 의하여 가정법원이 이를 정한다.
- 제833조(생활비용) 부부의 공동생활에 필요한 비용은 당사자 간에 특별한 약정이 없으면 부부가 공동으로 부담한다.
- 제974조(부양의무) 다음 각 호의 친족은 서로 부양의 의무가 있다. 1. 직계혈족 및 그 배우자 간 2. 기타 친족 간(생계를 같이 하는 경우에 한한다.)
- 제975조(부양의무와 생활능력) 부양의 의무는 부양을 받을 자가 자기의 자력

또는 근로에 의하여 생활을 유지할 수 없는 경우에 한하여 이를 이행할 책임이 있다.

- 제977조(부양의 정도, 방법) 부양의 정도 또는 방법에 관하여 당사자 간에 협정이 없는 때에는 법원은 당사자의 청구에 의하여 부양을 받을 자의 생활정도와 부양의무자의 자력 기타 제반사정을 참작하여 이를 정한다.

2 건강가정기본법

1) 법 제정의 목적

「건강가정기본법」은 2004년 2월 제정되고 2005년 1월 시행되었다. 이 법은 건강한 가정생활의 영위와 가족의 유지 및 발전을 위한 국민의 권리 · 의무와 국가 및 지방자치단체 등의 책임을 명백히 하고, 가정문제의 적절한 해결방안을 강구하며 가족구성원의 복지증진에 이바지할 수 있는 지원정책을 강화함으로써 건강가정 구현에 기여하는 것을 목적으로 한다. '건강가정'이라 함은 가족구성원의 욕구가 충족되고 인간다운 삶이 보장되는 가정을 말한다.

2) 법의 주요 내용

「건강가정기본법」의 주요 내용은 다음과 같다.

- 제7조(가족가치) 가족구성원은 부양 · 자녀양육 · 가사노동 등 가정생활의 운영에 함께 참여하여야 하고 서로 존중하며 신뢰하여야 한다.
- 제8조(혼인과 출산) ① 모든 국민은 혼인과 출산의 사회적 중요성을 인식하여야 한다. ② 국가 및 지방자치단체는 출산과 육아에 대한 사회적 책임

을 인식하고 모·부성권 보호 및 태아의 건강보장 등 적절한 출산·육아 환경을 조성하기 위하여 적극적으로 지원하여야 한다.

- 제9조(가족해체 예방) ① 가족구성원 모두는 가족해체를 예방하기 위하여 노력하여야 한다. ② 국가 및 지방자치단체는 가족해체를 예방하기 위하여 필요한 제도와 시책을 강구하여야 한다.
- 제10조(지역사회자원의 개발·활용) 국가 및 지방자치단체는 건강한 가정구현에 기여할 수 있도록 지역사회자원을 최대한 개발하고 활용하여야 한다.
- 제11조(정보제공) 국가 및 지방자치단체는 자녀 양육, 가족 교육·상담 등 가족구성원에게 건강한 가정생활을 영위하는 데 도움이 되는 정보를 최대한 제공하고 가정생활에 관한 정보관리체계를 확립하여야 한다.
- 제21조의2(위기가족긴급지원) ① 국가와 지방자치단체는 「재난 및 안전관리 기본법」 제3조제1호에 따른 재난 중 대통령령으로 정하는 재난에 의하여 가족의 부양·양육·보호·교육 등 가족기능이 현저하게 저하된 경우 원활한 가족기능을 수행하는 데에 긴급하게 필요한 범위에서 지원을 하여야 한다. ② 위기가족긴급지원의 종류 및 내용은 다음 각 호와 같다. 1. 아이돌봄지원, 가사돌봄지원 등 가족돌봄, 2. 가족상담, 집단프로그램, 자조모임 운영 등 가족의 심리·정서지원, 3. 법률구조, 의료지원, 복지서비스 등 연계, 4.그밖에 여성가족부장관이 필요하다고 인정하는 지원, ③ 제2항의 지원기간은 1년 이내로 한다. 다만, 제2항제2호의 심리·정서지원의 지원기간은 3년 이내로 하되, 필요한 경우 1년의 범위에서 한 번 연장할 수 있다.
- 제22조(자녀양육지원의 강화) ① 국가 및 지방자치단체는 자녀를 양육하는 가정에 대하여 자녀양육으로 인한 부담을 완화하고 아동의 행복추구권을 보장하기 위하여 보육, 방과후 서비스, 양성이 평등한 육아휴직제 등의 정책을 적극적으로 확대 시행하여야 한다. ② 국가 및 지방자치단체는 다양

한 가족형태를 고려하여 아동양육지원사업 시책(아이돌보미 서비스를 포함)을 수립 · 시행하여야 한다.

- 제25조(가족부양의 지원) ① 국가 및 지방자치단체는 영 · 유아 혹은 노인 등 부양지원을 요하는 가족구성원이 있는 가정에 대하여 부양부담을 완화하기 위한 시책을 적극적으로 강구하여야 한다. ② 국가 및 지방자치단체는 질환이나 장애로 가족 내 수발을 요하는 가족구성원이 있는 가정을 적극 지원하며, 보호시설을 이용할 수 있도록 전문보호시설을 확대하여야 한다. ③ 국가 및 지방자치단체는 가족구성원 중 장기요양을 필요로 하는 질병이나 사고로 간병을 요할 경우 가족간호를 위한 휴가 등의 시책을 마련하여야 한다.
- 제31조(이혼예방 및 이혼가정지원) ① 국가 및 지방자치단체는 이혼하고자 하는 부부가 이혼 전 상담을 받을 수 있게 하는 등 이혼조정을 내실화 할 수 있도록 필요한 조치를 강구하여야 한다. ② 국가 및 지방자치단체는 이혼의 의사가 정해진 가족에 대하여 이들 가족이 자녀양육 · 재산 · 정서 등의 제반문제를 준비할 수 있도록 도움을 주는 지원서비스를 제공하도록 하여야 한다. ③ 국가 및 지방자치단체는 이혼한 가족에 대하여 양육비에 대한 집행력의 실효성을 강화하고 그 적용대상을 확대하도록 하여야 한다.
- 제35조(건강가정지원센터의 설치) ① 국가 및 지방자치단체는 가정문제의 예방 · 상담 및 치료, 건강가정의 유지를 위한 프로그램의 개발, 가족문화운동의 전개, 가정관련 정보 및 자료제공 등을 위하여 건강가정지원센터를 설치 · 운영하여야 한다. ② 센터에는 건강가정사업을 수행하기 위하여 관련분야에 대한 학식과 경험을 가진 전문가(건강가정사)를 두어야 한다. ③ 건강가정사는 다음 각 호의 요건을 모두 갖춘 사람이어야 한다. 1. 대학 또는 이와 동등 이상의 학교를 졸업할 것(법령에 따라 이와 같은 수준 이상

의 학력이 있다고 인정되는 경우를 포함), 2. 제1호에 따른 학력 취득과정이나 그밖에 여성가족부장관이 인정하는 방법으로 사회복지학 · 가정학 · 여성학 등 여성가족부령으로 정하는 관련 교과목을 이수할 것 ④ 센터의 조직 · 운영 및 건강가정사의 자격 · 직무에 관하여 필요한 사항은 대통령령으로 정한다. ⑤ 센터의 운영은 여성가족부령이 정하는 바에 의하여 민간에 위탁할 수 있다. ⑥ 국가 및 지방자치단체는 센터의 설치 · 운영에 필요한 비용의 전부 또는 일부를 지원할 수 있다.

3 한부모가족지원법

1) 법 제정의 목적

「한부모가족지원법」은 「모자복지법」(1989년)으로 제정되었는데 「모 · 부자복지법」(2002년)으로 명칭이 변경되었고 다시 「한부모가족지원법」(2007년)으로 재차 명칭이 변경되었다. 이 법은 한부모가족이 안정적인 가족 기능을 유지하고 자립할 수 있도록 지원함으로써 한부모가족의 생활안정과 복지증진에 이바지함을 목적으로 하고 있다. 한부모란 배우자와 사별 또는 이혼하거나 배우자로부터 유기된 자, 정신이나 신체의 장애로 장기간 노동 능력을 상실한 배우자를 가진 자, 교정 시설 · 치료감호시설에 입소한 배우자 또는 병역복무 중인 배우자를 가진 사람, 미혼자(사실혼 관계에 있는 자는 제외)를 말한다.

2) 법의 주요 내용

「한부모가족지원법」의 주요 내용은 다음과 같다.

- 제2조(국가 등의 책임) ① 국가와 지방자치단체는 한부모가족의 복지를 증진할 책임을 진다. ② 국가와 지방자치단체는 한부모가족의 권익과 자립을 지원하기 위한 여건을 조성하고 이를 위한 시책을 수립·시행하여야 한다. ③ 국가와 지방자치단체는 한부모가족에 대한 사회적 편견과 차별을 예방하고, 사회구성원이 한부모가족을 이해하고 존중할 수 있도록 교육 및 홍보 등 필요한 조치를 하여야 한다.
- 제12조(복지 급여의 내용) ① 국가나 지방자치단체는 제11조에 따른 복지 급여의 신청이 있으면 다음 각 호의 복지 급여를 실시하여야 한다. 1. 생계비 2. 아동교육지원비 4. 아동양육비 5. 그밖에 대통령령으로 정하는 비용, ② 이 법에 따른 지원대상자가 「국민기초생활 보장법」 등 다른 법령에 따라 지원을 받고 있는 경우에는 그 범위에서 이 법에 따른 급여를 하지 아니한다. 다만, 제1항 제4호의 아동양육비는 지급할 수 있다.
- 제14조(고용의 촉진) ① 국가 또는 지방자치단체는 한부모가족의 모 또는 부와 아동의 직업능력을 개발하기 위하여 능력 및 적성 등을 고려한 직업능력 개발훈련을 실시하여야 한다. ② 국가 또는 지방자치단체는 한부모가족의 모 또는 부와 아동의 고용을 촉진하기 위하여 적합한 직업을 알선하고 각종 사업장에 모 또는 부와 아동이 우선 고용되도록 노력하여야 한다.
- 제17조(가족지원서비스) 국가나 지방자치단체는 한부모가족에게 다음 각 호의 가족지원서비스를 제공하도록 노력하여야 한다. 1. 아동의 양육 및 교육 서비스, 2. 장애인, 노인, 만성질환자 등의 부양 서비스, 3. 취사, 청소, 세탁 등 가사 서비스, 4. 교육·상담 등 가족 관계 증진 서비스, 5. 인지청구 및 자녀양육비 청구 등을 위한 법률상담, 소송대리 등 법률구조서비스, 6. 그밖에 대통령령으로 정하는 한부모가족에 대한 가족지원서비스
- 제17조의6(미혼모 등의 건강관리 등 지원) ① 국가와 지방자치단체는 미혼모 또는 미혼부와 그 자녀가 건강하게 생활할 수 있도록 산전(産前)·분만·산후

(産後)관리, 질병의 예방 · 상담 · 치료, 영양 · 건강에 관한 교육 등 건강관리를 위한 지원을 할 수 있다. ② 국가와 지방자치단체는 제19조 제1항 제3호 가목의 기본생활지원 미혼모자가족복지시설에 입소한 미혼모 등의 신청이 있는 경우에는 미혼모 등 본인 및 함께 생활하는 자녀에 대한 의료비를 추가적으로 지원할 수 있다.

- 제18조(국민주택의 분양 및 임대) 국가나 지방자치단체는 「주택법」에서 정하는 바에 따라 국민주택을 분양하거나 임대할 때에는 한부모가족에게 일정 비율이 우선 분양될 수 있도록 노력하여야 한다.
- 제18조의2(한부모가족 상담전화의 설치) ① 여성가족부장관은 한부모가족 지원에 관한 종합정보의 제공과 지원기관 및 시설의 연계 등에 관한 전문적이고 체계적인 상담서비스를 제공하기 위하여 한부모가족 상담전화를 설치 · 운영할 수 있다. ② 제1항에 따른 한부모가족 상담전화의 설치 · 운영에 필요한 사항은 여성가족부령으로 정한다.
- 제19조(한부모가족복지시설) ① 한부모가족복지시설은 다음 각 호의 시설로 한다. 1. 모자가족복지시설, 2. 부자가족복지시설, 3. 미혼모자가족복지시설, 4. 일시지원복지시설, 5. 한부모가족복지상담소, ② 제1항 제1호부터 제4호까지의 규정에 따른 복지시설의 입소기간 및 그 기간의 연장 등에 필요한 사항은 여성가족부령으로 정한다.

4 다문화가족지원법

1) 법 제정의 목적

「다문화가족지원법」은 2008년 3월에 제정되었다. 이 법은 다문화가족구성원이 안정적인 가족생활을 영위하고 사회 구성원으로서의 역할과 책임을 다할 수 있도록 함으로써 이들의 삶의 질 향상과 사회통합에 이바지함을 목적으로 하고 있다. '다문화가족'이란 「재한외국인 처우 기본법」에 따른 결혼이민자와 국적법에 따른 대한민국 국적을 취득한 자로 이루어진 가족을 말한다.

2) 법의 주요 내용

「다문화가족지원법」의 주요 내용은 다음과 같다.

- 제4조(실태조사 등) ① 여성가족부장관은 다문화가족의 현황 및 실태를 파악하고 다문화가족 지원을 위한 정책수립에 활용하기 위하여 3년마다 다문화가족에 대한 실태조사를 실시하고 그 결과를 공표하여야 한다.
- 제6조(생활정보 제공 및 교육 지원) ① 국가와 지방자치단체는 결혼이민자등이 대한민국에서 생활하는 데 필요한 기본적 정보(아동 · 청소년에 대한 학습 및 생활지도 관련 정보를 포함한다)를 제공하고, 사회적응교육과 직업교육 · 훈련 및 언어소통 능력 향상을 위한 한국어교육 등을 받을 수 있도록 필요한 지원을 할 수 있다. ② 국가와 지방자치단체는 결혼이민자 등의 배우자 및 가족구성원이 결혼이민자 등의 출신 국가 및 문화 등을 이해하는 데 필요한 기본적 정보를 제공하고 관련 교육을 지원할 수 있다. ③ 국가와 지방자치단체는 제1항 및 제2항에 따른 교육을 실시함에 있어 거주지 및 가정환경 등으로 인하여 서비스에서 소외되는 결혼이민자 등과 배우자 및 그 가족구성원이 없도록 방문교육이나 원격교육 등 다양한 방법으로 교육을 지원하고, 교재와 강사 등의 전문성을 강화하기 위한 시책을 수립 · 시행하여야 한다.
- 제7조(평등한 가족관계의 유지를 위한 조치) 국가와 지방자치단체는 다문화가족이 민주적이고 양성평등한 가족관계를 누릴 수 있도록 가족상담, 부부

교육, 부모교육, 가족생활교육 등을 추진하여야 한다. 이 경우 문화의 차이 등을 고려한 전문적인 서비스가 제공될 수 있도록 노력하여야 한다.

- 제8조(가정폭력 피해자에 대한 보호·지원) ① 국가와 지방자치단체는 「가정폭력방지 및 피해자보호 등에 관한 법률」에 따라 다문화가족 내 가정폭력을 예방하기 위하여 노력하여야 한다. ② 국가와 지방자치단체는 가정폭력으로 피해를 입은 결혼이민자 등을 보호 · 지원할 수 있다. ③ 국가와 지방자치단체는 가정폭력의 피해를 입은 결혼이민자등에 대한 보호 및 지원을 위하여 외국어 통역 서비스를 갖춘 가정폭력 상담소 및 보호시설의 설치를 확대하도록 노력하여야 한다. ④ 국가와 지방자치단체는 결혼이민자 등이 가정폭력으로 혼인관계를 종료하는 경우 의사소통의 어려움과 법률체계 등에 관한 정보의 부족 등으로 불리한 입장에 놓이지 아니하도록 의견진술 및 사실 확인 등에 있어서 언어통역, 법률상담 및 행정지원 등 필요한 서비스를 제공할 수 있다.
- 제12조(다문화가족지원센터의 설치·운영 등) ① 국가와 지방자치단체는 다문화가족지원센터를 설치 · 운영할 수 있다. ② 국가 또는 지방자치단체는 지원센터의 설치 · 운영을 대통령령으로 정하는 법인이나 단체에 위탁할 수 있다. ③ 국가 또는 지방자치단체 아닌 자가 지원센터를 설치 · 운영하고자 할 때에는 미리 시 · 도지사 또는 시장 · 군수 · 구청장의 지정을 받아야 한다. ④ 지원센터는 다음 각 호의 업무를 수행한다. 1. 다문화가족을 위한 교육 · 상담 등 지원사업의 실시, 2. 결혼이민자등에 대한 한국어교육, 3. 다문화가족 지원서비스 정보제공 및 홍보, 4. 다문화가족 지원 관련 기관 · 단체와의 서비스 연계, 5. 일자리에 관한 정보제공 및 일자리의 알선, 6. 다문화가족을 위한 통역 · 번역지원 사업, 7. 다문화가족 내 가정폭력 방지 및 피해자 연계 지원, 8. 그밖에 다문화가족 지원을 위하여 필요한 사업, ⑤ 지원센터에는 다문화가족에 대한 교육 · 상담 등의 업무를 수행

하기 위하여 관련 분야에 대한 학식과 경험을 가진 전문 인력을 두어야 한다.

5 저출산 · 고령사회기본법

1) 법 제정의 목적

「저출산 · 고령사회기본법」은 2005년 5월에 제정되었다. 이 법은 국가의 지속적인 발전을 위한 인구 구성의 균형과 질적 향상을 실현하고, 국민이 건강하고 안정된 노후생활을 할 수 있도록 하는 것이 기본이념이다. 저출산 및 인구의 고령화에 따른 변화에 대응하는 저출산 · 고령사회정책의 기본방향과 그 수립 및 추진체계에 관한 사항을 규정함으로써 국가의 경쟁력을 높이고 국민의 삶의 질 향상과 국가의 지속적인 발전에 이바지함을 목적으로 하고 있다.

2) 법의 주요 내용

「저출산 · 고령사회기본법」의 주요 내용은 다음과 같다.

- 제4조(국가 및 지방자치단체의 책무) ① 국가는 종합적인 저출산 · 고령사회정책을 수립 · 시행하고, 지방자치단체는 국가의 저출산 · 고령사회정책에 맞추어 지역의 사회 · 경제적 실정에 부합하는 저출산 · 고령사회정책을 수립 · 시행하여야 한다.
- 제5조(국민의 책무) ① 국민은 출산 및 육아의 사회적 중요성과 인구의 고령화에 따른 변화를 인식하고 국가 및 지방자치단체가 시행하는 저출산 · 고령사회정책에 적극 참여하고 협력하여야 한다. ② 국민은 가정 및 지역

사회의 일원으로 상호연대를 강화하고 각자의 노후생활을 건강하고 충실하게 영위할 수 있도록 노력하여야 한다.

- 제8조(자녀의 출산과 보육 등) ① 국가 및 지방자치단체는 모든 자녀가 차별받지 아니하고 안전하고 행복한 생활을 영위하며 교육과 인성 함양에 도움을 주는 사회 환경을 조성하기 위한 시책을 강구하여야 한다. ② 국가 및 지방자치단체는 자녀를 임신 · 출산 · 양육 및 교육하고자 하는 자가 직장생활과 가정생활을 병행할 수 있도록 사회 환경을 조성 · 지원하여야 한다. ③ 국가 및 지방자치단체는 자녀를 양육하려는 자에게 양질의 보육서비스를 제공하기 위한 시책을 강구하여야 한다.
- 제9조(모자보건의 증진 등) ① 국가 및 지방자치단체는 임산부 · 태아 및 영유아에 대한 건강진단 등 모자보건의 증진과 태아의 생명존중을 위하여 필요한 시책을 수립 · 시행하여야 한다. ② 국가 및 지방자치단체는 임신 · 출산 · 양육의 사회적 의미와 생명의 존엄성 및 가족구성원의 협력의 중요성 등에 관한 교육을 실시하여야 한다.
- 제11조(고용과 소득보장) ① 국가 및 지방자치단체는 일할 의욕과 능력이 있는 고령자가 최대한 일할 수 있는 환경을 조성하여야 한다. ② 국가 및 지방자치단체는 연금제도 등 노후소득보장체계를 구축하고 노인에게 적합한 일자리를 창출하는 등 국민이 경제적으로 안정된 노후생활을 할 수 있도록 필요한 조치를 강구하여야 한다.
- 제13조(생활환경과 안전보장) 국가 및 지방자치단체는 노후생활에 필요한 기능과 설비를 갖춘 주거와 이용시설을 마련하고 노인이 안전하고 편리하게 이동할 수 있는 환경을 조성하는 등 쾌적한 노후생활환경을 조성하고 재해와 범죄 등 각종 위험으로부터 노인을 보호하기 위하여 필요한 시책을 강구하여야 한다.
- 제15조(평생교육과 정보화) ① 국가 및 지방자치단체는 모든 세대가 평생에

걸쳐 학습하고 능력과 적성에 따라 교육을 받을 수 있도록 교육의 기회를 제공하고, 이를 위한 교육시설의 설치 · 인력의 양성 및 프로그램의 개발 등 필요한 시책을 강구하여야 한다. ② 국가 및 지방자치단체는 세대 간 정보의 격차를 해소하기 위하여 정보화 교육, 프로그램 개발 및 장비 보급 등 필요한 시책을 강구하여야 한다.

- 제16조(취약계층노인 등) 국가 및 지방자치단체는 저출산 · 고령사회정책을 수립 · 시행함에 있어서 여성노인 · 장애노인 등 취약계층의 노인에 대하여 특별한 배려를 하고 도시 · 농어촌지역 간 격차 등 지역의 특수한 상황을 반영하여야 한다.
- 제20조(저출산·고령사회기본계획) ① 정부는 저출산 · 고령사회 중 · 장기 정책목표 및 방향을 설정하고, 이에 따른 저출산 · 고령사회기본계획을 수립 · 추진하여야 한다. ② 보건복지부장관은 관계 중앙행정기관의 장과 협의하여 5년마다 기본계획안을 작성하고, 제23조의 규정에 의한 저출산 · 고령사회위원회 및 국무회의의 심의를 거친 후 대통령의 승인을 얻어 이를 확정한다. 수립된 기본계획을 변경할 때에도 또한 같다. ③ 기본계획에는 다음 각 호의 사항이 포함되어야 한다. 1. 저출산 · 고령사회정책의 기본목표와 추진방향, 2. 기간별 주요 추진과제와 그 추진방법, 3. 필요한 재원의 규모와 조달방안 등이다.

6 가족친화 사회환경의 조성 촉진에 관한 법률

1) 법 제정의 목적

「가족친화 사회환경의 조성 촉진에 관한 법률」은 2007년 12월에 제정되어

2008년 6월에 시행하였다. '가족친화 사회환경'이란 일과 가정생활을 조화롭게 병행할 수 있고, 아동양육 및 가족부양 등에 대한 책임을 사회적으로 분담할 수 있는 제반 환경을 말한다. 이 법은 가족친화 사회환경의 조성을 촉진함으로써 국민의 삶의 질 향상과 국가사회의 발전에 이바지함을 목적으로 하고 있다.

2) 법의 주요 내용

「가족친화 사회환경의 조성 촉진에 관한 법률」의 주요 내용은 다음과 같다.

- 제3조(국가 등의 책무) ① 국가와 지방자치단체는 가족친화 사회환경의 조성을 위하여 필요한 종합적인 시책을 수립 · 시행하여야 한다.
- 제4조(사업주의 책무) ① 사업주는 가족친화제도의 도입 · 확대 등 가족친화 직장환경[1]의 조성을 위하여 노력하여야 한다. ② 사업주는 가족친화제도의 운영에 있어 근로자의 참여를 촉진하기 위하여 노력하여야 한다.
- 제11조(가족친화 직장환경의 조성 촉진) ① 여성가족부장관 및 지방자치단체의 장은 가족친화 직장환경의 조성을 촉진하고 기업 등의 참여를 확산시키기 위하여 다음 각 호의 사항을 지원할 수 있다. 1. 가족친화제도 인식제고를 위한 홍보, 2. 가족친화제도에 대한 컨설팅, 3. 직장 내 가족친화 교육 실시 및 강사양성, 4. 가족친화 프로그램 개발 및 보급, 5. 가족친화 우수기업 선정 및 포상, 6. 그밖에 가족친화 직장환경의 조성 촉진을 위하여 여성가족부령으로 정하는 사항, ② 여성가족부장관 및 지방자치단체의

1) "가족친화 직장환경"이란 근로자가 일과 가정생활을 조화롭게 병행할 수 있도록 탄력적 근무제도(시차출퇴근제, 재택근무제, 시간제 근무 등), 자녀의 출산 · 양육 및 교육 지원 제도(배우자 출산휴가제, 육아휴직제, 직장보육 지원, 자녀 교육지원 프로그램 등), 부양가족 지원제도(부모 돌봄 서비스, 가족간호휴직제 등), 근로자 지원제도(근로자 건강·교육·상담프로그램 등) 등의 가족친화제도가 운영되고 있는 직장환경을 말한다.

장은 제1항에 따른 지원을 할 경우 중소기업에 대하여 우선적으로 배려할 수 있다.

- 제19조(가족친화지원센터의 지정 등) ① 여성가족부장관 및 지방자치단체의 장은 가족친화 사회환경 조성을 촉진하기 위하여 가족친화지원센터를 지정할 수 있다. ② 제1항에 따라 지정한 가족친화지원센터는 다음 각 호의 사업을 수행한다. 1.가족친화 관련 전문인력의 양성, 2. 가족친화 프로그램의 개발, 3. 가족친화제도에 대한 컨설팅, 4. 가족친화제도 및 가족친화 사례에 대한 정보의 수집 · 제공 등, 5. 가족친화 사회환경의 조성 촉진 및 직장보육을 위한 각종 연구, 조사 및 홍보, 6. 그밖에 가족친화 사회환경의 조성 촉진을 위하여 필요한 사업, ③ 여성가족부장관 및 지방자치단체의 장은 가족친화지원센터에 대하여 예산의 범위 안에서 제2항 각 호의 업무를 수행하는 데 필요한 비용의 전부 또는 일부를 보조할 수 있다.

7 남녀고용평등과 일·가정 양립 지원에 관한 법률

1) 법 제정의 목적

1987년에 제정된 「남녀고용평등법」이 2007년에 전면 개정되면서 「남녀고용평등과 일 · 가정 양립 지원에 관한 법률」로 명칭이 변경 되었다. 이 법은 헌법의 평등이념에 따라 고용에서 남녀의 평등한 기회와 대우를 보장하고 모성 보호와 여성고용을 촉진하여 남녀고용평등을 실현함과 아울러 근로자의 일과 가정의 양립을 지원함으로써 모든 국민의 삶의 질 향상에 이바지하는 것을 목적으로 하고 있다.

2) 법의 주요 내용

「남녀고용평등과 일·가정 양립 지원에 관한 법률」의 주요 내용은 다음과 같다.

- 제18조의2(배우자 출산휴가) ① 사업주는 근로자가 배우자의 출산을 이유로 휴가를 청구하는 경우에 10일의 휴가를 주어야 한다. 이 경우 사용한 휴가기간은 유급으로 한다. ② 제1항 후단에도 불구하고 '출산전후휴가급여등'(휴가기간에 대하여 통상임금에 상당하는 금액)이 지급된 경우에는 그 금액의 한도에서 지급의 책임을 면한다. ③ 배우자 출산휴가는 근로자의 배우자가 출산한 날부터 90일이 지나면 청구할 수 없다. ④ 배우자 출산휴가는 1회에 한정하여 나누어 사용할 수 있다. ⑤ 사업주는 배우자 출산휴가를 이유로 근로자를 해고하거나 그 밖의 불리한 처우를 하여서는 아니 된다.
- 제18조의3(난임치료휴가) ① 사업주는 근로자가 인공수정 또는 체외수정 등 난임치료를 받기 위하여 휴가를 청구하는 경우에 연간 3일 이내의 휴가를 주어야 하며, 이 경우 최초 1일은 유급으로 한다. 다만, 근로자가 청구한 시기에 휴가를 주는 것이 정상적인 사업 운영에 중대한 지장을 초래하는 경우에는 근로자와 협의하여 그 시기를 변경할 수 있다. ② 사업주는 난임치료휴가를 이유로 해고, 징계 등 불리한 처우를 하여서는 아니 된다.
- 제19조(육아휴직) ① 사업주는 임신 중인 여성 근로자가 모성을 보호하거나 근로자가 만 8세 이하 또는 초등학교 2학년 이하의 자녀(입양한 자녀를 포함한다. 이하 같다)를 양육하기 위하여 휴직을 신청하는 경우에 이를 허용하여야 한다. ② 육아휴직의 기간은 1년 이내로 한다. ③ 사업주는 육아휴직을 이유로 해고나 그 밖의 불리한 처우를 하여서는 아니 되며, 육아휴직 기간에는 그 근로자를 해고하지 못한다. 다만, 사업을 계속할 수 없는 경우에는 그러하지 아니하다. ④ 사업주는 육아휴직을 마친 후에는 휴

직 전과 같은 업무 또는 같은 수준의 임금을 지급하는 직무에 복귀시켜야 한다. 또한 제2항의 육아휴직 기간은 근속기간에 포함한다.

- 제19조의2(육아기 근로시간 단축) ① 사업주는 근로자가 만 8세 이하 또는 초등학교 2학년 이하의 자녀를 양육하기 위하여 근로시간의 단축을 신청하는 경우에 이를 허용하여야 한다. 다만, 대체인력 채용이 불가능한 경우, 정상적인 사업 운영에 중대한 지장을 초래하는 경우 등 대통령령으로 정하는 경우에는 그러하지 아니하다. ② 제1항 단서에 따라 사업주가 육아기 근로시간 단축을 허용하지 아니하는 경우에는 해당 근로자에게 그 사유를 서면으로 통보하고 육아휴직을 사용하게 하거나 출근 및 퇴근 시간 조정 등 다른 조치를 통하여 지원할 수 있는지를 해당 근로자와 협의하여야 한다. ③ 사업주가 제1항에 따라 해당 근로자에게 육아기 근로시간 단축을 허용하는 경우 단축 후 근로시간은 주당 15시간 이상이어야 하고 35시간을 넘어서는 아니 된다. ④ 육아기 근로시간 단축의 기간은 1년 이내로 한다. 다만, 제19조제1항에 따라 육아휴직을 신청할 수 있는 근로자가 제19조제2항에 따른 육아휴직 기간 중 사용하지 아니한 기간이 있으면 그 기간을 가산한 기간 이내로 한다. ⑤ 사업주는 육아기 근로시간 단축을 이유로 해당 근로자에게 해고나 그 밖의 불리한 처우를 하여서는 아니 된다. ⑥ 사업주는 근로자의 육아기 근로시간 단축기간이 끝난 후에 그 근로자를 육아기 근로시간 단축 전과 같은 업무 또는 같은 수준의 임금을 지급하는 직무에 복귀시켜야 한다.

CHAPTER 06

가족복지실천과정

학습목표

1. 가족복지실천과정을 학습하고 이해한다.
2. 가족사정의 다양한 방법을 활용할 수 있다.
3. 가족복지실천 현장에서의 개입기술을 학습하고 현장에 적용한다.

1 가족복지실천과정

가족복지실천은 가족을 하나의 체계로 간주하여 개입하는 실천방법으로 가족 단위의 문제가 주요 실천대상이 된다. 개별구성원이 아닌 전체가족을 대상으로 하지만, 경우에 따라서는 개인의 문제를 해결하기 위해 가족 단위의 개입이 이루어지기도 한다.

가족복지의 실천과정은 접수와 초기면접, 사정단계, 개입단계, 종결의 단계로 이루어지며 각 단계별로 원활한 과업 수행이 이루어져야 한다.

2 접수와 초기면접

1) 접수

사회복지실천과정에서 사회복지사가 전문가의 도움을 받기 위하여 찾아온 가족을 접촉하여 그 사람이 필요로 하는 도움이 무엇이며, 사회복지사와 그가 소속된 시설이나 기관의 기능으로서 필요한 도움을 제공할 수 있는지의 여부를 결정하는 과정으로 클라이언트를 확인하고 등록하는 것이다.

사회복지사는 여러 경로로 가족을 만나게 되는데 대체로 자발적인 서비스 요청으로 찾아오기도 하고 타인을 통한 의뢰, 또는 내·외부 기관을 통한 의뢰, 기관 자체에서의 직접 사례발굴 등 다양한 여러 경로를 통해 가족을 발견하여 등록하는 절차로 지속적인 영향을 미치게 되므로 처음 접수하는 사회복지사의 세심한 주의가 요구된다.

접수단계에서 사회복지사는 클라이언트와 가족에 초점을 두면서 신뢰관계를 구축하고 가족의 어려움을 파악하여 개입과정에서 다루게 될 가족의 문제를 확인해야 한다. 이때 가족과의 신뢰관계 형성이 잘 되면 효율적인 의사소통을 할 수 있어서 가족은 이후 개입과정에 참여하고자 하는 동기를 가지게 되고 사회복지사는 정보수집과 가족의 문제나 욕구를 파악하는 데 용이하므로 매우 중요한 과정이라 할 수 있다. 가족과의 신뢰관계를 형성할 때 가족 중 소외되는 사람이 없도록 주의하면서 가족 전체에 대한 균형 잡힌 시작으로 접근하여야 한다.

사회복지사는 개입에 도움이 될 수 있는 가족에 대한 정보를 수집하여 가족의 문제와 욕구를 명확하게 규정하고 가족의 행동 변화에 대한 계약을 수립하여 개입 방향을 설정하게 된다. 계약 내용은 가족에게 제공할 수 있는 서비스, 문제해결을 위한 가족이 책임과 노력 정도, 만나는 빈도나 장소, 기간 등을 상호 합의하여 설정하게 된다. 계약은 가족의 변화와 개입방법의 효율성에 대해 사정할 수 있을 뿐만 아니라 가족에게 변하를 판단하는 기준이 될 수 있기 때문에 가족이 해결하고자 하는 문제를 명료화하는 것은 매우 중요하다.

가족복지실천의 초기단계인 접수과정에서 사회복지사는 다음과 다음 기법을 적용할 수 있다(이영실 외, 2016).

- 가족구성의 저항을 재사정하고 가족구성원의 욕구에 초점을 둔다.
- 가족구성원이 가장 중요시하는 문제를 파악하고 가족구성원과 함께 문제탐색과정에 참여한다.
- 가족구성원의 자율성을 존중하고 가족구성원 간 의사소통 방식을 알고 따른다.
- 가족구성원과의 전문적 거리를 유지하며 가족의 상호 교류양식과 장점을 경험한다.

접수의 내용을 살펴보면

- 사회복지실천과정을 시작하는 단계이다.
- 사례의 적격 여부를 판별하여 접수를 결정한다.
- 서비스 제공이 불가능하다고 판단되면 의뢰한다.
- 접수된 사례에 대해서는 클라이언트와 긍정적인 원조관계를 수립함으로써 클라이언트의 참여를 유도한다.

접수단계에서 사회복지사는 다음과 같은 과정의 과제를 수행해야 한다.

- 의뢰하기: 서비스를 받기 위해 기관에 찾아와 접수를 했을 때 신청자의 욕구가 기관의 서비스 방향이나 내용과 맞지 않을 때 혹은 더 적합한 기관이 있을 경우 의뢰한다. 의뢰한 기관의 서비스에 관해 정확하게 제공하

고 그 기관과 접촉할 수 있게 돕는다.

• 참여유도하기

- 관계형성하기: 클라이언트들이 일반적으로 보이는 두려움과 불안 등을 해소하기 위해 사회복지사와 상호 긍정적인 친화관계를 형성한다(라포형성), 사회복지사는 클라이언트를 따뜻하게 이해하고 진정으로 도우려는 의지와 진실성을 보여주어야 한다(도우려는 의지와 진실성).
- 클라이언트 동기화시키기: 클라이언트가 원조과정 동안 적극적으로 참여할 수 있도록 동기를 부여한다. 지나치게 낙담하고 더 이상의 변화를 기대하지 않는 클라이언트의 고통을 이해하고 이제까지 견뎌온 의지를 격려하며 문제해결의 희망을 갖게 한다.
- 저항감 해소와 양가감정 수용하기: 클라이언트의 양가감정을 수용하고 자유롭게 표현하여 저항을 해소해 주어야 한다.

■ 관련 기술: 합류하기

• 합류하기는 가족치료 혹은 가족대상 사회복지실천 초기단계의 몇회기동안, 사회복지사 혹은 치료자가 가족성원들과 신뢰감을 수립하는 것을 말한다.

• 합류는 가족치료의 중요한 요소로서 사회복지사가 가족성원들과 유대감을 형성하는 것이다. 구체적으로 사회복지사는 가족원들의 입장을 있는 그대로 수용하고 가족원의 관점을 인정하고 존중하는 것이다.

• 주의할 점은 특정한 가족성원을 수용하는 것이 아니라 가족성원 모두를 수용하고 이해하는 것이다. 이렇게 하면 가족원들은 자신들이 사회복지사에게 진정으로 수용되고 이해되었다는 느낌을 가지게 되어 스스로를 변화하려는 동기와 의지가 생겨난다. 사회복지사가 가족성원에 제대로 합류하지 못하면 가족원들이 사회복지사의 개입을 거부하거나 개입이 실

패할 가능성이 높다.

2) 초기면접

초기면접은 사회복지사가 가족과 만나 가족의 욕구를 파악하고 관계 형성 도움을 제공하기 위한 계약을 맺는 단계로 사회복지기관에 찾아온 가족, 즉 신청자가 직면하고 있는 문제를 기관의 도움을 이용하여 해결해 나갈 수 있는가의 적격성 여부를 결정하는 것이다.

가족과의 초기면접 시에 모든 가족성원들로부터 문제에 대한 정의를 이끌어 낸 다음 무엇이 가족의 문제이고 욕구인지 그리고 가족과의 실천에서 다루어져야 할 영역은 무엇인지에 관해 일치를 보는 것이 매우 중요하다. 문제들은 일반적으로 서로 엉켜 복잡한 상태로 있음을 알아야 한다.

초기면접 시 무엇보다도 주어진 시간 안에 가족이 자기의 문제를 어떻게 보고 있느냐에 대해 세부적이고 철저한 이야기를 듣는 것과 가족의 상호작용을 관찰하고, 문제를 이해하고, 그리고 변화하기 위한 가장 적절한 표적대상을 결정하는 것이 중요하다.

초기단계의 구체적 목적을 살펴보면

- 신청자 기관방문 상황을 명확하게 이해하고 파악하기
- 신청자가 자기의 문제를 어떻게 보며, 그것에 관하여 어떻게 느끼고 있으며, 그리고 어떻게 생각하는가, 또 장래에 대해 어떤 희망과 계획을 가지고 있는가 등을 파악하기
- 가족문제에 관하여 기관의 역할과 기능에 맞추어 욕구에 따른 도움을 줄 수 있는지의 여부를 결정하기
- 기관이 클라이언트가 자신의 문제를 해결하기 위하여 제공하는 도움을

이용할 능력을 가지고 있는지의 여부에 관해 예비적 평가를 하기
- 기관의 기능, 서비스를 제공하는 방법 등을 설명하기

가족복지실천의 초기면접 단계에서 사회복지사는 여러 경로로 가족을 만나게 되는데, 대체로 자발적인 서비스 요청, 타인을 통한 의뢰, 내부 또는 외부 기관을 통한 의뢰, 기관 자체에서의 직접 사례발굴 등이 있다.

(1) 가족들이 자발적으로 기관을 방문하여 서비스를 요청하는 경우

- 자발적으로 방문한 경우, 가족실천의 초기단계는 가족으로 하여금 긴장을 풀고 편안하게 느끼도록 도와주는 것
- 찾아온 목적을 이야기하도록 격려하고, 마음속에 있는 것에 대해 주의 깊게 경청하는 것이 중요
- 가족은 대체로 서비스 욕구가 높고 변화하려는 동기와 의지가 있기 때문에 사회복지사가 쉽게 접촉하고 개입을 할 수 있게 됨
- 비현실적인 과도한 욕구를 가질 수 있고, 기관에 대해 지나친 기대를 하고 있을 수도 있음
  - 사회복지사는 가족의 실제적인 내·외부적 상황을 가능한 한 정확하게 파악해야 함
- 사회복지사는 가족에게 서비스 제공에 대한 기대감을 갖게 하고 개입 목표를 달성하도록 지원하는 협조자로서 활동함
- 가족들이 자신의 문제를 개방적으로 보도록 하고, 여러 관점에서 다양한 대안들 중에 선택할 수 있도록 격려하고 그들 자신과 주변에 관해서 진솔한 모습으로 행동하도록 도움을 주어야 함

(2) 내부 또는 외부 기관으로부터 의뢰되거나 타인으로부터 기관으로 의뢰되어 온 경우

- 이들은 비자발적으로 가족복지서비스가 신청이 되었으므로 사회복지사는 이들 의뢰자와 가족과의 면접을 다 해야 함
- 클라이언트 가족이 본 기관과 접촉하기를 희망하는지 아닌지를 분명히 확인해야만 함
- 가족복지서비스의 필요성을 인식하지 못하여 도움에 대한 양가감정을 가지고 있더라도 필요하다고 생각되는 상황에서는 계속적인 접촉을 하여 그 가족을 얼마만큼 설득하느냐에 따라 도움의 여부가 결정되기도 함
- 이것은 기관의 기능, 클라이언트의 문제의 성질, 그리고 사회복지사가 도움이 될 수 있다고 믿는 범위에 따라 달라질 수 있는 것임
- 이러한 사례의 발굴을 위해서는 지역사회 기관과의 네트워크가 구축되어 긴밀한 네트워킹이 원활히 이루어져야 함
- 일단 사례가 의뢰되면 사회복지사는 우선적으로 아동을 포함한 가족구성원의 욕구를 사정(assessment)하여 가족복지서비스 계획을 수립하고 지역사회 자원을 활용, 서비스를 연계하는 등의 역할을 수행함

(3) 기관 자체에서의 직접적으로 사례를 발굴하는 것은 지역사회 내 서비스 정보를 접하기 어렵거나 소외된 클라이언트를 적극 발견하는 과정

- 특히 외부와의 관계가 단절되거나 활동을 거의 하지 않는 치매노인이나 정신장애인가족, 다문화가족 등의 가족들에게 직접적으로 접근하여 필요한 서비스를 연결하는 것이 매우 중요함
- 가족복지실천 기관에서는 지역사회의 관공서, 종교기관, 민간 사회복지기관, 지역주민이 많이 모이는 장소 등을 중심으로 지속적인 아웃리치(outreach) 활동을 통해 사례를 적극적으로 발견하는 노력을 기울일 필요

가 있음

- 이 경우도 의뢰된 사례와 마찬가지고 비자발적 클라이언트와 같이 부정적 감정으로 변화 동기가 약하여 협조도 어렵고, 상황에 대한 분노, 비난받을 두려움, 염려 등 부정적 감정을 나타낼 수 있으므로 원조과정에서 긍정적인 방향으로 바꾸도록 도와야 함
- 대부분의 가족은 가족복지서비스에 대해 잘 알지 못하므로 불안해하거나 사회복지사에 대해 방어적일 수 있고 서비스에 대해 완강하게 거부할 수 있음
- 이러한 가족은 자칫 생각과 신념 및 행동을 포기하도록 하는 압력을 받았을 때 거부반응이 더 강하게 나타나므로, 사회복지사가 그 가족에게 선택권을 줌으로써 이들의 거부반응을 다소 줄일 수 있을 것임

또한 초기 단계에서 사회복지사가 완수해 할 과업은 다음과 같다(이화여자대학교 사회복지 연구회 역, 2001).

첫째, 가족구성원 모두와 계약을 맺어야 한다. 클라이언트에게 영향을 미치는 가족구성원의 관심과 도움이 매우 중요하다. 사회복지사는 문제가 해결될 때까지 가족이라는 한배를 탄 가족구성원 한 사람 한 사람과 변화 과정 동안 실천과정에 오리엔테이션 및 만남 방법, 시기, 장소 등에 대해 계약한다.

둘째, 가족구성원이 현재 나타난 문제를 어떻게 인식하고 있는지 파악해야 한다. 전문적 도움을 필요로 하는 가족구성원의 문제가 한 개인의 잘못이나 문제 때문에 발생하는 것이 아니다. 반대로 문제를 가족의 문제로 인식한다면, 문제에 기여한 만큼 문제 해결에도 책임이 있다고 인식하고 역할을 다할 가능성이 매우 크다.

셋째, 목표를 설정하고 개입 과정을 명확히 해야 한다. 목표는 클라이언트 개인의 문제 해결만을 의미하는 것이 아니라 문제 해결에 필요한 가족의 역

할 및 행동 변화 등을 모두 포함한다. 목표는 성취할 수 있고 평가할 수 있는 행동적 용어로 기술하는 것이 바람직하다.

(1) 가족 초점

사회복지실천의 대상이 되는 가족의 문제, 역기능은 가족체계의 장애나 어려움에서 발생하는 체계의 문제이다. 즉, 가족구성원 중 한 사람의 문제로 사회복지기관에 의뢰가 되었다 할지라도 사회복지사는 가족 전체를 클라이언트로 생각해야 한다. 사회복지사는 개별 구성원으로부터 가족 전체로 관심의 초점을 넓히는 '가족 초점(family focus)'을 유지하고, 가족이 의식적 혹은 무의식적으로 클라이언트의 증상으로 확인된 것들에 스스로 기여하고 유지하고 있다는 것을 인식하도록 해야 한다. 가족 초점이란 가족복지실천과정에서 모든 가족구성원이 항상 참여해야 한다는 것을 의미하는 것은 아니다. 비록 가족 중 한 사람이 참석하지 못한다 해도 모든 가족구성원의 중요성을 인식해 가족복지를 해야 함을 의미하는 것이다.

(2) 관계 형성

사회복지사는 관계를 형성하기 위해 먼저 가족이 있는 곳에 합류(joining)해야 한다. 여기서 합류란 가족을 수용하고 가족에게 적응하며, 가족의 신뢰를 얻는 것을 의미한다. 더 많이 합류할수록 가족 또한 자신들의 욕구를 말로 표현하며, 우선순위를 정하고 변화를 일으키는 데 참여하고자 하는 동기도 높아진다. 이러한 관계를 형성하는 과정 자체가 동반관계(partnership)의 기초가 된다. 사회복지사가 초기 면접에 있어 관계 형성 기술을 살펴보면 다음과 같다.

① 감정이입

감정이입(empathy)이란 사회복지사가 클라이언트의 주관적 경험과 감정을 정확하게 인지하는 능력이고, 클라이언트가 이것의 의미를 잘 포착하는 것을 의미한다. 감정이입은 클라이언트의 입장이 되는 것이며 클라이언트처럼 보고 느끼는 것이다.

② 긍정적 고려

긍정적 고려(positive regrad)란 모든 클라이언트는 가치 있는 존재이며 외부나 행동, 환경에 관계없이 존엄하게 대우받아야 한다는 믿음을 의미한다. 클라이언트의 파괴적인 행동을 승인하는 것이 아닌 내재적 가치를 지닌 존재로 보아야 한다는 뜻이다. 즉, 비심판적인 태도를 유지해야만 의사소통이 증진될 수 있다.

③ 개인적 온화함

개인적 온화함(personal warmth)이란 클라이언트들이 편안해하고 수용되며, 이해되고 있다는 것을 사회복지사가 느끼도록 해주는 것이다. 미소, 부드러움, 눈의 접촉, 수용 및 개방성을 나타내는 몸짓으로 표현된다.

④ 진실성

진실성(genuineness)이란 자기 자신이 되는 것이며 가슴으로부터 말을 하는 것이다. 진실성이란 정직함과 완전 동의어는 아니다. 이와 같이 네 가지 관계의 조건과 특성은 사회복지사의 자질을 바탕으로 접수단계에서 클라이언트와 그 가족에 대한 저항감(resistance)과 양가감정(anbivalence)을 해결할 수 있다(임은희, 2004: 161-162).

(3) 가족 신념

가족구성원이 자신의 가족에 대해 갖고 있는 가치와 신념을 파악하는 것이 중요하다. 사회복지사라면, "왜 이 가족은 생활에서 변화가 일어나지 않는가?", "왜 사람들은 노력하기도 전에 그것을 할 수 없다고 말하는가?"와 같은 의문에 답을 얻을 수 있다. 아동 양육에 대한 신념이나 가치관이 다른 것은 사람들마다 자신의 성장 배경에서 경험하고 영향을 받은 것이 서로 다르기 때문이다. 사회복지사는 이런 차이를 인식해야 한다. 만약 사회복지사가 가족을 대상으로 실천하는 동안 그 가족이 생각하는 것보다 자신이 더 바람직하다고 상식적인 가치판단을 하고 있다고 자부한다면 분면 실패로 이어질 것이다.

대상 가족이 기관으로부터 도움을 받기 위한 기본적 조건인 적격성(eligibility)의 요건을 살펴보면(전재일 외, 2011) 첫째, 가족의 문제가 기관의 기능에 적합할 것인가이다. 가족이 직면하고 있는 문제의 성격이 그 기관이 가지고 있는 기능의 범위 내에 해당하는 것이어야 한다.

둘째, 가족의 문제해결을 위한 노력적 태도이다. 이는 가족이 자신의 문제를 해결하려는 노력을 하거나 그러한 태도를 가지고 있어야 한다.

셋째, 기관의 도움을 받을 수 있는 클라이언트의 마음의 준비이다. 문제해결의 효과를 위하여 가족은 기관의 도움을 이용할 준비가 되어 있어야 한다.

넷째, 적격성(eligibility)의 요건으로

- 사회복지사가 가족을 만날 때의 첫 과제는 신뢰감을 바탕으로 한 '관계'를 형성하는 것이다.
- 기법의 적용보다는 수용적이고 온화한 태도로서 가족에게 깊은 관심을 나타내는 것이 무엇보다 중요하다.
- 사회복지사의 주된 관심사는 가족이 어떤 욕구와 문제를 가지고 있는가이다.

첫 면접의 출발을 잘 하기 위하여 사회복지사는 다음과 같은 지침을 명심할 필요가 있다(Brown, 1992: 197-198).

- 첫 면접을 시작하기 전에 클라이언트가 무엇을 생각하며, 느끼는가에 대한 예상을 해 본다. 사회복지사는 클라이언트가 권위의 상으로 감지할 수 있는 낯선 사람과의 첫 면접 동안에 나타나는 두려움, 양가감정, 혼란, 분노 등에 대하여 반응하고 이해하는 방법을 준비해야 한다.
- 면접실의 분의기가 커뮤니케이션에 도움이 되도록 할 것. 두 사람이 만날 중앙에 의자를 마주보게 배열하는 것이 좋다. 사회복지사와 클라이언트 간에 책상이 있으면 권위의 상징으로 비쳐질 수 있으므로 개방적이고 협력적인 의사소통에 장애가 된다. 가족면접에서의 의자는 원형으로 배열해야 한다.
- 사회복지사의 신체언어(bady language)를 의식할 것. 옷차림, 몸의 자세, 얼굴표정, 손짓 등은 클라이언트에게 메시지를 전달한다. 주위를 기울이며 존중의 메시지를 전달하도록 노력한다.

3 사정(assessment) 단계

1) 가족 사정에 대한 이해

사정(assessment)은 의학용어인 진단(diagnosis)에서 유래한 것으로, 가족을 하나의 '단위'로 보고 가족 내. 외부요인과 양자 간의 상호작용 등을 파악하기 위해 자료를 수집하고 분석하고 종합하여 그 가족에 대한 것을 계획하는 일련의 과정을 말한다.

초기에는 진단이라는 용어를 사용하였으며 진단은 리치몬드 여사가 1917년 개별사회 사회에서 처음 사용하였으나 의학적인 색채가 강하다는 비판을 받고 1970년 바틀렛(Harriett Bartlett)에 의해 사정이라는 용어를 사용하기 시작하였다(임은희, 2004: NASW, 1955).

사회복지실천에서 가족은 시간과 공간, 물리적 환경과의 관계 속에서 역동적으로 기능하는 하나의 사회체계로

개인에게 가장 중요한 1차적인 환경을 가진 각각의 욕구가 다르고 욕구의 결핍은 가족구성원의 가족문제로 이어지므로 사회복지사는 대상인 가족을 폭넓게 사정(assessment)해야 한다.

가족 사정(family assessment)은 성별, 연령대, 가족구성, 경제 상황 등 다양한 가족 특성에 따른 가족 욕구를 가진 가족을 하나의 '단위'로 보고 가족 내부의 요인과 외부의 요인 그리고 이들 양자 간의 상호작용을 파악하기 위해 자료를 수집하고 분석하고 종합하여 개입 계획하는 일련의 과정을 의미하며 클라이언트의 근본적인 문제를 파악하여 해결방안을 마련하고 궁극적인 가족기능을 회복하기 위하여 무엇이 변화되어야 하는지에 대한 방법을 알아 가는 과정이다.

사정의 목적을 살펴보면 첫째, 그 가족이 가족단위로 작업하기에 적합한 가족인지를 결정하고, 만약 그렇다면 어떤 유형의 개입이 가장 적절하며, 구체적 변화가 필요한지를 결정한다.

둘째, 현실적 목표에 기초한 장 · 단기 목표를 세운다.

셋째, 가족이 변화를 위해 움직이도록 활용할 수 있는 환경, 강점과 자원을 확인한다.

넷째, 개입 결과를 평가하기 위한 기초로서 가족기능의 기초선을 이해한다.
사정은 독립적이고 뚜렷하게 구분되는 절차가 아니라 가족의 기능을 지속적으로 재평가하고 체계적으로 이해하는 과정이다.

2) 정보수집과 계획수립

사정의 단계는 클라이언트의 건강, 심리사회적 기능, 인지능력, 재정, 환경, 사회적 지지, 욕구 등을 사정 도구를 통해 구체화하는 과정을 말한다. 사정은 가족이 가지고 오는 욕구(문제)는 물론, 가족에 대한 정확하고 자세한 정보수집을 필요로 하며 정보 수집을 위해서는 사회복지사와 가족 간의 신뢰관계가 중요하며, 정확한 사정결과에 기초하여 구체적인 개입 계획을 마련해야 한다.

가족에 대한 사정은 가족의 욕구와 관련된 전반적인 정보수집으로부터 시작한다. 제시된 욕구와 가족에 대한 정보수집 → 본격적인 사정이 시작되는데 가족사정은 체계로서의 가족의 특성, 가족 발달 주기, 가족구성원의 역할, 가족 내 의사소통방식, 가족규칙, 가족의 강점과 자원 등에 대한 정보 수집을 해야 한다. 사정을 위해서는 구조화된 사정 도구나 척도를 사용하기도 한다.

사정결과를 바탕으로 개입 계획을 수립하는데 계획은 목표를 설정하고 이를 달성하기 위한 세부계획을 세우는 것을 말하며 목표 수립, 목표 달성을 위해서는 가족의 동의가 중요하며, 사회복지사와 가족의 합의에 의한 목표 수립 시 실행 가능성이 높아진다. 목표-실행 가능성, 명확성, 측정 가능하며, 평가가 가능해야 한다(SMART).

3) 사정 방법

(1) 면접

면접은 사회복지사가 클라이언트의 욕구를 파악하고 문제를 해결하기 위하여 클라이언트의 참여를 유도하고 서로의 상호성을 높이는 능력으로 기본적 상담기술을 활용하여 가족을 원조함과 동시에 자료를 수집하는 데 초점을 둔다. 합류를 통해 관계를 형성하고 직접 혹은 간접적 질문과 개방적 질문 방법,

경청, 격려, 재인용, 공감, 반영 등의 기술을 활용하여 전문가의 개입이 필요한 문제와 이유, 가족의 기능수준, 가족의 발달단계, 환경과의 상호작용에 관한 자료를 수집, 평가한다. 사정에 있어 면접의 목적은 서비스를 위한 평가와 적격성(eligibility)의 결정을 하기 위한 것이다. 예를 들면 정신장애인의 경우 사정 면접은 어떤 치료를 사용할 것인지를 결정하기 위한 것이다(임은희, 2004).

① 면담 접수하기

- 면담을 위해 찾아온 클라이언트가 안정된 분위기에서 면담을 시작할 수 있도록 안내할 수 있어야 한다.
- 클라이언트가 면담신청서를 작성하도록 도울 수 있어야 한다.
- 클라이언트가 면담신청서를 충실히 작성하였는지 확인할 수 있어야 한다.
- 여기서 지식은 개인정보 보호법, 클라이언트 유형별 특성, 면담신청서 작성법 등을 가지고 있어야 한다.

② 클라이언트 특성 파악하기

- 면담자는 클라이언트의 개별적 · 문화적 · 가족적 · 사회적 특성을 조사할 수 있어야 한다.
- 면담 중 클라이언트가 사용하는 언어적 · 비언어적 표현을 해석할 수 있어야 한다.
- 클라이언트의 주 호소 욕구와 문제를 도출할 수 있어야 한다.
- 클라이언트의 유형별 특성에 근거하여 적합한 면담의 유형을 선택할 수 있어야 한다.

③ 면담 구조화하기

- 클라이언트의 욕구와 문제에 기반하여 면담에 대한 목표를 합의할 수 있어야 한다.
- 클라이언트와 구체적인 면담 여건을 설정할 수 있어야 한다.
- 면담 과정에서 클라이언트와 사회복지사의 관계를 구조화할 수 있어야 한다.
- 클라이언트와 면담 진행에 대하여 계약서를 작성할 수 있어야 한다.

사회복지 실천에서 사정방법으로 활용하고 있는 면접기술로 가족치료적 접근과 같이 활용되고 있는 주요 면접방법들을 살펴보면 경청과 반영, 명료화 등이 있다.

- 경청: 사회복지사가 클라이언트의 어려움에 공감하고 그가 원하는 반응을 하면서 잘 듣는 것이 경청이다. 사회복지사의 지나친 충고와 제안은 전문적 관계 형성에 해롭다. 공감적 태도 속에서 경청은 그 자체로서도 클라이언트가 감정 정화(catharsis)를 하고 마음의 안정을 찾게 한다.
- 반영: 반영은 클라이언트의 말과 행동에서 표현된 기본적인 감정 · 생각 및 태도를 사회복지사가 다른 참신한 말로 부연해 주는 것이다. 이때 클라이언트가 표현한 말에 담긴 감정과 생각에서 가장 중요한 것을 클라이언트의 표현 수준 이상으로 깊게 들어가지 않는다는 것이다.
- 명료화: 명료화는 내담자가 말하고자 하는 의미를 상담자가 해석하고 이를 다시 내담자에게 이야기해 주는 것으로 내담자의 감정을 밀어붙이지 않고 그의 갈등과 혼란스러운 면을 단순화시켜 줌으로써 내담자의 통찰을 촉진시켜 준다.

(2) 관찰(observation)

관찰은 가족기능과 역기능을 사정하기 유용한 정보로 특히 비언어적 형태의 자료를 수집할 때 유용한 방법이며 가족관찰의 대표적 방법이다. 관찰을 통해 사회복지사는 가족구조와 기능, 역할수행, 관계를 비롯한 가족구성원 간의 상호작용과 가족 특성을 알 수 있다. 비언어적 표현 중에 사회복지사가 가장 다루기 힘든 것이 침묵으로 침묵은 언제, 어떤 대화 중에 발생했는가를 파악하여야 한다. 사회복지사는 자신의 관찰이 정확하다고 생각해서도 안 되며 쉽게 속단하여서도 안 된다. 관찰은 수집하고자 하는 정보의 종류에 따라 자연스런 관찰과 일련의 순서가 있는 구조화된 관찰, 즉흥적 관찰과 형식적 관찰, 참여 및 비참여 관찰로 구분할 수 있으며 시연 및 가족조각 등을 통한 방법들이 있다.

① 시연: 이전에 있었던 가족 상황을 재연하거나 역할 연습을 하게 하는 것
② 가족조각: 가족구성원 중 누군가에게 자신이 느끼는 가족관계나 상호작용 패턴을 가족들의 몸을 활용하여 표현하도록 하여 가족원이 다른 가족원에 대해 인식하고 느낀 것을 특정 자세를 취하게 함으로써 가족 내 역동을 표현하는 것이다. 말이 적거나 말 못하는 어린아이한테 효과적이다(가족 내 역동을 표현).

• 가족조각 단계별 과정(Hartman & Laird, 1983:282)

1단계: 사회복지사(연출자)가 가족구성원들에게 가족조각을 설명한다.
2단계: 가족원 중 누가 가족조각가가 될 것인지 결정한다.
3단계: 연출가는 비언어적으로 지시한다. 가족원 중 특정 위치에 놓고 특정 자세를 취하게 하는 방법으로 전체모습(위치, 바라보는 방향, 신체동작, 특정자세 취하는 것 포함)을 그린다.
4단계: 가족조각이 완성되면 가족원은 조각도에 이의를 제기한다. 연출가

및 조각가는 이의 제기를 수용(서로 자신과 가족에 대해 다르게 인식 느끼고 있기 때문)한다.

5단계: 연출가는 조각가를 지지한다.

6단계: 조각가 자신도 조각도의 원하는 위치에 선다.

7단계: 연출가는 모니터 역할을 한다.

8단계: 조각도 안에 있는 가족원은 서로 느낌을 공유한다.

9단계: 조각에 대한 가족원 간의 토론, 다른 가족원이 새로운 가족조각도를 완성한다.

(3) 검사지 및 질문지

가족 사정 과정에서 가족이 처한 상황과 문제에 따라 다양한 검사지 혹은 질문지를 사용하는 것이 가능하다(예: 가족생활사건 및 변화 척도, 우울증 진단 도구, 부부관계 만족도 척도, 부모역할 척도, 가족스트레스 척도, 애착관계 척도, 사회적 지지 행동 척도 등).

4) 사정 내용

(1) 가족의 규칙

일종의 명령으로서 가족구조 내 가족원의 행동이나 관계를 통제하는 필수적, 영향력이 강한 행동 규범으로 인간이 원가족 삼인군에서 경험한 것을 내면에 지니고 있는 것으로 합리적인 규칙은 적절한 양육환경 제공과 인간의 성장을 촉진시키는 역할을 하며, 비합리적인 규칙은 혼란과 갈등 유발, 자아존중감에 부정적인 영향을 미치며 성장에 방해가 역할을 하기에 비합리적인 가족규칙은 수정되어야 한다.

(2) 가족 결속력

가족 결속력(Cohesion)은 "가족구성원이 서로에게 갖고 있는 정서적 유대"(Olson, Russell, & sprenkle, 1983)를 말한다. 결속력이 낮은 가족은 서로 유리되는(disengaged) 경향이 있다. 결속력이 적당한 가족은 서로에 대한 애착과 친밀감, 자율적이다. 반면 결속력이 매우 높은 가족은 밀착된 가족(enmeshed family)과 동일시된다. 이러한 가족은 개인을 곤란하게 할 정도의 가족에 대한 헌신과 충성을 요구하는 반면 다른 의견이나 독립적 사고, 감정을 잘 수용하지 않는다. 즉, 가족체계 내 애매한 경계선을 주로 하는 가족은 가족체 계에 참가하는 규칙이 애매하여 구성원은 모든 문제에 관해서 지나치게 얽혀 필요 이상으로 관여하게 된다. 이러한 가족이 밀착된 가족이다. 경계선이 무너진 가족으로도 사료된다.

(3) 의사소통

어떤 개인 또는 집단이 개인 또는 집단에 대한 정보, 감정, 사상, 의견 등을 전달하고 그것을 받아들이는 과정으로 언어적 또는 비언어적 메시지를 통해 가족구성원 간에 정보를 상호 교류하는 것으로 가족을 이해하는 핵심 개념 중 하나이다. 의사소통의 패턴이나 구조 혹은 방식들은 개별 구성원뿐 아니라 전체 구성원의 가족생활과 사회생활 전반에 직접적 혹은 간접적 영향을 미치므로 매우 중요하다. 긍정적 의사소통은 상대방에게 명확하고 모순되지 않은 메시지를 보내고 감정이입과 지지적 대화, 효과적 문제 해결 기술을 모색하며, 부정적 의사소통은 상대방에게 메시지가 서로 일치하지 않고 상호 모순되며, 부정적 발언이나 이중속박을 하는 경우를 의미한다.

의사소통의 유형으로 비난형, 회유형, 초이성형, 산만형, 일치형이 있다.

표 6-1 ■ 사티어 등(1991)의 의사소통 유형의 특성

항목	회유형	비난형	초이성형	산만형	일치형
언어적 표현	"제가 잘못했어요." "난 오로지 널 위해 산다." "당신이 없으면 큰일이에요.	"모든 게 네 잘못이다." "넌 제대로 하는 게 없다."	"미안합니다. 제가 부주의하여 당신의 팔을 쳤군요. 혹 피해를 줬다면 손해배상을 청구하세요."	"그대로 놔 두어라." ("내버려 두어라.")	자신의 말과 행동이 일치함
정서 반응	구걸하는 느낌, 자신 없는 목소리와 자세	타인을 비난하는 자세	냉담한 마음, 조용하고 경직된 자세	혼란스러움, 마음이 콩밭에 있음	자신의 문제를 현실적으로 사고하고 현실적인 방법을 생각
행동	사리, 변명, 양보, 우는 소리, 순교적, 모든 것 제공	공격적, 명령적, 타인의 약점 발견	권위적, 원칙주의, 의도적, 조작적	산만하고 초점이 없음	높은 자아존중감, 자신의 유일성과 상대의 개별성을 존중
내적 경험	"난 아무 가치도 없어!"	"난 외로운 실패자이다.", "난 세상의 피해자이다."	"나는 외롭고 상처받기 쉽다."	"이곳은 내가 설 자리가 아니다(무가치)." "아무것도 상관하지 않겠다(무관심)."	상대방과 갈등을 하나의 기회로 여기고, 차이성을 인정함, 가족 안과 밖의 경계가 명확함
심리 상태	신경과민, 우울증, 자기연민, 자살 경향	과대망상, 일탈적 성향	강박적, 긴장됨, 반사회적, 사회적 고립	혼돈, 어색함, 정신병적 경향성	–
신체적 증상	소화기관장애, 변비, 편두통	혈액순환장애, 고혈압, 관절염, 근육통, 천식	심장+근육 경직, 건조성, 암, 임파 점액 질환	신경계통장애, 편두통, 위장장애, 메스꺼움, 변비, 당뇨	–
초점	자기 무시 상황, 타인 중시	타인 무시 자기, 상황 중시	자기, 타인 무시 상황만 중시	자기, 타인, 상황 모두 무시	자신, 다른 사람, 상황 모두 중시

강점	배려, 민감성	강한 자기주장	지적 능력과 논리성	낙천성, 창의력	높은 자아존중감
치료목표	• 자기 지각하기, 자신의 욕구, 감정, 경계선, 책임 인식 • 주장훈련 • 분노 조절 훈련	• 인지적 왜곡의 교정 • 자기 감정의 통찰과 감정 조절 • 정확한 규칙의 설정 • 경청 훈련	• 비언어적 표현에 대한 통찰력 • 신체 이완 훈련 • 공감 훈련	• 감수성 훈련: 감정인식, 신체 접촉 • 주의 집중하기: 명상, 정관(관조) • 주장 훈련	–

※ 이중속박

반응을 하지 않으면 안 되는 중요한 상황에서 서로 대립되거나 불일치하는 메시지들이 지속적으로 전달되는 인간관계의 상황이다. 동일한 사람에게 상호 반대되거나 모순되는 요구를 지속하게 되면 이는 긴장과 갈등을 유발하게 되며 베잇슨(Bateson)은 이것이 정신분열증의 원인이 된다고 주장했다(서울대학교 교육연구소, 1995).

(4) 가족적응력

가족적응력(adaptability)이란 "부부 혹은 가족체계가 상황적 혹은 발달적 스트레스에 반응하여 힘의 구조나 역할 관계, 관계의 규칙을 변화시킬 수 있는 능력"을 의미한다. 그러나 경직된 가족은 기존의 문제 해결 방식을 그대로 활용하기 때문에 적응하기 어렵다. 반면 특정 규칙이나 규범이 없어 혼란스러운 가족은 지나친 변화를 시도하여 안정성과 예측성이 떨어진다. 올슨과 그 동료들(Olson, Russell, & sprenkle, 1989)는 가족기능의 모델에서 가족 결속력을 네 단계로 구분하여 과잉 분리와 분리, 연결, 밀착 수준으로 나누고, 세로축에 적응력을 두어 혼동됨과 융통성, 구조적, 경직적으로 나누어 16개의 그룹으로 구분할 수 있다.

5) 사정도구에 의한 사정

가정사정도구들은 가족 내부에서 관찰할 수 있는 구성원 간의 상호작용뿐 아니라 가족 외부의 더 큰 사회체계와의 상호작용을 사정평가하는 데 유용하다. 이러한 도구들은 가계도, 생태도, 사회적 관계망 등이 있다.

(1) 가계도

3세대 이상에 걸친 가족구성원에 관한 정보와 관계를 도식화한 것으로 가족의 역사와 그 과정에 있었던 주된 사건을 파악하는데 유용하다. 사회복지사가 가족에 대한 사정 도구이기도 하지만 가족개입의 도구로도 사용할 수 있으며 가계도를 그려나가는 과정에서 자신들의 상황과 문제를 이해할 수 있으며, 가족 내에서 역동이나 여러 세대에 걸쳐 발전된 가족역할, 유형 관계 등을 알아볼 수 있다.

가계도를 작성하기 위한 질문들은 가족의 핵심 경험들로부터 가족의 문제에 대해 통찰력과 해결의 방향성을 찾도록 하며, 가족을 하나의 단위로 보는 기회를 제공한다.

• 가계도의 유용성

① 복잡한 가족유형의 형태를 한 눈에 볼 수 있음.

② 가족에 관한 구조적, 관계적, 기능적 정보를 제공함.

③ 가족이 경험하고 있는 반복되는 유형들을 확인할 수 있음.

④ 가족 스스로가 공간과 시간을 넘나들면서 다세대적 맥락에서 가족의 정서과정을 살펴보면서 현재의 가족문제를 볼 수 있게 함.

⑤ 가계도를 그리는 과정은 가족치료자와 가족 간에 라포를 형성할 기회를 제공해 줌.

⑥ 가계도는 개입을 계획하기 전에 모든 의미 있는 사람들을 포함하도록 확실하게 도와줌.

⑦ 세부적인 가족정보가 필요할 때 특이 유용함.

• 가계도를 통해 알 수 있는 정보

① 가족구성원에 대한 상세 정보: 성별, 나이, 출생 및 사망 시기, 직업, 종교 등

② 사회적 정보: 인종집단, 사회계층

③ 각 구성원과의 관계: 단절, 융합(융해), 밀착

④ 가족관계: 혈연적 관계, 인위적 관계

⑤ 가족의 역할 및 유형

• 가계도 작성법

① 보통 여성은 원, 남성은 네모로 표시

② 동일 세대의 가족구성원은 수평선으로 그림

③ 각 개인은 현재 그 가정에서 살고 있는지, 생존자인지와 무관하게 가계도상에서 명확히 필요한 지점에 표시함

④ 가족구성원의 이름과 연령은 메모나 원 안에 표기함

⑤ 가족구성원이 사망하였다면, 사망연도, 사망연령, 사망원인을 기록함

• 가계도 분석

① 가족의 구성과 구조

② 가족의 생애주기

③ 세대 간 반복된 유형

④ 가족성원의 역할과 기능

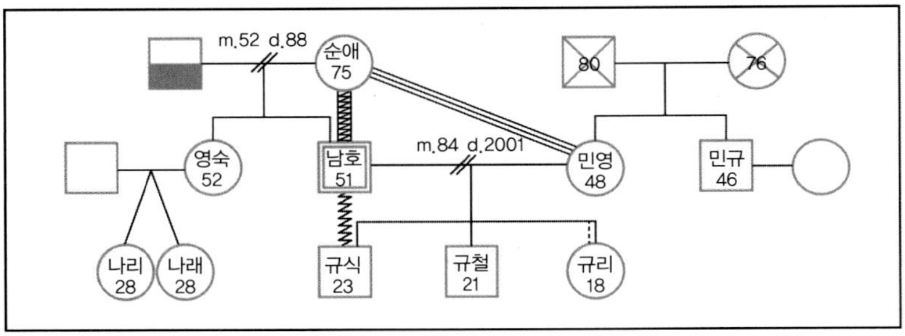

그림 6-1 ▪ 가계도 작성방법

출처: 이화여대 사회복지연구회(2001).

(2) 생태도

가족 내 한 개인의 문제가 아니라 가족과 환경 간 상호작용에 초점을 둔 사정으로 가족은 환경 및 자원의 복잡성 속에 존재한다고 여기며 가족의 강점과 자원을 파악하고 가족과 환경체계 간의 관계를 이해하기 위한 도구로서, 일상적으로 상호작용하는 요소들을 말한다. 클라이언트의 생활에 어떤 일이 진행되고 있는지에 대한 이해를 위해

개인/가족을 둘러싼 사회적 맥락, 개인/가족과 사회체계들 간 상호작용을 하나의 그림으로 나타내어 가족과 주변 환경체계 간 자원 교환, 에너지 흐름, 스트레스와 관련 자료, 갈등 등을 시각적으로 파악하게 해주는 장점이 있다.

① 생태도 그리는 방법

- 1단계: 백지에 중앙에 가족체계를 그려 넣을 큰 원을 그린다.
- 2단계: 원 안에 가족성원들이 표시된 간략한 가계도를 그려 넣는다.
- 3단계: 가족에게 영향을 미치는 주요한 환경체계들(학교, 직장, 복지관 등)을 원 밖의 주변에 배치하여 그려 넣는다.
- 4단계: 가족체계와 주변 환경체계들과의 교류 상황 그리고 외부 환경체계 상호 간의 교류 상황을 파악한다.

- 5단계: 상호교류의 성격을 선으로 표시한다.
- 6단계: 외부 체계가 가족 전체와 연결되어 있으면 외부체계와 큰 원을 선으로 연결하고, 외부체계가 가족 내의 특정 개인과만 연결되어 있으면 그 개인과 외부체계를 선으로 연결한다.
- 7단계: 간략한 설명을 선 옆에 적는다.

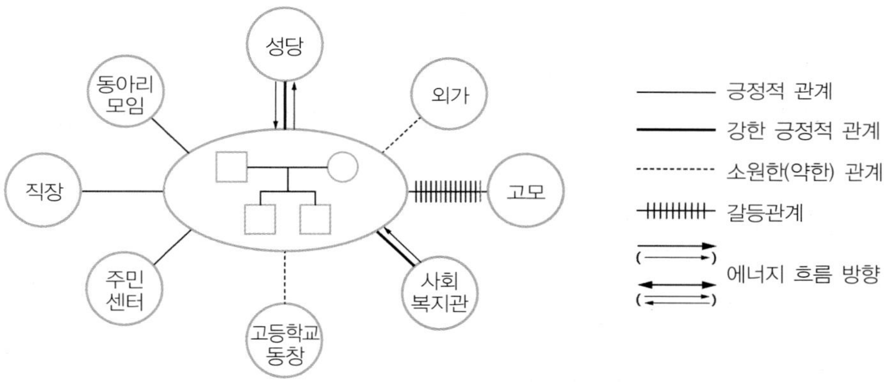

(3) 가족 생활력 도표

클라이언트 삶의 중요한 사건이나 문제를 시기별로 전개해 표로 나타낸 사정도구로 클라이언트나 가족이 겪고 있는 문제의 발생시점과 촉발사건 등을 파악할 수 있으며, 사건 간에 보이는 양상이나 관계를 파악할 수 있다.

생태도나 가계도처럼 원이나 선, 화살표 등 기호를 사용하지 않고 표를 이용한다.

표 6-2 ■ 생활도표의 예시
클라이언트: 이 oo(여 45세)

연도	나이	장소	가족	주요사건	문제
2005	31	서울시	첫째자녀	출생	미숙아로 태어남
2009	35	경기도	둘째자녀	출생	천식, 아토피
2012	38	경기도	남편	실직	집안에서 은둔
2014	40	경기도	남편	시비 후 입원	알코올중독

(4) 사회적 관계망

개인, 가족의 사회적 지지체계를 사정하는 도구

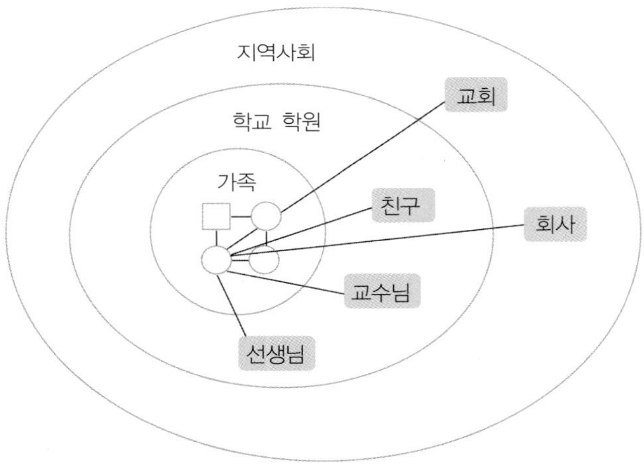

(5) 가족욕구면담(family need interview)

- 가족사정을 통해 우리는 '부모가 사정에서 기대하는 것'과 '사후에 필요한 개입'을 결정 기능
- 가족욕구면담을 위해 제시된 질문

가족욕구면담(family need interview)을 위해 제시된 질문들		
– 아이에 대해 말해보세요. – 아이에 대해 당신이 걱정하고 있는 것은 무엇이며 어떤 면에서 아이로 인해 행복한가요? – 당신이 쇼핑을 하는 동안 또는 친구 집에 있을 때, 집에서 벌어지는 일에 대해 말해보세요. – 아이가 하고 싶어 하는 일과 하기 싫어하는 일은 무엇이지요? – 당신의 아이는 언제 가장 행복해 하나요? – 당신의 아이가 어려워하는 것들에 대해 말해보세요. – 당신이 좀 더 상세히 알고 싶은 것에 대해 말해보세요. – 당신 가족에 대해 말해주세요. → 집에 누가 살고, 그들이 좋아하는 것과 그들의 관심사 및 기술에 대해서도 말해주세요. – 당신이 지원이나 휴식이 필요할 때 누가 당신을 도와주나요? 가족, 친구 아니면 기관? – 누가 당신의 가족을 도와주나요? – 모든 일들이 부모, 형제, 다른 가족구성원에게 어떻게 영향을 주어왔나요? – 아이를 위해 무엇을 원하나요? 걱정되는 것은 무엇인가요? – 아이에 대한 당신의 목표는 무엇인가요? 가족에 대한 목표는 무엇인가요? – 당신과 당신 가족이 그 목표를 달성하기 위해 우리가 어떻게 도울 수 있을까요? – 지금 아이를 위해 무슨 일을 하고 있나요? 그 일은 잘 되고 있나요? – 잘 안된다면 어떻게 바꿔볼 수 있을까요? – 어떤 정보가 필요한가요? – 당신 아이와 가족에게 어떤 서비스와 지원이 필요한가요? – 우리가 무엇을 해야 한다고 생각하나요? – 이런 사항에 대해 다른 누구와 상의하나요? 어떤 다른 협력기관이 있나요? – 당신이 원하는 바를 얻기 위해 최근 노력하고 있는 것은 무엇인가요? – 어떤 서비스를 받고 있나요? – 받고 있는 서비스에 만족하나요? – 우리가 가장 먼저 해야 할 일은 무엇인가요? 그 다음은?		
다음과 같은 스트레스 요인들이 이 가족에게 영향을 미치고 있는지 알아보라		
– 부모의 직업	– 10대 부모	– 학대
– 한부모	– 집 없는 노숙 부모	– 방임
– 이혼	– 가난	– 알코올이나 물질 남용
– 재혼과 새아버지, 새어머니	– 폭력	– 교육 수준

출처: 박지연 외(2007). 장애인가족지원.

4 개입단계

가족실천현장에서 개입 단계는 변화를 위한 주된 작업이 행해지는 단계로 실질적인 실행단계이다. 사회복지사는 가족과 정기적으로 만날 횟수를 약속하고 가족면담을 하다보면 면담거부, 수치심, 사회복지사에 대한 불신 등의 의식적 저항과 침묵, 감정의 무표현 또는 과다 표현, 퇴행행동 등 무의식적 저항이 나타나기도 한다(송정애 외, 2020). 이때 사회복지사는 가족구성원에게 지혜와 인내로 잘 대처해 나가야 하며 이러한 과정을 통하여 가족은 사회복지사의 역할을 이해하게 되고 자신들의 의무도 알게 된다.

가족에 대한 효과적 개입을 위한 지침(Colins et al., 2010)은 다음과 같다.

- 가족의 욕구에 초점을 둔다.
- 클라이언트의 자율성을 존중한다.
- 의존성을 조장하는 것을 피한다.
- 클라이언트의 저항을 재사정한다.
- 전문적인 거리를 유지한다.
- 적절한 기대를 갖도록 한다.

1) 가족구성원에 대한 개입

(1) 탈삼각화

탈삼각화는 보웬의 가족치료기법으로 하위체계의 경계가 명확하지 않은 경우에 적용되는 기법 중 하나로서 가족 내 두사람 사이에서 스트레스나 긴장관계가 발생했을 때 두 구성원의 감정 영역에서 제3의 성원을 분리시키는 것을 의미한다. 부부간 갈등이 심한 경우 자녀를 삼각관계로 끌어들이게 되는데 사회복지사는 부모가 그들의 갈등을 스스로 다룰 수 있도록 하며 사회복지사를 삼각관계로 끌어들이려는 경우에 이 사이에 끼어들지 않고 객관적인 자세를 취하도록 해야 한다.

(2) 재정의 의미변화

재정의(reframing)는 가족성원에게 문제를 다른 관점에서 보거나 이해할 수 있도록 돕는 방법으로 이미 경험한 사실에 대한 관점, 감정, 태로를 좀 더 구체화하고 긍정적으로 재규정함으로써 사건과 관련된 감정, 의미, 가치판단을 변화시키는 것이다(송정애 외, 2020). 이러한 재정의는 다른 가족성원에 대한 부정적 생각을 보다 긍정적 시작으로 변화하도록 돕는 것을 의미한다.

예를 들면 가족성원 중의 한 명에게 느끼는 절망은 가족을 너무나 사랑한다는 뜻이므로 희망적 신호로 재정의할 수 있다. 어머니가 아버지를 부정하다고 비난한다면 부부가 결혼하여 냉담해진 것에 대해 실망해 왔다는 사실의 표현이라고 정의할 수 있다.

그러면 그들은 결혼생활을 활성화시키기 위해 무엇인가 해야 하고 누군가가 박차고 일어나 도움을 주어야 한다는 것을 알게 모르게 인정한다.

(3) 가장기법

가장기법은 놀이를 하는 기분으로 저항을 우회시키는 방법으로, 의미상으로 되어 있는 행동을 증상이 있는 것처럼 보이게 한다는 처방게임을 한다. 변화를 보다 평온하게 일어나는 효과를 겨냥한 역설적 개입으로, 증상을 게임으로 처방하는 상담자의 지시에 따르는 것이 최종적으로 증상이 감소되는 결과를 가져올 수 있다. 즉, 어떤 방법으로 행동을 하면 ‘진짜는’ 그렇게 행동하지 않게 되므로 가족상담장면에서는 가족성원의 반응이 ‘일치’하면 모든 상황은 게임이 되며, 중요성이 감소된다.

(4) 직면

직면은 너무 고통스럽지 않도록 하기 위한 기술적인 면이 포함되어야 하며 일단 내담자와 관계가 성립되면 가족의 맥락에서 안전한 실제적인 많은 개입을 추가할 수 있다. 예를 들면 아내가 두통을 호소하는 남편에게 자신을 한 대 찰싹 때리고 나면 두통이 없어질 것이라고 즉각적으로 말해 줄 수 있다. 또는 자녀의 잔소리, 아빠의 무관심으로 녹초가 된 부인에게 전 가족이 있는 데서 친정에 일주일 가 있고 가족이 스스로 집안일을 하라고 말해 줄 수 있다.

(5) 한 가족의 절망을 더 크게 하여 가족을 뭉치게 하는 기법

이것은 가족 중 희생양이 있을 때 효과적으로 활용될 수 있다. 예를 들면 정신분열병인 아들에게 다음과 같이 말한다. "네가 포기하고 쓸모없는 인간이 되어 너의 나머지 인생을 병원에서 보낸다면 너의 부모가 앞으로 20년 동안 정말로 행복할 것이라고 생각하니? 아니면 지금처럼 부모가 걱정하고 너는 삶을 포기하고 있을 것 같니?"

(6) 주의집중 및 경청

주의집중은 소통에 있어 가장 기본적이고 필수적인 기술이라고 할 수 있다. 실천현장의 전반적인 과정에서 기본적으로 갖추어야 할 문제이고, 가장 먼저 선행되어야 하는 사회복지사의 태도이다. 사회복지사는 클라이언트에게 하는 반응, 클라이언트에게로 향해 있는 몸의 방향 등을 포함한 다양한 태도와 반응으로 주의집중을 표현할 수 있다. 다시 말하면 사회복지사는 언어적, 비언어적 요소를 전부 읽어내는 것이 주의집중을 표현하는 방법이고, 이와 관련된 기술이 경청이다. 경청은 쉽게 말해 클라이언트의 표현을 집중하여 듣는 것이다. 이는 클라이언트가 표현하는 언어적 메시지와 비언어적 메시지를 모두 알아차리도록 노력하고 클라이언트의 이야기에 담긴 메시지, 생각, 감정 등을 깊이 이해하기 위해 노력하는 것을 의미한다.

(7) 가족체계 합류

사회복지사는 가족구성원이나 가족체계와 관계를 맺고자 할 때 가족에 합류해야 합니다. 가족의 조직과 유형을 수용, 융합해 나가야 하며, 이를 통해 갈등 해결이나 개인의 성장에 최대한 발휘할 수 있도록 가족의 규칙을 변화시킵니다. 유지, 추적, 모방의 기술이 있습니다.

5 종결단계

가족대상 실천과정에서도 일반적인 실천장에서처럼 종결단계과 평가가 주요 과업으로 사정과 개입단계에서 나타난 가족의 변화를 통하여 종결시점을 확인하고 안내해야 한다.

종결단계에서 집단성원의 특성을 살펴보면 다음과 같다.

- 집단성원들은 자신들이 집단에서 가졌던 긍정적인 경험을 집단 내 · 외에서 표현하기 시작하며, 이는 곧 집단의 종결이 임박해 오고 있음을 암시하는 지표이다.
- 집단성원들은 집단과 다른 성원들, 그리고 사회복지사의 도움이 필요 없거나 의존 정도가 낮아지기 때문에 집단에 결석하는 빈도가 늘어난다.
- 종결단계에서 집단성원들은 다방향의 의사소통이 이루어지며, 사회복지사의 개입 없이도 주제에 대한 집중적인 토론이 자유롭게 이루어질 수 있다.
- 집단 외에서 생활할 때 집단에서의 경험은 집단성원에게 하나의 준거 틀로 활용될 수 있다. 클라이언트는 집단에서 배웠던 생활기술이나 대인관

계 기술, 기타 집단에서 얻었던 것을 실생활에 적용해 볼 수 있는 기회를 갖게 된다.

- 집단성원들은 집단의 종결에 대해 양가감정이 발생하고, 퇴행적인 행동이 발생하며, 때론 집단적인 행동이나 위협을 장난스럽게 던져 보는 경우도 있다(엄명용 외, 2015).

사회복지사는 가족의 문제가 해결되었을 때 종결이 이루어지는 것이 가장 바람직하나 환경적인 상황의 변화나 가족의 요청에 의하여 종결이 이루어지기도 한다. 따라서 종결의 시기를 정하는 것이 중요하며 사회복지사는 사전에 집단의 종결이 임박함을 알려야 한다. 종결은 집단 구성원들에게 감정적인 욕구를 만족시켜 온 관계가 사라진다는 고통이나 염려로 인한 심리적 스트레스로 올 수도 있기에 정서적인 반응 특히 감정에도 초점을 맞추어야 한다.

표 6-3 ■ 종결단계에서의 집단성원과 집단의 특징과 사회복지사의 역할

집단성원의 특성	집단의 특성	사회복지사의 역할
• 집단성원이 자신의 성공담을 집단에서 표현함 • 대화가 자유로움 • 집단참여가 저조해짐 • 집단의 종결에 대한 양가감정 및 퇴행 발생 • 집단경험이 자신의 생활에서 준거틀이 됨	• 집단의 종결에 대한 논의 • 집단에서 얻은 성과를 일관되게 유지토록 함 • 집단성원, 집단, 사회복지사에 대한 이별 준비 • 집단종결	• 집단종결을 준비함(집단의 종결이 임박함을 알림) • 집단종결에 대한 욕구와 목표 달성 정도, 성과의 유지 정도 등을 점검 • 집단종결에 대한 개별성원의 반응 점검 • 남은 기간 성취해야 할 일과 과정을 토의 • 집단성원의 성과에 대한 논의 • 사회복지사의 감정처리

출처: 김성이 외(2004). 청소년복지학. p.199.

CHAPTER 07

가족치료

학습목표

1. 가족치료의 주요 개념을 학습하고 이해한다.
2. 가족치료모델의 개념을 학습하고 이해한다.
3. 가족치료기법을 학습하고 치료에 적용한다.

1 가족복지실천과 가족치료

가족체계는 가족구성원들의 하위체계를 포함하여 이와 상호작용한다. 사회환경과도 상호작용하며 발달주기에 따라 변화하는 하나의 개방된 체계라고 할 수 있다.

21세기 한국 사회의 현재를 진단하고 미래를 예측할 때 가장 핵심 요인으로 주목받는 것 중 하나는 가족의 급격한 변화이다. 급변하는 사회 속에서 현대의 가족은 역할과 구조, 가치관, 기능 등이 전통가족과는 질적으로 다른 여러 가지 문제를 가지고 있다. 또한 경제적 위기로 인하여 가정이 해체되거나 가족 내의 갈등이 증폭되어 가족이 동반자살하거나 가족원의 일탈행동과 폭력, 가출, 이혼 등의 사회문제가 심각한 양상을 보이고 있다. 특히 한국의 출산율이 급격하게 하락하는 추세를 보이고 있으며 다가올 인구 위기 현상은 매우 거시적인 국가와 사회공동체의 위기로 이야기되지만, 결국 그 기초에는 가족의 형성과 변화, 그리고 가족을 구성하는 개별 시민들의 삶이 놓여 있다. 그러기에 우리가 익숙하게 알고 있는 고정관념들을 걷어내고 가족의 다양한 변화와 그 바탕에 있는 개인들의 삶의 역동성을 심층적으로 살펴볼 필요가 있다. 이에 정서적 유대감과 직면하고 있는 다양한 가정문제를 해결하기 위하여 전문적인 조언과 심리적지지, 조정과 타협 등을 통하여 사회에 적응하며 가정의 기능을 회복시키는 가족상담치료가 필요하게 되었다.

가족치료는 개인이 가지고 있는 문제나 증상을 개인의 내면세계로 접근하는 것이 아니라 개인이 상호작용하는 방식을 변화시키는 접근을 취하는 한편 가족을 매개로 한 가족관계의 기능적인 역동성에 초점을 두고 치료에 접근하는 방법이다.

1) 가족치료의 실천

(1) 가족실천의 목적은 상호적 · 행동적 · 정서적 문제를 가진 가족을 돕는 것이다.

(2) 가족치료 혹은 가족상담의 방법은 부모와 자녀 간의 상호적 문제, 부부갈등, 가족성원간의 갈등 등과 같은 다양한 문제를 다룬다.

(3) 가족구성원의 역기능은 개인의 문제가 아니라 가족 전체의 역기능으로 이해되며, 구성원은 그저 '가족의 문제를 지니고 있는 사람'이 된다.

(4) 가족치료사는 치료의 초점을 '사람'에서 '가족전체'로 맞추어 가족이 모두 변화에 참여하여 상호작용할 수 있도록 해야 한다.

2) 가족치료의 목표

(1) 가족 성원의 성장과 성숙을 돕는 데 중점을 둔다.

(2) 체계적 관점이나 생태적 관점에서는 가족을 하나의 체계로 이해하고 한 성원의 변화는 다른 성원에게도 변화를 가져올 수 있다는 시각에서 접근해야 한다.

→ 가족치료는 역사적으로 형성 배경부터 개인치료와 그 맥락을 달리하고 있으며, 미국에서 시작된 심리적 원조방법이다.

(3) 가족원의 부적응이나 정서적 문제를 가족이라는 하나의 단위가 직면하는 장애로 생각한다.

(4) 가족치료는 가족구성원 개인이 나타내는 정신적 증상이나 문제행동을 가족을 구하기 위한 구조신호로 간주하여 가족 전체를 하나의 단위(가족체계)로 가족 내의 상호작용의 양상에 대입하는 치료수단의 총칭이라고 할 수 있다.

3) 가족치료의 주요 개념

(1) 가족 항상성

가족 항상성은 가족이 어떤 상황에서도 기존의 내적 균형과 안정성을 유지하려고 변화에 저항하는 성향으로 가족 내의 관계를 지속적으로 유지시키는 상호작용적 과정이며 내적인 균형을 이루게 하고, 가족 간의 균형이 위태롭게 되면 이전의 상태로 돌아가려고 하는데, 이는 가족규칙을 활성화하여 지속적으로 관계를 유지할 수 있게 한다. 예를 들어 가부장적이고 화를 내며 지시하는 행동을 자주 보이는 남편에게 아내가 순종적으로 행동하는 경우, 그리고 자녀들도 이에 대해 묵인하는 경우, 상담가가 한두 번의 개입으로 해당 가족의 역동을 바꾸기 쉽지 않은 것은 바로 '가족항상성'이 작용하기 때문이다. 아내는 순종적으로 행동하는 것이, 자녀들은 이에 대해 묵인한 것이, 그리고 남편은 권위적으로 행동하는 것이 현재까지 가족을 이끌어올 수 있는 형태로 오랜 시간 굳어졌을 것이다.

(2) 가족규칙

가족규칙이란 '오랜 시간에 걸쳐 가족행동을 제한하는 관계상의 합의'로 가족 내에 존재하는 여러 가지 규칙을 위미한다. 가족규칙에는 기능적인 규칙, 역기능적인 규칙을 모두 포함하며, 합의하에 만들어진 의식적이고 확실히 드러난 규칙부터 가족이 알아차리지 못한 상태에서 암암리에 자리 잡은 암묵적이 규칙까지 다양하다. 그중에서도 오랜 기간 반복되는 가족교류를 통해 성립되어 가족의 체계와 기능을 유지하는 암묵적인 규칙을 상위규칙(meta-ruie)이라고 하며 상위규칙은 가족구성원 사이에 직접적으로 합의된 규칙은 아니지만 일반적 규칙들 위에 작용하면서 강력한 힘을 가지는 것이 특징이다. 예를 들면, '엄마는 저녁 식사 후가 가장 기분이 좋으니까, 용돈 이야기는 그때 해야 한다'는 것과 '아버지 말은 어길 수 없다'는 것을 들 수 있다.

가족규칙은 가족 간의 행동을 유형화하고 가족생활을 운영하는 데 기틀이 되기 때문에 가족규칙을 가족사정 단계에서 파악하여 치료 계획을 세우는 데 도움이 된다.

(3) 가족신화(family myth)

가족신화는 가족들이 가지는 기대와 신념으로, 특히 현실에 대한 왜곡이나 부정의 요소를 갖는 것으로 가족신화의 특징은 가족들이 아무런 의심 없이 공유하는 믿음과 기대라는 점이다. 가령, '첫째 딸은 항상 혼자 잘 컸으니까 아무리 힘들어도 의젓하게 행동할 것이다', '장남은 우리 집의 기둥으로 가족을 잘 이끌고 갈 것이다'라는 믿음과 기대를 의미한다. 가족신화를 사정할 때, 치료사는 가족들에게 불리하게 작용하더라도 가족신화가 가족들에게 정서적으로 없어서는 안 될 중요한 부분이라고 여기고 있다는 사실을 인지하는 것이다. 가족을 변화시키기 위해서는 신화를 유지하고 싶어 하는 가족의 욕구를 서서히 경감시키면서 가족신화 없이도 효율적으로 기능할 수 있도록 점진적인 진행이 이루어지도록 해야 한다.

(4) 가족삼각관계

가족삼각관계는 두 사람으로 구성된 2인 체계는 불안이나 긴장이 유발되는 경우가 많기 때문에 안정을 유지하기가 어렵다고 한다(Bowen, 1966). 따라서 두 사람 사이에 수용하기 어려운 문제가 생기면 긴장을 줄이기 위해 제 3자를 문제로 끌어들여 삼각관계를 형성한다.

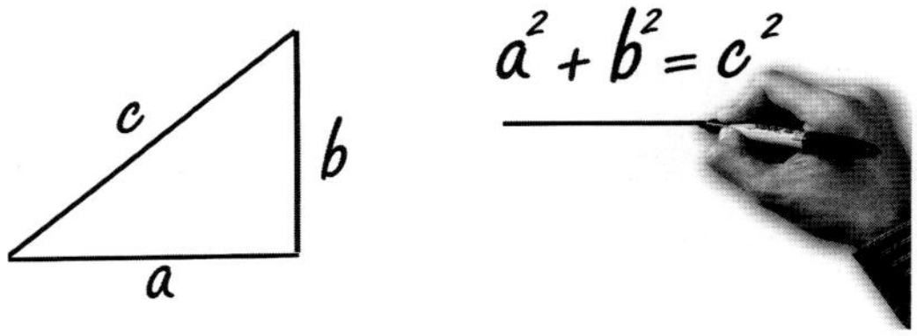

〈가족에도 삼각관계가 있다〉

예를 들어, 남편과 갈등관계에 있는 어머니가 큰아들에게 아버지의 역할을 기대하며 동생을 제대로 돌보지 않는다고 화를 내며, 남편과의 갈등을 큰아들 탓으로 돌리는 경우를 들 수 있다. 남편과의 갈등관계를 큰아들인 제3자를 끌어들였기에 삼각관계를 형성했다고 할 수 있다. 하지만 삼각관계는 항상 역기능적인 것은 아니다. 갈등관계에 있는 부부가 제 3자의 영역이라고 할 수 있는 외부활동이나 취미생활에 관심을 가질 수 있는데 이러한 가족 이외의 활동에서 긴장을 해소함으로써 오히려 친밀한 부부관계를 발전시키는 데 도움이 될 수도 있다. 이러한 긴장을 일으키는 에너지 방향을 변화시킴으로써 문제를 해결할 수도 있다.

(5) 순환적 인과성

가족체계에서 순환적 인과성은 가족 내 한 성원의 변화가 다른 성원 및 가족 전체에 영향을 미치게 되고, 이는 다시 처음 변화를 일으켰던 성원에게 되돌아와 영향을 미치게 된다는 개념이다.

가족 대상 실천에서는 이 개념을 통해 문제를 일으킨 성원이 누구인가에 초점을 두는 것이 아니라, 가족 내에서 문제가 반복적으로 일어나게 되는 상호작용을 파악하는 데에 초점을 둔다는 점에서 큰 의미가 있다.

(6) 의사소통

의사소통 가족상담이론은 의사소통의 과정과 형태에 초점을 두고 있다. 헤일리는 의사소통과 권력이라는 부분에 관심을 가졌는데, 그는 에릭슨의 최면술의 영향을 받아 치료자와 환자의 관계는 최면가와 대상자의 관계와 같다고 보아 최면가가 최면을 잘 걸려면 강력한 힘을 가져야 하는 것과 마찬가지로 그는 치료자가 권력을 어떻게 가지며, 어떻게 사용하는가가 중요하다고 생각하여 이에 관심을 가졌다.

의사소통은 언어이외에도 침묵, 자세, 손짓, 발짓 등의 움직임과 정지 등 여러 가지 수단을 통해 이루어지며, 이 모든 것은 나름대로 어떤 의미를 전달하며, 이 의사소통의 수신자에게 영향을 주고 수신자는 여기에 반응을 하지 않을 수 없게 된다(예: 남편이 퇴근하여 집에 온 후에 언제나 TV만 보는 경우, 아내는 남편이 자신을 사랑하지 않는다는 메시지를 매우 강하게 들을 수 있다. 이럴 때 메시지는 말을 통해 전해 듣는 것이 아니라 남편의 태도인 비언적인 의사소통의 통로를 통해 전달받는 것이다).

이와는 달리 사티어는 의사소통 중에서도 가족체계 내에서 자신 또는 다른 사람들에 대해서 어떻게 느끼느냐 하는 감정이나 정서에 많은 관심을 가졌다.

가족 내 의사소통을 사정하고 진단하는 데는, 첫째 가족의 관심, 구조 그리고 가정에 관한 정보의 자원으로 직유와 비유적 표현을 하기 때문에 가족 의사소통의 질과 본질에 관한 사정을 위하여 다음과 같은 내용을 파악하는 것이 필요하다.

- 가족 내 지배적 의사소통 규칙은 어떠한 것이 있는가?
- 의사소통에 대한 의사소통은 어떤 것이 있는가?
- 탐색될 수 있는 주제는 무엇이며, 금기되는 주제에는 어떤 것이 있는가?
- 표현될 감정을 편안한 방법으로 표현할 수 있는 수단을 가지고 있지 않거나 있어도 가족규칙에 의하여 표현하지 못하는 상황이 있는가?
- 누가, 누구에게, 어디서, 언제, 무엇에 대해서 이야기하는가?
- 비언어적 의사소통으로 알려지는 것은 무엇인가?

둘째, 의사소통의 본질을 사정하는 데는 가족성원 간의 교류의 질을 파악해야 한다.

- 의사소통은 분명한가?
- 언어적 의사소통과 비언어적 의사소통은 일치하는가?
- 가족성원은 서로 들어주고 서로 간의 입장이나 상황을 확인하는가? 또는 그들은 자신의 의사소통을 확인하지 않음으로써 의사소통과정에 방해가 되는 경우가 있는가?
- 가족 내에서 누가 의사소통을 어떻게 중단시키는가?
- 의사소통과정에서 제외되는 성원은 없는가? 제외될 때 다른 성원의 관심은 어떠한가?

• 가족 내 어떤 사건에 관한 결함의 책임을 돌리기 위한 가족성원의 비난적 주제는 무엇인가?(송정애, 2020)

(7) 체계(system)

체계란 서로 의존작용을 하는 부분 단위들이 통일적으로 구성되어 이루어져 있는 실체(實體)라고 말할 수 있다. 하나의 체계 속의 각 부분들은 외부환경과의 경계 안에서 존재하며 서로 영향을 주고받으며 연결되어 있다.

체계에는 개방체계와 폐쇄체계가 있는데, 개방체계일수록 적응적이고, 변화가능성이 높으며, 넥엔트로피를 가지고 있으며, 목표지향, 침투 가능한 경계, 자유로운 의사소통, 개별화의 특징을 가졌다.

반변 폐쇄체계일수록 경계를 가지고, 상대적으로 엔트로피의 위험성이 있다. 가족은 전적인 개방체계도 폐쇄체계도 아니다.

(8) 가족의 경계

한 체계와 다른 체계를 규정한 구획 또는 선으로 명확하면서도 융통성 있어야 하며, 경직되거나 혼돈 될 경우 → 역기능이 발생할 수 있다.

경직이 될 경우, 체계들 간의 상호 분리 및 고립 융통성 없어 의사소통 어렵고 서로 지지 관심이 없어진다.

• 자녀와 협상 및 상호작용 - 거부하는 부모 가족
• 부모와 상호작용이나 관계, 지도 등 - 받지 않으려는 자녀 가족
• 자녀나 부모에 대항하여 - 지속적인 연합을 이룬 자녀 가족

혼돈될 경우, 가족원 하위 체계 간 독립성과 자율성 결핍 지나친 밀착으로 경계가 불명확하게 된다.

• 한쪽 부모에 대해 저항 - 다른 한쪽 부모 편드는 자녀 가족

- 부모를 보호하고지지 - 부모역할 수행하는 자녀 가족
- 자녀의 개인적 삶 - 지나친 관여하는 부모 가족
- 불화 중에 있는 부모 - 자녀에게 한쪽 부모 편들도록 요구하는 가족
- 세대가 다른 연합 가족 - 특정 가족원에 대항하는 가족

① 가족구성원 간의 경계: 밀착관계, 유리관계

- 밀착관계: 가족원 응집력과 충성심 높음 vs 비 자율성 성장 둔화 → 가족에 몰두로 외부세계 차단으로 자신 개방을 못하게 된다. 가족원 간 일치와 연합 유지 중시 vs 항상 존재하는 갈등과 차이 불인정 → 자주적, 독립적, 융성 없는 자녀로 성장하게 된다.
- 유리관계: 가족 원간 관심, 관여, 몰두 부재하며 가족원 응집력과 결속력, 충성심 낮음, 욕구나 반응 모름 vs 위기나 사건 있을 시 도움을 줄 뿐, 평상시에는 한 가족원이 다른 가족에게 요구를 할 때 분노하게 된다. 개인적 자유와 자율성 중요, 가족 간 차이 관대, 타인과 관계 더 잘 맺는다. → 존중감, 소속감, 대인관계 능력 결여된 자녀로 성장하게 된다.

② 가족 내 하위체계 간의 경계

위계구조 있을 시 부모가 자녀를 이끌면서 융통성과 침투성 가족형성, 정상적인 가족은 부부가 비슷한 권력 갖고 있어 자녀는 부모보다는 낮은 위치 차지함으로 세대 간 적당한 위계구조가 뚜렷하게 나타난다. 예를 들어, 하위 체계 문제 가족, 한부모가족, 가족구조 결손 - 맏이가 부모역할을 대신하거나, 부모의 권력투쟁과 갈등 → 정서장애 자녀가 될 우려가 나타나게 된다.

③ 가족 외부와의 경계

가족이 지역사회 이웃과 어떠한 교류를 가지면서 존재하는 가이다. 개방형

가족, 폐쇄형가족, 방임형 가족으로 구분한다.

- 개방형 가족: 외부와의 경계가 분명하면서 침투력이 있는 가족: 이웃과 활발한 자유로운 정보 교환 - 부모가 자녀 통제를 하지 않는다.
- 폐쇄형 가족: 외부와의 경계의 모호하고 침투력이 없다: 지역사회나 이웃과의 접촉이 없고, 모든 정보나 매체가 부모 통제 있다 → 자녀가 정서장애를 갖기 쉽게 된다.
- 방임형 가족: 외부와의 구분이 거의 없다. - 지역사회 이웃과의 관계, 접촉 관련 가족원 제멋대로 행동 → 자녀가 비행행위를 할 가능성 있다.

2 가족치료모델

1) 다세대 가족치료

다세대 가족 치료자인 보웬(Murray Bowen)은 모든 가족을 살아 있는 유기체처럼 보고 가족원 개인의 변화가 가족 전체의 정서적 과정을 변화시킬 수 있으며 가족의 정서과정을 역사적 · 다세대 틀로 분석할 때 가장 잘 이해할 수 있다고 보았다. 이 치료법은 보웬을 필두로 커(M. Kerr)와 게린(P. Guerin) 등의 제자들에 의해 계승되어 영향력 있는 이론으로 발전했다. 이 모델은 다세대에 걸친 정서과정에서 집중적인 투사의 대상이 된 가족원에게 증상이 나타남을 보고, 가족체계의 변화를 유도하여 문제를 해결하려 노력한다.

치료 목표는 다세대 정서과정을 이해함으로써 자기분화를 촉진하는 것이다. 이러한 목표를 이루기 위해 치료자는 가계도를 통해 가족정서체계를 평가하고, 불안과 정서적 반응성을 낮추도록 하며, 치료적 삼각관계와 코칭을 통한 가족원의 자기분화를 촉진하도록 개입한다. 이 치료법의 주요 개념은 자기분화, 삼각관계, 핵가족 정서체계, 가족투사과정, 정서적 단절, 다세대 전수과정, 형제위치, 사회정서과정 등이다.

2) 경험적 가족치료

경험적 가족치료는 매순간 일어나는 주관적 상황과 경험을 중요시하며, 이 경험들을 통해 변화와 성장이 나타난다고 본다. 이 치료법의 대표 인물은 위태커(C. Whitaker)와 사티어(V. Satir)이며, 이들 외에도 켐플러(W. Kempler), 캔터(D. Kantor), 반맨(J. Banmen) 등이 있다. 이 모델은 미해결된 주제가 문제가 되어 현재의 기능을 방해하므로 이것을 지금-여기에서 경험하게 작업하여 일치적으로 만들 수 있게 도와준다.

이 모델에서는 상담 장면에서 매순간 일어나는 주관적 상황과 경험을 중요시하며 이 경험들을 통해 변화가 나타나고 성장한다고 설명한다.

경험적 가족치료의 주된 목표는 자아존중감을 높이고, 자기인생에 대한 선택권을 스스로 갖도록 하는 것이다. 그와 더불어 가족 규칙을 합리적, 현실적, 인간적으로 만들고 내담자의 의사소통 유형을 일치적으로 만들게 돕는 것을 목표로 한다. 이러한 목표를 위해 치료자가 개입하는 방법으로는 자신을 빙산으로 은유해서 내적 과정의 이해를 돕는 빙산 탐색, 기능적인 삼인군의 특성을 가지게 돕는 원가족 삼인군, 어느 시점을 선택하여 그 시점에서의 인간관계와 타인에 대한 느낌과 감정을 동작과 공간으로 표현하는 비언어적인 기법을 말하는 가족조각 등이 있다. 이 밖에도 가족규칙, 유머, 의사소통, 나의 영향권 이해, 은유, 명상 등의 방법을 사용한다. 이 치료의 주요 개념은 자아존중감, 가족규칙, 의사소통 및 대처 유형, 사회와의 연계성, 자기 선택과 결정, 경험의 공유 등이다.

3) 구조적 가족치료

구조적 가족치료는 가족이 어떠한 상호작용 하는지에 관심을 두는데, 이러한 가족 상호작용을 관찰함으로써 가족체계의 기본구조와 조직을 파악할 수 있다고 본다. 이러한 가족구조의 패턴은 가족구성원이 의식적으로 깨닫고 있지는 못하나, 가족은 가족 간 상호교류를 일관성 있게 특징짓고 정의하는 암묵적인 규칙을 지닌다고 본다(Irene & Herbert, 2004: 216). 가족구조는 가족원의 행동양식을 규정하는데, 여기에는 두 가지 제한요인이 있다. 첫 번째는 보편적인 요인으로서 대부분의 가족에 적용되는 일반적인 규범 체계다. 대부분의 가족은 위계구조를 확립하고 가족원은 서로 상보적인 역할을 수행함으로써 가족의 구조를 기능적으로 유지한다. 구체적으로 부모가 자녀보다 더 큰 권한을 갖는 계층구조를 확립할 때 가족이 기능적인 구조를 유지할 수 있다. 또한 대부분의 가족에서는 구성원이 서로 상보적인 역할을 수행함으로써 가족구조를 유지한다(정문자 · 정혜정 · 이선혜 · 전영주, 2007: 201-202).

두 번째는 특수한 제한요인이다. 이는 가족이 특정한 상호교류 유형을 발전시킴으로써 가족원의 행동을 규제하면서 나타난다. 이러한 제한요인은 특별한 것으로 가족의 특유한 규칙과 형태가 서서히 형성되고, 진화되며 현재 가족에서는 보이지 않아도 역할과 규칙, 그리고 양식 등을 규정하게 된다(이성녀, 2005).

4) 전략적 가족치료

전략적 가족치료는 증상 제거에 초점을 두고 구체적인 치료전략을 세워 역설적 방법으로 접근하는 에릭슨(M. Erickson)의 영향을 받은 접근모델을 통칭한다. 이 치료방법은 잭슨(Jackson)과 와츨라윅(Watzlawick)의 MRI 상호작용모델,

헤일리(Haley)와 매더네스(Madnes)의 구조전략적 모델, 파라졸리(S. Parazzoli)가 주도한 체계론적 모델로 구분하며, 문제해결을 위한 치료자의 치료전략 고안과 지도적 위치를 중시한다.

전략적 가족치료목표는 증상을 지속시키는 역기능적 연쇄과정에 전략적으로 개입하여 단기간에 제시된 문제를 해결하는 것이다. 이러한 목표를 위해 치료자는 구체적인 문제 정의와 가설의 설정, 가족의 연쇄과정 파악, 역설적 개입(고된 체험 기법, 위장기법)을 통해 전략적으로 개입한다. 이 치료방법의 주요 개념은 의사소통, 가족규칙, 권력과 통제, 치료적 이중구속, 가설설정-순환성-중립성 등이다.

5) 해결 중심 단기 가족치료

해결 중심 단기 가족치료는 과거보다 현재와 미래를 중시하고, 인간의 장점과 자원을 문제해결에 활용하는 해결중심 단기치료 모델을 가족상담에 적용한 것이다. 이는 코칭(coaching)과도 비슷한 개념으로 병리적인 것보다는 잘해온 것과 성공경험을 발견하여 문제해결에 활용하며, 내담자의 자발적인 의지와 언행이 행동변화를 유발한다고 믿는다. 이 치료법은 드 셰이저(S. de Shazer)와 버그(Berg), 립칙(Lipchik)이 시작했으며, 오한런(O'Hanlon)과 와이너 데이비스(M. Weiner-Davis)도 이 치료모델의 이론구성과 개념확장에 중요한 역할을 했다.

해결중심단기 모델은 내담자는 자기 문제의 전문가로 문제해결 능력을 갖고 있다고 믿으며, 그의 장점, 자원, 성공적 경험을 활용하여 목표를 달성하도록 돕는다. 치료목표는 강점과 자원을 활용하고 문제가 없는 예외상황을 찾아 문제를 협동적으로 해결할 수 있도록 하는 것이다. 이러한 목표를 위해 치료자는 치료자-내담자 관계유형을 파악하고, 해결 지향적 질문(상담 전 변화,

예외질문, 기적질문, 척도질문, 대처질문, 관계성질문, 악몽질문, 간접적인 칭찬 등)을 사용하여 목표를 설정하고 달성하도록 개입한다. 이 방법의 주요 개념은 긍정적인 것에 관심, 강점과 자원 활용, 탈이론적, 현재와 미래에 초점을 맞추는 것, 변화의 불가피성, 단순하고 실현 가능한 해결방법을 먼저 사용한다는 것, 알지 못함의 자세, 마지막으로 굉장히 중요한 내담자에 대한 존중과 수용 등이다.

6) 이야기 가족치료

이야기 가족치료는 이야기 치료 모델을 가족문제에 적용하는 것으로 포스트모더니즘과 사회구성주의에 기반을 둔 접근이다. 이야기 치료는 이야기가 생각이나 감정을 표현하고 의사소통하는 수단을 넘어 개인 경험의 의미를 결정해 삶을 만들어 가는 것으로 본다. 이야기 치료는 화이트(M. White)와 엡스턴(D. Epston)의 '이야기 방법을 통한 치료적 결과'를 기초로 하여 프리드먼(Freedman), 콤(Caombs), 짐머만(Zimmeman), 몽크(Monk) 등이 실시하고 있는 접근법이다.

이야기 치료는 내담자 자신이나 주변인이 문제로 가득 찬 이야기를 내담자의 정체성과 동일시할 때 문제가 발생하는 것으로 보고, 당사자의 삶의 지식과 목적이 담긴 대안적 이야기의 구축에 초점을 두고 있다. 이 모델의 치료목표는 문제 이야기를 해체하며 대안적 이야기와 대안적 정체성을 구축하고 사회적 공유를 일으키는 것이다. 이러한 목표를 위해 치료자는 외현화 대화를 하며, 스캐폴딩, 말하기-다시 말하기 등의 개입을 하고, 회원재구성 대화 및 치료적 문서도 활용할 수 있다. 이 치료의 주요 개념은 지배적 이야기, 독특한 결과, 빈약한 - 풍부한 서술, 대안적 이야기, 의도상태, 행동의 전망, 정체성의 전망, 재진술 등이다.

3 가족치료 방법

1) 경험적 치료기법

(1) 사티어의 의사소통 유형

사티어는 모든 의사소통은 학습되어지는 것이기 때문에 의사소통 유형은 변화될 수 있다고 믿었으며, 사람들이 긴장과 스트레스가 있는 상황에서 대처하는 방식에 공통적 특징이 있는 것을 임상경험에서 발견하고 그것은 자아존중감이나 위협받을 때 자기를 보호하고 생존하기 위한 전략이라고 해석하였다(정문자, 2007).

Satir는 어려운 문제를 가지고 있는 가족성원들이 공통적으로 사용하는 역기능적인 의사소통의 유형이 있음을 발견하여 그 유형들을 회유(plcating)형, 비난(blaming)형, 초이성(super-resonable)형, 산만(distracting)형으로 구분하고 기능적 의사소통 유형으로 일치형을 분류했다.

① 회유형(plcating)

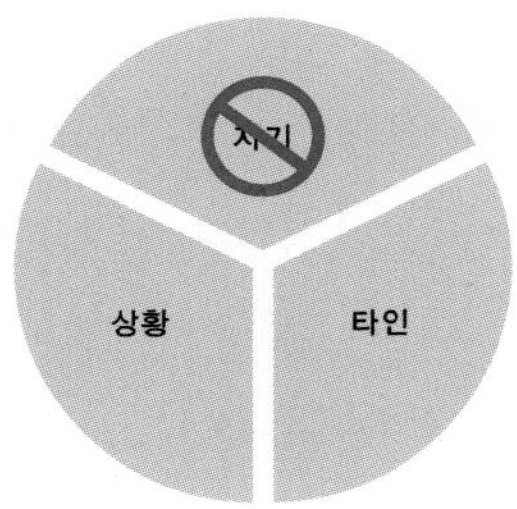

회유형의 사람들을 다른 사람과 상호작용하는 상황은 존중하지만 자기 자신의 가치나 진정한 감정은 무시한다. 자신의 힘을 타인에게 넘겨주며, 타인의 모든 요구를 거의 수용하고 들어준다. 자신의 감정을 숨기고 어떤 문제이든 해결하고자 노력하며 모든 잘못은 자신들 때문이며 문제의 비난을 자신들이 떠맡으려 한다. 다른 사람을 위해 희생 봉사하며 모든 사람들의 만족을 위해 즐겁게 행동하려 한다.

② 비난형(Blaming)

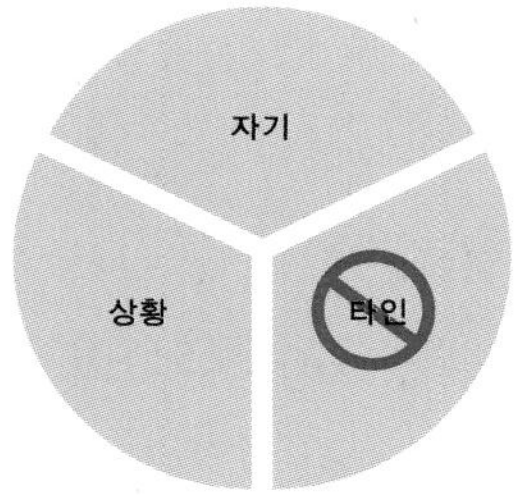

비난형의 사람들은 다른 사람들을 무시하고 오로지 자신만을 생각하는 사람이다. 자신을 방어하기 위해 타인을 괴롭히고 비난하며 자신과 상황에만 가치를 둔다. 그들 내면에는 외로움과 긴장감으로 가득 차 있으며 실패자라는 패배감을 갖고 있다. 거친 비난은 도움을 요청하는 호소라고 Satir는 지적한다. 낮은 자존감과 자신의 약점을 수용하지 못하고, 소외감, 외로움, 실패자라는 패배감은 타인을 비난함으로써 자신이 중요한 위치에서 힘을 행사하는 사람으로 자신을 보호한다.

③ 초이성형(Super-reasonable)

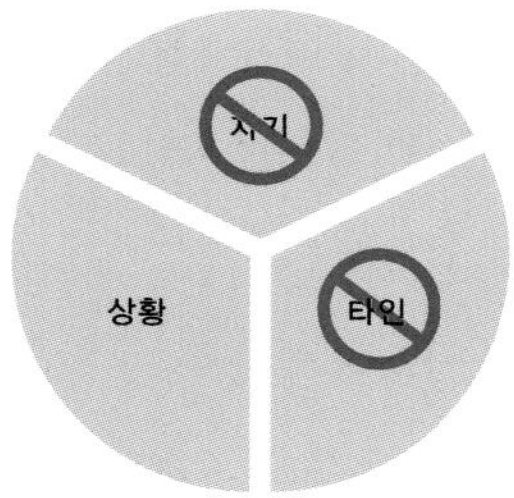

비인간적 객관성과 논리성의 소유자이며 자신과 다른 사람을 과소평가하고 상황만을 중요시 여긴다.

행동패턴은 권위적이며 항상 논리적이고 옳아야 하며 경직되어 있고 강박적이다. 인정이 없고 융통성이 없으며 지나치게 합리적이고 강한 자존심과 지나친 책임감으로 남의 장점을 인정하지 않으며, 상처받기 쉽고 어떤 감정도 표현할 수 없는 외로움과 고립감을 느낀다.

④ 산만형(distracting)

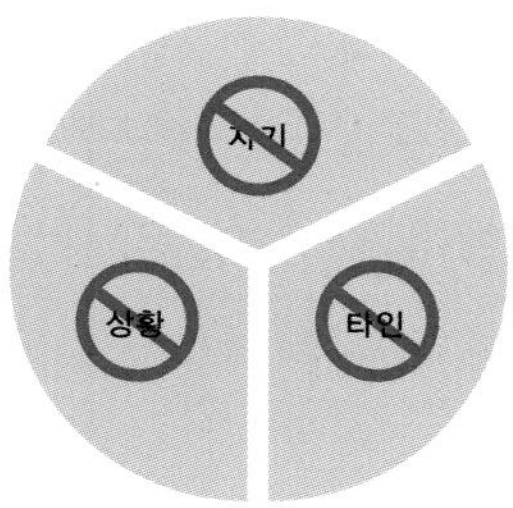

초이성형의 정반대 유형으로, 끊임없이 움직이며 토론하고 있는 주제로부터 다른 사람의 관심을 분산시키려 한다. 생각이나 주제를 자주 바꾸고, 특정한 주제에 주의집중을 못한다. 자신과 타인, 상황 모두를 중요하게 생각하지 않는다. 산만형의 삶의 정서는 혼돈스럽고 소속감이 없으며, 부적합성을 보인다.

위의 네 가지 대처유형은 낮은 자존감의 사람들, 아무것도 할 수 없다는 신념을 갖고 있는 사람들에게 나타난다. 내면의 약점을 숨기고 거부당함을 방어하고자 나타난다. Satir는 자존감은 부모, 자녀 삼인군에 의해 배우고 습득하는 것이라 믿었다.

체계적 관점에서 볼 때 가족구성원들의 의사소통 유형은 가족에게 책임이 있다 그러므로 내담자의 낮은 자존감을 해결하는 가장 좋은 방법은 전 가족구성원과 함께 작업하여 일치적 의사소통 패턴으로 변화시켜 주는 것이다.

⑤ 일치형(Congruent)

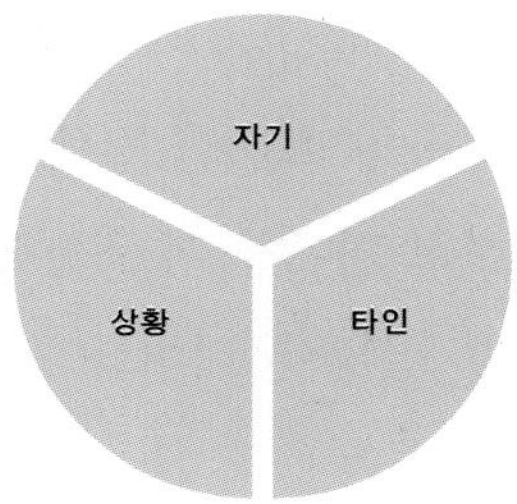

일치형은 자신과 다른 사람, 상황 모두가 존중되는 양상으로서, 대처방식이라기보다는 충만한 인간이 되어 전인성을 이루고자 하는 선택이다.

높은 자존감과 일치성은 보다 충분히 기능하는 인간을 나타내는 두 가지 중요한 지표이다. 일치형의 특징은 다음과 같다.

'자기의 독특성을 인정한다 / 개인적인 그리고 대인간의 에너지가 자연스럽게 순환된다 / 개성이 뚜렷하다 / 자신과 다른 사람들을 기꺼이 신뢰한다 / 모험을 하려고 하며, 상처받는 것을 기꺼이 감수한다 / 자신의 내적, 외적 자원들을 활용한다 / 친밀성에 대해 개방적이다 / 나 자신이 되는 거소가 다른 사람을 수용하는 것에자유롭다 / 자기자신과 다른 사람들을 사랑한다 / 변화에 대해 융통적이고 개방적이다.'

일치성을 선택한다는 것은 우리 자신이 되기를 선택하는 것이며, 다른 사람들과 만나고 관계를 맺고 상호작용하기를 선택하는 것이다(송정애, 2020).

(2) 가족조각(배치와 재배치) 기법

가족조각은 가족이 참여하여 '몸으로' 특정 상황을 연출하는 것으로 치료자가 각 가족 성원에게 다른 성원을 의미 있는 형태로 배치토록 요구함으로써 가족에 대해 어떻게 인식하고 있는지 경험하게 하는 기법이다. 이때 의자나 탁자 같은 도구를 사용하여 그 효과를 극대화할 수 있다. 가족조각은 신체와 공간, 가구를 이용하여 경험을 극대화하고 가족원이 다른 가족원에 대해 느낀 내적 정서 상태를 공간적으로 나타내거나, 가족 성원들의 거리감이나 밀착된 몸짓, 자세를 통해 의사소통과 관계 형태를 표현하도록 요구하는 기법으로 말로서 표현하지 못했던 것을 보다 몸으로 잘 표현하도록 도와주는 것이다.

이처럼 행동으로 표현하는 것은 언어적 설명보다 가족관계를 더 정확하게 반영할 수 있으며 말없이도 다른 사람의 관점을 이해하는 수단을 제공함으로써, 특히 말이 서투른 가족 성원에게 유리하다. 문제를 가진 클라이언트에게 가족의 형태를 재배치시킴으로써 미처 깨닫지 못한 부분들을 이해할 수 있게 하고 가족을 재구성하여 원가족의 맥락을 재현하고 과거의 상황을 다루어 현재 상황에 대처를 하도록 도움을 주는 기법이다.

그림 7-1 ▪ 가족조각

(3) 역할극

어떤 장면이나 시나리오 또는 여러 부분에 걸친 시리즈의 일부로 집단의 구성원이 연기를 한 다음 그 경험을 분석하는 시뮬레이션의 한 변형이다. 특히 집단 구성원간의 인간관계 문제의 해결을 위해 상황을 극화시킨 가상적 상황에서 다른 역할을 연기해 봄으로써 상대방을 이해하도록 하는 데 효과적이다.

예시) 제임스는 부모에게 어린 시절의 장면을 상상하게 하여 아버지에게 자신이 지금의 아들만 했을 때 같은 문제를 겪는 것을 상상하라고 한 후 역할극을 하게 하고, 어머니가 작은 소녀였을 때 좋아했던 것을 역할 놀이로 표현하게 한다. 치료에 참여하지 않은 사람을 표현하고자 할 때는 게슈탈트의 그때-거기(there-then)기법을 얘기하기도 한다. 만일 할아버지에 대해 이야기하고자 할 때 빈 의자를 할아버지로 의인화하여 이야기를 하게 한다.

(4) 가족 그림

그림검사는 일반적인 검사에서 잘 드러나지 않는 사람의 내밀한 감정과 무의식적인 심리적 특성을 파악하기에 좋은 검사로 치료자가 가족구성원에게 가족을 인식하는 대로 그리도록 하여 예전에 미처 생각이나 대화하지 못했던 상황을 경험토록 돕는 기법이다. 가족 성원들에게 자신이 느끼는 대로 자유롭게 가족에 대해 그림을 그리게 하고 그림을 통해 가족원 자신에 대해 어떻게 느끼는지, 가족관계에 어떤 문제가 있는지 등을 이해할 수 있도록 돕는다. 그림검사로는 동적 가족화 검사와 동물 가족화 그림검사 및 자유로운 상황 연출 등 다양한 방법이 있다.

그림 7-2 ▪ 동적 가족화

2) 전략적 치료기법

(1) 헤일리와 마다네스(Haley & Madanes)의 지시기법

직설적 지시는 가족 내의 상호작용 연쇄를 변화시키는 목표를 가지고 계획된다. 개입들은 앞서의 유리된 가족원들을 끌어 들이고, 합의와 좋은 감정을 촉진시키며, 긍정적인 상호변화를 증가시키고, 정보를 제공하는 쪽으로 방향을 잡는다. 또한 규칙을 정하고, 세대 간의 경계를 규정짓고, 개인 목표들을 설정하고, 그 목표들을 달성하기 위한 계획을 세움으로서 가족이 보다 기능적인 방법으로 조직되게 돕는다.

지시를 주는 첫 단계는 가족이 지시를 따르도록 동기화시키는 것이다. 치료자가 가족을 동기화시키는 접근방법은 과업의 성격, 가족의 성질, 가족원들이 치료자와 맺는 관계의 유형에 따라 다르다. 치료자는 지시를 주는데 항상 세심한 주의를 기울임으로서 목적하는 효과를 얻는다. 면담실 밖에서 행해져야 할 지시일 경우는 보통 가족원 모두가 그 행위에 참가하며, 흔히 그것은 면담시간 중에 먼저 시연된다.

헤일리(Haley)는 접근을 사용하는 방법은 목표에 직접 영향을 미치는 지시, 예를 들면 자녀를 학교에 가게 하는 것과 같은 지시를 주는 것이다. 직접적 접근이 효과적이지 않은 가족들을 위해서는 그 목표를 향해 가족을 동기화시킬 수 있는 대안적인 계획을 세워야 한다. 만일 그 대안도 효과적이지 않을 경우라면 또 다른 대안을 계획해야 한다고 주장한다. 문제 및 치료의 목표가 명확하면 할수록 지시를 설계하기가 그만큼 쉬워진다.

■ Haley가 제공하는 지시의 실례

① 아버지와 아들에게 어머니가 인정하지 않을 하찮은 일을 하게 한다. 그 일이 분명히 어머니가 원하지 않는 일이라면 어머니가 그들이 하는 일을 거들어 주는 것이 어려울 것이다.

② 딸이 이불에다 오줌을 싸면 부인에게 맞서 어린 딸과 편을 맺고 있는 아버지에게 그 이불을 세탁하라고 한다. 이 과제는 딸과 아버지를 유리시키거나 이부자리에 오줌을 싸는 행위를 치료하게 될 것이다.

③ 12세의 아들을 통제할 수 없다고 느낀 어떤 어머니는 아들에 대해 그녀가 할 수 있는 일이 아무것도 없기 때문에 아들을 억지로 군대식 기숙학교에 보내려고 한다. 치료자는 어머니에게 소년이 군대식 학교가 어떠한지 사실대로 알지 못하므로 어머니가 아들을 그 먼 학교로 보내기 전에 아들에게 먼저 그 학교에 대해 알려주는 것이 공정하다고 말하고 그 일부터 하라고 제안한다. 어머니는 동의하고, 치료자의 지시에 따라 아들에게 부동자세를 취하고, 예의 있게 행동하고, 매일 아침 일찍 기상하여 잠자리를 정돈하는 것 등을 가르치기 시작한다. 그것은 그녀를 하사관이 되게 하고 아들을 사병이 되게 하는 어머니와 아들 간의 일종의 게임이 되었다. 2주 후에 아들은 어머니가 그를 군대식 학교에 보낼 필요가 없다고 생각할 정도로 예의 바르게 행동하고 있었다. 어머니는 아

들을 다루는 방법을 발견하게 되었고, 아들은 어머니의 요구를 수용하는 방법을 발견하게 되었다.

(2) 역설적 개입

역설적 지시들은 의도적으로 계획된다. 전체가족에 대한 개입은 변화하라는 메시지와 변화하지 말라는 메시지를 동시에 주는 것이다. 이 지시들은 치료자가 가족에게 변화하도록 돕고 싶다고 말하면서, 동시에 가족들에게 변화하지 말라고 요구하고 있기 때문에 역설적이다. 이 접근방법은 도움 받기 위해 오는 가족들은 제공되는 도움에 저항적이라는 생각에 기초하고 있다. 즉, 치료자는 가족원들이 그에게 저항함으로써 변화되기를 바란다.

역설적 개입의 단계는 다음과 같다.

① 치료관계를 형성한다.

② 문제를 명확하게 규정하여야 한다.

③ 치료목적을 분명하게 설정하여야 한다.

④ 치료자는 치료계획과 개입의 근거를 제시하여야 한다.

⑤ 치료자는 문제가 지니고 있는 권위를 박탈한다.

⑥ 치료자는 역설적 과업이나 지시를 준다.

⑦ 치료자는 지시에 대한 반응을 관찰하고, 추적하며, 증상적인 행동을 계속하도록 격려한다.

⑧ 변화가 계속될 때 치료자는 인정하는 것을 하지 않는다.

(3) 시련기법

변화를 원하는 사람에게 증상보다 더 고된 체험을 하도록 과제를 주어 증상을 포기하도록 하는 것이다.

시련기법의 종류는 다음과 같다.

첫째, 직접적인 방식으로 시련을 경험하게 하는 것이다.

둘째, 역설적인 방법으로 시련과제를 부여하는 방법이 있는데, 증상자체를 활용하여 과제를 준다.

셋째, 재정의와 직면기법을 활용하여 시련과제를 부여하는 방법이 있는데, 이 기법은 치료자-클라이언트 관계의 영향을 통하여 효과를 얻으려는 것이다.

넷째, 두 사람 이상을 하나의 단위로 하여 시련과제를 부여하는 방법이 있다.

시련기법의 치료과정은 다음과 같다.

첫째, 문제를 명확하게 규정하여야 한다.

둘째, 환자는 문제를 제거하기를 원하고, 문제를 해결하려는 동기가 있어야 한다.

셋째, 시련과제의 종류를 신중하게 선택해야하며, 과제 선택과정에 클라이언트를 참여시키는 것이 바람직하다.

넷째, 과제는 합리적이고 수행할 수 있는 것이어야 하며, 명확하고 구체적인 지시를 내려야 한다.

다섯째, 증상이나 문제가 없어질 때까지 계속하여 시련과제를 부과하여야 한다.

여섯째, 증상의 해결은 가족체계의 변화를 통하여 이루어지므로 시련과제는 가족체계의 상황과 관련된 것이어야 한다.

(4) 가정기법

역설적 개입의 범주에 속하긴 하지만 특별한 범주로 구분할 수 있다. 대부분의 역설적 기법들이 직면적 경향이 높고, 가족의 저항을 활용하는 반면 가정기법을 더 직면적이고 가족의 저항을 활용하지 않으면서 가족의 저항을 다루는 효과적인 기법이다. 가정기법은 클라이언트와 치료자 사이의 관계를 방해하는 지시를 내리지 않으면서 클라이언트에게는 증상을 가지고 있는 행동하게 하고, 가족들에게는 클라이언트를 보호하고 원조하는 것처럼 행동하게 하는 기법이다.

3) 구조적 가족치료 기법

(1) 합류하기

합류를 위해 치료자는 적응, 추적, 모방 기법을 사용한다.

① 적응

치료자가 처음 가족에게 개입하려면 현재의 가족구조에 적응하는 것이 중요하다. 치료자가 가족체계에 관여하기 시작하면 대부분의 가족은 긴장과 저항을 느낄 수 있으므로 그 가족을 있는 그대로 지지하고 존중하는 것이 적응 기법이다. 구체적으로 적응은 치료자가 가족원 개개인에 대해 부드러운 말씨로 깊은 관심과 배려를 보이며 가족의 현재 있는 위계구조나 경계선을 인정하는 것, 그리고 그들의 위치, 개인적 특성과 장점, 가능성을 지지하는 것을 의미한다.

예를 들면, 상담에 오신 할머니가 가족에게 지배적인 위치에서 역할을 하는 경우 그러한 위치를 인정해 주며 할머니를 통해서 다른 가족원과 접촉하는 것이다. 또한 아버지가 묵묵부답하고 있으면 일부러 말을 하게 하는 것이 아니라 "지금 말씀하고 싶지 않으신가 보군요. 조금 있다가 하고 싶을 때 말씀하십시오"라고 한다(최규련, 2012).

② 추적

추적은 치료자가 가족의 상호작용과 행동양식을 관찰하고 그들의 대화 내용을 따라가면서 가족원들이 계속 이야기를 하도록 격려하여 가족구조와 하위체계의 기능을 탐색하는 것이다. 이를 위해 지지적 언급, 내용을 명료화하기 위한 질문, 내용을 추적하기, 인정과 격려하기 등이 있다.

예를 들면, "네, 그렇군요", "아이가 그럴 때 어머니는 어떻게 하시죠?", "그 상황에서 보통 누가 아이를 제지하나요?"라고 한다(최규련, 2012).

③ 모방

치료자가 가족의 어조, 행동유형, 말의 속도와 억양, 몸짓 등을 흉내 내고 따라 하거나 자신과의 유사점을 강조하는 것이다. 흉내를 내는 대상은 단어나 언어사용, 동작, 감정표현, 비유적 표현 등이 있다.

예를 들면, 말끝을 올려 "~거든~요"라는 말을 따라 그대로 흉내 내거나 손을 비비는 동작을 흉내 내는 것, 또는 "저도 그럴 때는 애한테 야단을 치게 되지요." 등처럼 말한다. 이렇게 모방기법을 사용하면 치료자에 대한 가족원의 거부감이 적고 친근하게 받아들이기 쉬워서 합류가 용이해지는 것이다(최규련, 2012).

(2) 실연

가족으로 하여금 그들 간의 상호작용을 상담실에서 실제로 행동으로 보이도록 하는 것이다. 치료자는 실연을 통하여 가족의 구조를 관찰하고 정보를 얻는 동시에 개입방향에 대한 구상을 할 수 있다. 한편 가족은 자신의 역기능적 상호작용을 분명하게 확인함으로써 문제에 대한 초점을 개인이 아닌 가족체계로 넓히게 된다. 그 결과 상담자의 개입과 지지를 통하여 가족원들은 새로운 상호작용과 새로운 가족 위계구조를 안전하게 실험할 수 있게 된다(최규련, 2012).

(3) 가족지도

하위체계 기능과 경계선, 위계지도 등을 그림으로 간단히 나타내는 것이다. 아래 그림에 예시된 가족지도 기호를 활용하여 가족구조를 나타내면 현재의 가족구조를 쉽게 이해할 수 있고 구조의 변화 과정을 평가하거나 치료목표를 설정하는데 사용된다. 예를 들면, 치료 전 단계에 시모와 남편이 밀착되어 아내를 지배하고 있는 경우, 치료 중에 시모와 남편이 분리되고 남편과 아내는 친해졌으나 시모와 아내는 아직 소원한 경우, 치료 종결단계로 시모와 남편이 분리되고, 남편과 아내가 친해졌고, 시모와 아내가 친해진 경우를 가족지도로 표기하면 아래 그림과 같다.

가족지도 기호(Minuchin, 1974: 김종옥 역, 1988)

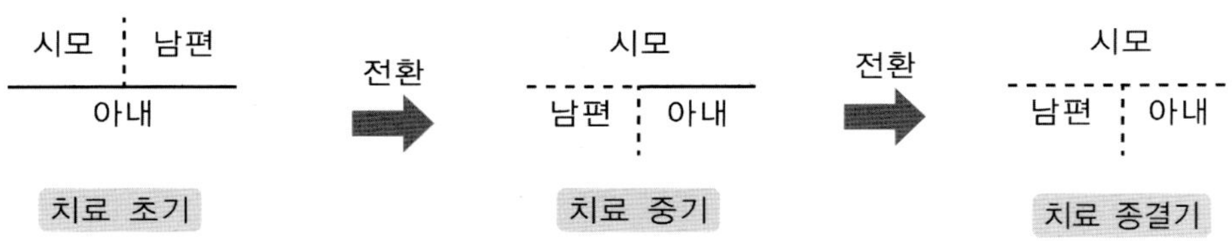

다른 예로 부모가 부부 사이의 갈등을 아이에게 우회하는 문제를 갖고 있는 가족을 치료하는 과정을 가족지도로 표기하면 아래 그림과 같다.

부모의 갈등을 자녀에게 우회하는 가족치료사례의 예시(최규련, 2010)

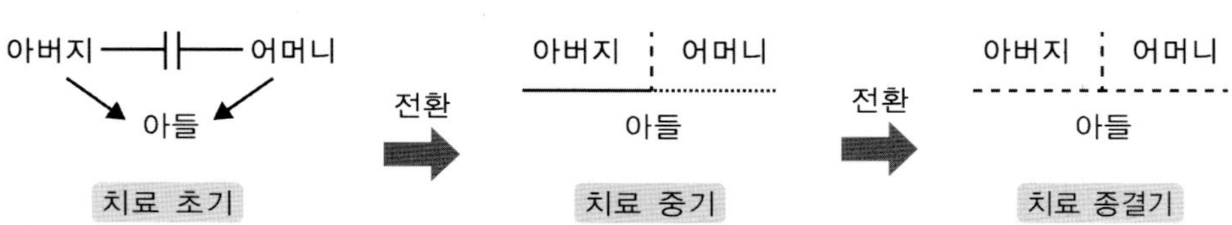

(4) 가족 재구조화 기법

구조적 가족치료의 목적은 문제나 증상의 제거가 아닌 역기능적인 가족구조의 재구조화(restructuring)에 있으며, 재구조화 과정에서 증상이나 문제가 제거된다고 본다. 가족의 재구조화라는 목적 달성을 위해서는 다음과 같은 몇 가지 지침을 고려할 필요가 있다(정혜정 외 역, 1997).

첫째, 가족 위계구조를 적절히 확립한다. 적절한 위계구조란 부모가 권위와 책임을 맡고 부모의 권위를 바탕으로 부모자녀가 세대 간 차이를 인정하는 구조다. 둘째, 부모가 연합한다. 부모는 서로 지원하고 서로에게 적응함으로써 자녀에게 통일된 모습을 보여야 한다. 부모 간 연합이 이루어지지 않을 경우, 자녀가 힘을 갖게 되거나 부모 중 한쪽이 자녀와 연합함으로써 부모가 제 기능을 할 수 없게 되면 가족의 상호작용은 역기능적이 된다.

셋째, 부모가 연합된 모습을 보일 때, 자녀들은 동년배의 형제자매 체계로 기능할 수 있다. 부모는 자녀끼리 협상하고 지원하고 갈등이나 차이를 해결하고 서로를 존중하도록 지원할 수 있어야 한다.

넷째, 부부 하위체계는 부모 하위체계와 분리되어 존재한다. 부부하위체계는 사랑과 친밀감, 그리고 서로의 자아실현을 돕기 위해 형성되지만, 부모하위체계는 자녀의 성장과 발달을 지원하기 위해 형성된다. 따라서 부모 하위체계와는 별도로 부부만의 독립적인 영역과 시간을 가지고 부부간의 친밀감과 사랑을 증진시킬 수 있어야 한다.

다섯째, 경계선이 경직되거나 분리된 가족을 대상으로 치료를 할 경우, 가족원 간의 상호작용 빈도를 증가시킴으로써 분명한 경계선을 갖도록 돕는다. 그리하여 가족원이 각기 독립적이고 자율적으로 존재하면서도 서로에 대한 보살핌과 지원을 제공할 수 있도록 한다.

여섯째, 경계선이 밀착된 가족을 대상으로 치료할 경우, 개인이나 하위체계가 서로 분화하도록 돕는다. 특히 자녀의 발달단계에 따른 차이를 존중하고 자녀의 연령에 맞는 활동을 독자적으로 시도할 수 있도록 돕는다(정문자 외, 2007: 214-215). 내적 및 외적인 스트레스에 적응하기 위해서는 가족은 재구조화될 필요가 있다. 이것은 가족이 직면하는 내적 스트레스는 가족원 개인이나 가족 하위체계의 발달상 변화를 의미한다. 또 가족은 사회, 정치, 경제체계 등 가족을 둘러싼 외적 환경의 요구에 적응하기 위해 재구조화가 필요하다(정문자 외, 2007: 220).

가족체계는 지속성이 유지되도록 안정적이어야 하지만 한편으로는 환경의 변화에 적응할 수 있을 만큼 유연성이 있어야 한다. 행동장애는 유연성이 없는 가족구조로 인해 상황 변화에 적절히 순응할 수 없을 때 일어난다. 가족 또는 구성원 중의 한 명이 외부적인 스트레스에 직면하거나 성정에 따른 전환기적 시점에 있을 때 가족구조 안에서의 변화가 요구된다(김영애 외 역, 2008: 234).

4) 보웬의 가족치료 기법

머레이 보웬(Murrary Bowen)은 다른 가족치료 이론에 관심을 가지면서도 치료를 위한 포괄적인 이론의 구축을 위해 노력하였다. 그는 인간의 행동에 대해 '보다 객관적이고 예측 가능한 것'이어야 한다고 주장한다(김유숙, 1998). 확대가족과의 신경증적인 정서적 관계를 해결하는 것이 상담의 초점이다. 다세대 가족치료의 목적은 가계도 등의 방법을 통해 확대가족까지 그 이해의 폭을 확장시키고 가족 내 자아분화수준을 높이며 탈삼각관계화를 하기 위함이다. 이때 질문하기, 가계도 그리기, 탈 삼각관계화, 교육, 내 입장 표현하기(I-position), 코칭 등의 기법을 사용한다. Bowen 치료자들은 가계도나 과정질문 등을 통해 가족과정을 파악하지만, 특정기법의 사용에 치중하지 않는다. 내담자의 정서나 행동의 변화에 초점을 두기보다는 내담자의 인지적 자각을 촉진하고 삼각관계에서 벗어나도록 유도한다.

(1) 질문하기(=과정질문)

① 내담자의 감정을 가라앉히고 정서적 반응에 의해 유발된 불안을 낮추며 사고를 촉진하는 질문기법이다. 사고와 감정을 구별하고, 가족 내 자신의 역할을 수정하기 위한 방법을 유도하며, 객관적인 입장에서 가족을 바라볼 수 있도록 돕는다.

② 클라이언트의 감정을 가라앉히고 정서적 반응에 의해 유발된 불안을 낮추며 사고를 촉진하는 질문을 한다. 즉 내담자의 감정이나 정서에 초점을 두기 보다는 인지에 초점을 두며, 내담자의 관계유형 방식에 대해 질문하는 것이다.

③ 과정질문을 통해 내담자는 치료과정에서 자신의 입장 자각 및 문제상황 개선을 위한 자신의 역할에 대한 통찰력을 획득하게 된다.

(2) 가계도 그리기

① 가족체계에 관한 중요 자료를 수집하고 정리하기 위해 초반에 가족도형이라는 용어를 사용하였다.

② 가계도란 3세대 이상에 걸친 가족성원에 관한 정보와 그들 간의 관계를 도식으로 표시한 그림이다. 이를 통해 가족과 함께 탐색할 수 있는 여러 가지 정보들이 나올 수 있으며, 가족의 세대를 통해 저변에 흐르는 정서과정의 역동 검토 및 가족과 관련된 여러 가지 탐색 가설이 나올 수 있는 유용한 도구이다. 그래서 가족 생활사를 수집하고 평가하기 위해 활용되는데, 원가족과의 융합 문제, 미분화 문제, 핵가족 정서적 체계, 정서적 단절, 삼각관계 등의 Bowen 개념이 가계도를 통해 드러난다.

③ 가계도를 통해 가족패턴의 다세대 전이(multigenerational trans-mission of

family patterns)의 파악도 가능하다.

④ 3세대 이상의 가족에 관한 정보가 도식화되어 있는 가계도를 통해 한 세대에서 다음 세대로 이어지며 반복되는 가족기능, 가족관계, 가족구조 등의 양상의 탐색이 가능하다.

⑤ 보웬(Bowen)은 초기부터 다세대 가족체계에 관한 자료를 수집하고 조직하기 위해 가계도를 사용하였다. 가계도의 주요 기능은 확대가족 내에서 자아를 분화시키기 위한 필요조건으로서 가족체계가 어떻게 기능하는지에 대한 이해를 돕고 변화의 동기를 높여 주는 것이다. 따라서 가계도를 도식화함으로써 한 세대에서 다음 세대로 어떻게 전승되는지를 알 수 있으며, 치료사로 하여금 그들을 변화시킬 전략을 설계할 수 있도록 돕는다.

(3) 탈삼각관계화(= 치료삼각관계(the therapy triangle) 기법)

① 제삼자를 두 사람의 관계에서 분리시켜 삼각관계를 벗어나게 함으로써 가족구성원이 자기분화하도록 하는 것이다. 두 성인과 치료자로 이루어진 삼각관계 시스템에서 작업한다.

② 치료적 삼각관계 안에서 가족체계는 다시 평정을 되찾아 문제해결 방법을 모색하고자 한다.

③ 가족 내 두 사람 사이에서 스트레스나 긴장관계가 발생했을 때 제3자를 두 사람과 상호작용체계로 끌어들이는 것이 삼각화 혹은 삼각관계이다.

④ 이때 치료자는 객관적 자세를 유지한다.

⑤ 치료자가 각 배우자와 너무 가깝거나 너무 소원하지 않은 관계, 즉 정서적으로 지나치게 관여하지 않으며 관계를 맺을 수 있는 능력과 부부의 문제를 치료할 수 있는 능력에 기초를 두고 있다. 그러므로 성공적 치료를 위해서 치료사는 가족이 형성하는 삼각관계에 말려들지 않고 부부와

의미 있는 관계를 맺는 기술을 발휘해야 한다. 그러나 이처럼 균형을 유지할 수 있는 능력은 치료자 자신의 자아분화수준과 밀접한 관계가 있다. 치료자는 중립적이고 객관적인 자세를 유지하는 노력을 해야 하고 이는 치료자가 부부의 상호작용의 부정적인 면과 긍정적인 면 양쪽을 볼 수 있어야 한다.

(4) 자신의 이야기 듣기(= 치환이야기(displacement stories) 기법)

① 내담자에게 자신의 치료 장면을 녹화한 것이나 녹음한 것을 보여주거나 들려주는 방법이다.

② 비슷한 문제를 가진 가족의 이야기를 예로 들어 들려주거나 내담자에게 치료과정을 녹화한 비디오테이프를 보여줌으로써 내담자로 하여금 자신이 문제발생에 기여한 것을 통찰하도록 돕는 기법이다. 이 기법은 내담자가 논쟁이나 방어를 하지 않고 가족 속에서 자신의 역할과 기능을 인식하도록 돕는다.

(5) 내 입장표현하기(= '나의 입장'(I-position) 기법)

① 상대방의 행동을 비난하거나 지적하기보다 자신의 감정에 초점을 맞추어 표현하도록 하는 방법이다. 화가 나고 속상한 상태에서 그 원인을 추적하거나 상대방에게 책임을 추궁하는 것이 아니고, 자신의 현재 감정 상태를 표현하는 것이다.

예) 당신은 왜 이렇게 집안일에 무책임해요?

→ 내가 청소하는데 당신이 도와주었으면 좋겠어요.

② 나-입장 기법은 상대방에게 책임을 추궁하는 것이 아니고, 자신의 현재 감정 상태를 표현하는 것이다. 따라서 이 기법은 말하는 사람의 상태를 이해하게 하여 반응적이고 악순환적인 대화에서 벗어나도록 한다.

(6) 코칭(Coaching)

① 치료자를 '코치'나 '의논상대'로 보았다. 가족치료자가 내담자의 삼각관계에 끌려 들어가지 않으면서도 가족 스스로 정서과정을 이해하고 개인의 역할을 이해할 수 있도록 돕는 방법이다.

② 내담자가 자신의 가족문제를 직접 해결해 나가도록 조언하고, 가족구성원 개개인의 분화를 촉진한다.

③ 이 기법은 치료사가 내담자에게 개방적이고 직접적으로 접근하여 가족문제에 대처하도록 돕는 것이다. 코칭은 사람에게 할 일을 말하는 것을 의미하지 않으며, 내담자에게 가족의 정서적 과정과 그 안에서의 자신의 역할을 발견하도록 돕기 위해 고안된 질문을 하는 것을 의미한다.

4 가족치료 현장의 실태와 전망

현대사회의 가족은 가족구조 형태와, 가족문제 등이 다양하고 복잡해지고 있으며, 다양한 위기를 직면하고 있는데 전통적인 가치관의 붕괴로 인한 가족간의 갈등, 가정 폭력, 맞벌이 부부로 인한 자녀 돌봄 기능 약화, 자녀 방임과 학대, 알코올중독, 성폭력, 한부모가정, 재혼가정, 다문화가정, 경제적 위기를 겪는 가정 등 많은 문제를 안고 있는 가족 집단이 많아 가족치료의 필요성 또한 커지고 있다.

사티어(Satir)는 가족을 오케스트라에 비유했다. 어떤 악기가 어울리지 않게 강하거나, 약한 소리를 낼 때, 불협화음으로 조화를 깨뜨릴 때, 또한 소리가 나지 않는 악기가 있을 때, 어떻게 새로운 음악이 연주되는지 보여주는 것이 가족치료라 했다. 각 가족원이 두려움 없이 자신의 악기를 연주하도록 지지해 주고, 연주하는 방법을 알 수 있도록 도와주고 가족원이라는 악기에 잠재되어 있는 음조의 깊이와 표현의 다양성을 지각하도록 돕는다는 것이다(노춘희, 1988).

복지기관, 상담소, 병원등 수많은 실천분야에서 가족치료가 실시되고 있는 상황으로 국가와 사회가 가족문제를 보는 시각이 변화하고, 가족을 중심으로 하고 있는 제반 문제가 증가하고 있기에 가족치료 전문가에 대한 요구와 교육 및 훈련의 필요성이 증가하고 있고 현장에 실천하고 있는 활동가들 또한 증가하고 있는 실정이다.

따라서 가족치료현장의 실태와 전망은 조심스럽지만 매우 긍정적으로 발전을 전망해 본다.

CHAPTER 08

빈곤가족

학습목표

1. 빈곤가족의 개념을 이해한다.
2. 빈곤가족의 실태와 문제를 이해한다.
3. 빈곤가족에 대한 정책 및 서비스를 이해한다.
4. 빈곤가족의 문제를 제시하고 개선방안을 제시한다.

1 빈곤가족의 개념

1) 빈곤가족 개념의 변화

(1) 가족의 건강성 측면에서의 변화

건강한 가족이 되려면 가족구성원 개개인의 신체적·정신적 건강 외에도 많은 요인이 필요하다. 조희금 외(2013)[1]에서는 건강가정의 구성요소를 경제적 안정 및 의식주 생활의 안정성을 뜻하는 기본토대, 민주적인 가족관계, 합리적으로 자원을 관리하며 가족구성원의 성장 발달을 돕는 가정 역할 등과 함께 사회와의 관계, 가정문화를 꼽았다. 가족이 건강하기 위해서는 가족구성원 개개인의 건강과 더불어 가족 자체의 건강과 지역사회의 건강까지 다양한

1) 조희금, 김경신, 정민자, 송혜림, 이승미, 성미애, 이현아. (2013). 건강가정론 3판. 신정.

건강성이 필요하다.

빈곤가족에 앞서서 건강가정의 개념을 살펴본 것은 빈곤가족을 이야기할 때의 '빈곤'의 개념이 현대 사회에 이르러서는 다차원적인 것으로 변모하고 있기 때문이다. 또한 과거에는 빈곤가정과 비빈곤가정을 나누는 이분법에 토대를 두었다면 최근에는 빈곤을 연속적인 차원을 바탕으로 하고 있다. 쉽게 이야기하면 빈곤가정은 어느 한 측면에서는 빈곤하지만 상대적으로 다른 측면에서는 빈곤하지 않을 수 있으며, 그 빈곤함도 여러 수준으로 나눌 수 있다. 빈곤은 다양한 모습을 하고 있으며 사회문화에 따라서 다르게 인식된다(이영주 외, 2015: 113).

이러한 빈곤의 개념의 변화는 빈곤가족을 지원하기 위한 법체계의 변화도 가져왔다. 차후에 살펴보겠지만 사회복지수급자는 가구별 중위소득에 따라 이루어지는데, 생계급여와 의료급여, 주거급여, 교육급여의 지급기준이 각기 다르다. 지급기준이 다르기 때문에 가족에 따라서는 생계급여는 받지 못해도 교육급여는 받을 수 있다. 또한 「남녀고용평등과 일 · 가정 양립 지원에 관한 법률」에서는 시간빈곤을 겪고 있는 가족을 위해서 근무시간 유연성이나 육아휴직 등의 제도를 마련하고 있다.

(2) 빈곤가족을 학습해야 하는 이유

가족은 인류 역사에서 가장 오래된 생활공동체로 경제적 자원이나 시간적 자원, 사회적 자본 등을 공유한다. 가족에게 자원이 부족한 경우, 즉 가족이 빈곤한 경우, 가족은 폭력이나 학대 등 각종 문제를 겪기도 하며, 가족 자체가 해체되기도 한다. 즉 빈곤은 그 가족이 경험하고 있는 다양한 문제에서 중심에 위치하고 있다(장연진 · 김영미, 2012: 30). 우리 속담에 "가난이 싸움이다", "가난이 원수", "가난이 죄" 등이 있다(국립국어원, 2023). 모두 가난, 즉 빈곤이 인간이 겪고 있는 여러 문제에 중심에 있다는 것을 말하는 속담이다.

2) 빈곤의 개념

빈곤은 경제학, 생활과학, 사회복지학 등 다양한 분야에서 지속적인 관심을 보이는 개념이다. 빈곤은 각 학문의 입장만큼이나 다양한 속성과 모습을 가지고 있다.

(1) 빈곤의 개념

빈곤(貧困, poverty)은 '무언가가 충족되지 않은 상태' 또는 '어떤 것이 결여된 상태'라고 할 수 있다. 국립국어원(2023)의 표준국어대사전에 의하면 빈곤은 '가난하여 살기가 어려움'이라고 이야기를 한다. 표준국어대사전의 경우에는 빈곤이 단순하게 어떤 것이 모자라거나 없는 상태를 넘어서 그러한 상태가 생활에 지장을 초래한다는 측면까지 담고 있는 개념이다.

(2) 빈곤의 절대성과 객관성: 절대빈곤과 상대빈곤

① 빈곤을 보는 관점의 중요성

빈곤하다는 것은 사회적 지원이 필요한 것이며 이는 복지정책의 수급자가 될 수 있다는 것을 의미한다. 절대빈곤과 상대빈곤 중 어떤 것을 선택할지는 복지정책의 수급자를 결정 시에 매우 중요한 역할을 한다. 절대빈곤과 상대빈곤 중 어떤 것을 선택할지, 그리고 그 각각에서도 빈곤의 수준을 어떻게 결정할지가 복지 정책과 관련한 핵심 주제가 되는 것도 이 때문이다. 한국은 과거 절대빈곤을 기준으로 수급자를 선정하였는데, 최근에는 대부분 상대빈곤을 기준으로 수급자를 선택한다. 다시 말하면 우리나라 복지 수급 기준에서는 과거에는 절대 소득이 보편적이었으나 최근에는 상대빈곤이 기준인 경우가 많다. 예를 들어 「국민기초생활 보장법」의 경우에는 수급자 선정기준을 "중위소득"을 기준으로 하고 있다.

② 절대빈곤

절대빈곤은 어떤 자원이 필요한 수준이 정해져 있고, 그 수준에 못 미치는 경우 빈곤하다고 판단하는 것이다. 절대빈곤을 측정하기 위해서는 자원이 필요한 수준에 대한 기준이 먼저 설정되어 있어야 한다. 문제는 필요한 자원의 수준은 시대마다 지역마다 사회계층마다 다르다는 데 있다.

절대빈곤선을 측정하는 방식은 전물량방식 내지 반물량방식을 사용하는 경우가 많다. 전물량방식은 필수적으로 필요한 재화와 서비스를 모두 더하고 이를 화폐로 환산하여 빈곤을 측정하는 방식이다. 전물량방식은 실질적인 생계비를 보장할 수 있다는 장점이 있지만, 측정이 번거롭고 포함되는 재화와 서비스가 자의적일 수 있다는 점이 단점이다. 반물량방식은 식료품비가 생계비에서 차지하는 비율이 일정하다는 점에 착안하여 필수적인 식료품비를 계산하고 이를 생계비 전체로 환산하는 방식이다. 반물량방식은 측정이 간단하다는 장점이 있지만, 식료품비의 비중을 파악하기 어렵고 자의적일 수 있다는 단점이 있다.

③ 상대빈곤

상대빈곤은 가족의 자원 수준이 그 사회에서 혹은 집단에서 차지하는 위치에 따라서 빈곤하다고 설정한다. 상대빈곤에서는 그 사회의 평균적 수준 혹은 중간 수준에서 얼마나 떨어져 있는지에 따라서 빈곤을 판단하게 된다. 상대빈곤을 판단하기 위해서는 사회 전체의 소득 수준 분포를 알아야 하고, 가구의 위치를 판단할 수 있어야 한다. 가족이 평균 혹은 중간에서 얼마나 멀리 떨어져 있어야 빈곤하다고 할 수 있는지에 대한 사회적 합의도 필요하다. 상대빈곤에서도 절대빈곤과 같이 빈곤에 대한 사회적 합의가 쉽지 않다. 소득 자원이라고 할 때, 평균 소득을 기준으로 할지 아니며, 중위 소득(중간 소득)[2]을 기준으로 할지에 따라서 빈곤가족의 범위는 크게 달라진다. 일반적으로 사회 내 엄청난 고소득자의 존재로 평균 소득이 중간 소득보다 높게 나타나는 경향이 있다.

(3) 빈곤의 주관성: 객관적 빈곤과 주관적 빈곤

① 객관적 빈곤

객관적 빈곤이란, 수급자의 재산이나 소득 등 계량할 수 있는 지표를 가지고 측정을 하여 빈곤을 결정하는 것이다. 절대빈곤과 상대빈곤 모두 객관적 기준에 따른 평가를 기준으로 하고 있어 객관적 빈곤과 관련한 개념이다. 절대빈곤은 수급자에게 필요한 재화나 서비스가 무엇인지를 객관적으로 평가하며, 상대빈곤도 수급자의 그 사회 내에서의 위치를 객관적으로 평가한다.

② 주관적 빈곤

반면 주관적 빈곤은 빈곤에 대한 평가를 객관적으로 측정할 수 있는 소득 등의 자원 획득 혹은 보유량이 아닌 주관적 평가에 토대를 두고 있다. 주관적 평가는 사회적 차원에 대한 것일 수도 있고 본인 자신에 대한 것일 수도 있다(장연진 · 김영미, 2021:309). 주관적 평가는 개개인의 사고방식을 담고 있기 때문에 사회적으로 사용할 수 없는 것으로 생각할 수 있지만, 주관적 평가도 사회를 대표할 수 있도록 모은다면, 즉 통계적 방법에 의해서 모은다면 그 사회가 빈곤에 대해서 가지고 있는 생각과 수준에 대해서 평가할 수 있기 때문에 의미가 있다.

---

2) 전체 100명이라고 하고, 이들을 소득순으로 늘어놓았을 때, 50번째에 해당하는 사람을 중위라고 한다.

(4) 다중차원빈곤: 소득빈곤과 시간빈곤, 사회적 자본빈곤

① 소득/재산 중심의 빈곤 논의와 한계

그동안의 빈곤 관련 논의는 주로 소득 또는 재산이 중심이 되어왔다. 위의 절대빈곤, 상대빈곤, 주관적 빈곤 모두 암묵적으로 가족이 벌어들이는 소득이나 재산이 얼마인지를 전제로 논의되는 경우가 많다. 최근 빈곤 관련 논의에서 빈곤을 단순히 소득으로만 평가하지 않고, 시간이나 사회적 자본으로 평가하려는 움직임이 있다. 이러한 움직임이 아주 새로운 것은 아니다. 노동경제학에서 노동의 공급을 결정하는 요인으로 소득과 여가시간을 기준으로 설명한다. 사람은 소득과 시간을 저울질하면서 생활을 하는 것이다. 인간에게 중요한 것, 필수적인 것은 소득뿐만이 아니라 시간이나 관계 등도 포함된다.

② 시간빈곤과 이중빈곤

가. 시간빈곤

누구에게나 공평하게 주어진 24시간이라고 하지만 실제로 자신이 여유롭게 쓸 수 있는 시간은 사람마다 다르다. 시간빈곤은 여가 등 개인이 가치 있게 시간을 보내는 질적 측면과 개인이 스스로 통제하에 사용할 수 있는 시간의 양적 측면 중 어느 하나 이상이 부족한 것을 의미한다(노혜진 · 김교성, 2010). 시간빈곤은 가족의 상황을 돈으로만 평가하지 않고 생활로 평가하는 시각이라고 할 수 있다.

나. 이중빈곤

상당수의 저소득층 가족은 소득이 부족할 뿐만 아니라 여가 등으로 보낼 수 있는 시간도 부족하다. 시간과 소득이 모두 빈곤한 것을 이중빈곤이라고 한다(노혜진 · 김교성, 2010). 부족한 소득으로 인하여 시장에서 필요한 재화나 서비스를 구입할 수 없어 스스로 해결할수록 저소득층 가족이 쓸 수 있는 시간이 부족하기 때문에 시간빈곤에 빠질 가능성도 높아진다. 노혜진(2019)에 의하면 미취학자녀, 배우자 유무, 서울 거주 등이 이중 빈곤과 연관이 있다고 한다.

③ 다중차원빈곤과 사회적 자본빈곤

가. 다중차원빈곤

빈곤을 다중 차원으로 보는 이유는 인간에게 필요한 자원에는 소득과 시간 외에도 문화나 정서, 교육, 관계 등 다양한 측면을 포괄한다. OECD에서는 Better Life Index를 개발하여 삶에 필요한 다양한 자원을 조사하고 있는데 여기에는 주거, 소득, 직업, 공동체, 교육, 시민 참여, 건강, 삶의 만족, 안전, 일 생활 균형 등 다양한 요소들이 포함된다.[3] 변금선과 이혜림(2022: 93)는 다차원적 빈곤을 이야기하면서 다차원 빈곤의 기준으로 "자원 · 기회의 결핍, 박탈, 배제"를 들고 있다. 빈곤을 다중 차원으로 보는 장점은 빈곤을 개인적이고 개별적인 욕구 측면에서 접근을 한다는 점과 가족생활의 다양한 측면을 다룰 수 있다는 장점이 있다.

나. 사회적 자본빈곤

2014년 송파 세모녀 사건[4]은 매우 비극적 사건으로 전국민에게 충격을 주었으며, 빈곤에 대한 정부 정책의 변화를 촉발시켰다. 이들 가족의 비극 속에서는 소득 외에도 사회적 자본의 부족이 배경에 있다고 할 수 있다. 1인가구에서 나타나는 고독사도 사회적 자본의 부족이 원인 중 하나이다. 사회적 자본 혹은 사회 자본은 가족 등 비제도화된 관계망에서 받을 수 있는 자원으로

---

3) https://www.oecdbetterlifeindex.org/#/11111111111

4) 일요신문(2014. 3. 5.). 이 주일의 죽음 - 생활고 시달리던 세 모녀 동반자살. (https://ilyo.co.kr/?ac=article_view&entry_id=72307

사회적 자본은 가족의 기능에 영향을 준다(Bourdieu, 1986; 서지원, 2006).

빈곤가족은 사회적 자본이 부족하며, 가족 내 아동의 발달이나 학업성취에도 악영향을 미치며(백혜영, 2017; 김현숙, 2011), 아동의 사회적 자본은 아동의 행복감에 영향을 주는 것으로 나타났다(백혜영 · 강현아, 2016). 이를 토대로 볼 때, 소득과 시간뿐만 아니라 관계 등 사회적 자본도 가족에게 필요한 것이며, 사회적 자본이 없는 경우에도 빈곤하다고 평가할 수 있다.

3) 빈곤가족의 개념

빈곤가족이란 빈곤을 겪고 있는 가족을 뜻한다. 빈곤에서 가장 중요한 것이 소득이기는 하지만, 소득만이 빈곤가족의 상황을 이야기해줄 수 있는 것이 아니다. 시간이나 사회적 자원의 부족 또한 가족에게 심각한 타격을 줄 수 있다. 아무리 소득이 많다 하더라도 가족을 돌볼 시간이나 가족과 함께 보낼 수 있는 시간이 없다면, 또한 심리적 위험이나 사회적 위험에 빠졌을 때 도움을 줄 수 있는 정서적 지지체계가 없다면 가족의 삶은 매우 어려울 것이며, 가족 구성원의 미래 또한 어두워질 것이다.

2 빈곤가족의 실태와 문제점

1) 빈곤가족의 실태

(1) 소득기준 빈곤가족의 실태

① 가구 기준의 최저보장수준 설정과 "가족"복지

한국의 복지제도에서 소득과 관련해서 가장 기본이 되는 것이 「국민기초생활보장법」이다. 국민기초생활보장법 제2조(정의) 제6호에서 "최저보장수준"을 정하고 있는데 이때 최저보장수준은 "가구"를 기본으로 하여 정하게 되어 있다. 통계청(2023)[5]에 의하면 가족은 "혈인, 혼인, 입양 등으로 한 집안을 이룬 사람들의 집단"을 의미하며, 가구는 이러한 "1인 또는 2인 이상이 모여서, 취사 취침 등 생계를 같이하는 생활단위"이다. 가구와 가족의 개념 차이에도 불구하고 현실에서는 가구와 가족이 큰 차이를 보이지 않고 있으며, 다양한 가족의 측면에서는 오히려 '가구'가 '가족'보다 다양한 가족의 개념에 더 가깝다.

이를 통해서 볼 때, 한국의 복지제도 중 소득과 관련한 기준은 '가족'을 기준으로 하고 있다고 보아도 크게 틀리지 않는다. 즉 사회복지학 개론 등에서 빈곤에 대해서 배운 사람이라면 이미 가족복지에서 빈곤가족에 대해서 어느 정도 접했다고 볼 수 있다.

국민기초생활보장법 제2조(정의)

6. "최저보장수준"이란 국민의 소득·지출 수준과 수급권자의 가구 유형 등 생활실태, 물가상승률 등을 고려하여 제6조에 따라 급여의 종류별로 공표하는 금액이나 보장수준을 말한다.
8. "개별가구"란 이 법에 따른 급여를 받거나 이 법에 따른 자격요건에 부합하는지에 관한 조사를 받는 기본단위로서 수급자 또는 수급권자로 구성된 가구를 말한다. 이 경우 개별가구의 범위 등 구체적인 사항은 대통령령으로 정한다.

② 기준 중위소득과 생계급여, 교육급여, 의료급여, 주거급여의 선정기준

정부는 1인가구에서 7인가구에 이르는 기준 중위소득을 매년 공표하고 있다. 국민기초생활보장법에 따르면 중앙생활보장위원회의 심의·의결에 따라 생계급여는 기준 중위소득의 30% 이상으로, 교육급여는 기준 중위소득의

5) 통계청 인구총조사. http://kostat.go.kr/understand/info/info_qst/2/2/index.board?bmode=read&bSeq=&aSeq=71992&pageNo=1&rowNum=15&navCount=10&currPg=&sTarget=title&sTxt=

50% 이상으로, 의료급여는 기준 중위소득의 40% 이상으로 설정하고 있다. 참고로 주거급여는 별도 법률인 주거급여법에 따라 기준 중위소득의 100분의 43 이상으로 설정하고 있다.

이때 선정기준은 100분의 XX 이상으로 설정되어 있음에 주목할 필요가 있다. 즉 선정기준은 법적으로 지켜야 할 최소기준이며, 정부는 중앙생활보장위원회의 결정에 따라 선정범위를 보다 확대할 수 있다. 예를 들어 주거급여 선정기준은 기준 중위소득의 43% 이상이지만, 2023년도 주거급여의 선정기준은 47%로 4% 포인트 정도가 최소기준보다 높다.[6] 그만큼 주거급여 수급자로 선정될 수 있는 가구의 숫자가 증가한다.

표 8-1 ▪ 2023년 기준 중위소득 (단위: 원/월)

	1인가구	2인가구	3인가구	4인가구	5인가구	6인가구
22년 기준중위소득	207만7892	345만6155	443만4816	540만964	633만688	722만7981

출처: 보건복지부 보도자료(2022. 7. 29.).

표 8-2 ▪ 2023년 급여별 선정기준 (단위: 원/월)

가구원 수	1인	2인	3인	4인	5인	6인
교육급여(중위 50%)	103만8946	172만8077	221만7408	270만482	316만5344	361만3991
주거급여(중위 47%)	97만6609	162만4393	208만4364	253만8453	2,97만5423	339만7151
의료급여(중위 40%)	83만1157	138만2462	177만3927	216만386	253만2275	289만1193
생계급여(중위 30%)	62만3368	103만6846	133만445	162만289	189만9206	216만8394

출처: 보건복지부 보도자료(2022. 7. 29.).

6) 참고로 2022년도 주거급여 선정기준은 기준 중위소득의 46%였다. 참고로 만약에 주거급여 선정기준을 40%로 선정한다면 – 법 위반이어서 선정할수도 없지만– 주거급여 수급권자의 범위는 그 만큼 줄어들게 된다.

(2) 빈곤가족의 현황

① 가구별 빈곤율

한국의 빈곤가족 현황을 보면 가구주가 근로연령층 즉 18세에서 64세인 경우에는 시장소득빈곤율이 2012년 12.8%, 2016년 12.3%로 나타났으나, 가구주가 66세 이상으로 은퇴연령층에 해당하는 가구의 경우에는 2012년 66.8%, 2016년 65.5%로 나타났다. 이는 노인가족의 경우에 극심한 소득 부족 현상을 보이고 있다는 것과 노인가족에게 빈곤이 매우 시급하고 중요한 문제라는 것을 시사한다.

표 8-3 ■ 가구특성별 빈곤율 (단위: %)

항목	가구특성별	2012	2013	2014	2015	2016
시장 소득빈곤율	전체	19.4	19.0	18.9	19.0	19.5
	근로연령층[가구주 18~65세]	12.8	12.8	12.4	12.3	12.3
	은퇴연령층[가구주 66세 이상]	66.8	66.5	65.7	64.8	65.5
처분가능 소득빈곤율	전체	16.6	16.5	16.3	16.3	15.9
	근로연령층[가구주 18~65세]	11.4	11.8	11.3	11.4	10.7
	은퇴연령층[가구주 66세 이상]	53.7	52.8	52.9	49.6	49.0

출처: 통계청. KOSIS. 가구특성별 빈곤율. 가계금융복지조사.

② 국민기초생활보장 수급가구 현황

국민기초생활보장 수급가구 현황을 보면, 2002년 69만 가구에서 2021년 163만 가구로 크게 증가한 것을 볼 수 있다. 이러한 증가는 국민기초생활보장의 범위가 확대됨에 따라서 나타난 현상이라고 할 수 있다.

국민기초생활보자 수급자 가구에서 가장 큰 비중을 차지하는 것이 1인가구로 2021년 기준 116만 가구이며, 그 다음이 2인가구로 27만 가구이다. 세대를 통해서 보면 노인세대의 경우 2021년 기준 52만 가구가 수급자이며, 일반세대의 경우 44만 가구, 장애인가구는 24만 가구, 모자가구는 18만 가구, 부자가구는 5만 가구가 수급을 받는 것으로 나타나 있다. 1인가구와 노인세대, 장애인세대와 모자세대 등 이 빈곤가족에서 차지하는 비중이 높음을 알 수 있다.

표 8-4 ■ 국민기초생활보장 수급자 가구 (단위: 가구)

가구특성별	가구특성별	2002	2010	2015	2020	2021
합계	전체	691,018	878,799	1,014,177	1,459,059	1,637,569
가구원수	1인가구	371,166	549,341	611,050	1,012,753	1,160,708
	2인가구	144,295	163,983	182,426	249,521	274,502
	3인가구	98,189	99,248	115,847	113,305	116,797
	4인가구	54,151	46,424	68,969	55,325	56,675
	5인가구	16,865	14,373	26,997	20,611	21,320
	6인가구	4,624	3,840	6,596	5,448	5,480
	7인가구 이상	1,728	1,590	2,292	2,096	2,087
세대구분	노인세대	235,893	243,708	262,124	439,135	518,799
	일반세대	216,645	291,774	323,289	407,012	442,202
	장애인세대	104,009	173,322	191,723	229,395	236,581
	모자세대	65,132	85,970	123,497	163,950	176,319
	부자세대	17,289	20,879	34,538	45,097	48,824
	소년소녀가정	13,638	11,565	5,188	2,214	1,892
	미혼부모세대	–	411	667	478	3,491
	조손세대	–	5,095	7,492	7,595	7,657
	기타세대구성	38,412	46,075	65,659	164,183	201,804

출처: 통계청. KOSIS. 국민기초생활보장수급자현황, 보건복지부.

표 8-5 ■ 국민기초생활보자 수급률 현황 (단위: 만 가구, %)

구분	2012	2015	2016	2017	2018	2019	2020	2021
수급자 수	139	165	163	158	174	188	213	236
수급률	2.7	3.2	3.2	3.1	3.4	3.6	4.1	4.6

출처: 통계청. e-나라지표. 국민기초생활보장 수급 현황.

③ 가족 특성별 빈곤 현황

한국보건사회연구원에서 발간한 2021년 빈곤통계연보(여유진 외, 2021)에 따르면 노인의 50% 중위소득을 기준으로 한 빈곤율은 2019년 시장소득 기준 59.8%, 가처분 소득 기준 41.4%였다. 이를 성별로 나누어보면 2019년 여성 노인의 빈곤율은 시장소득 기준 63.2%, 가처분소득 기준 46.8%로 남성노인 빈곤율인 시장소득 기준 55.4%, 가처분소득 기준 34.5%에 비해서 높은 것으로 나타났다. 한부모 가족의 빈곤율은 50% 중위소득 기준으로 시장소득의 경우 44.9%, 가처분소득으로는 30.1%가 빈곤한 것으로 나타났다. 여기에서도 여성 한부모가족의 빈곤율의 경우 시장소득 기준 55.2% 가처분소득 기준 37.6%로 나타나 남성 한부모가족 29.2%, 18.5%에 비해서 크게 높았다. 1인가구의 경우도 동일 기준으로 2019년 시장소득 기준 59.6%, 가처분소득 기준 51.8%로 높게 나타났으며, 여성가구주 68.6%, 60.4%로 남성가구주 44.7%, 37.6%로 여성가구주가 빈곤율이 높았다.

2) 빈곤가족의 문제

(1) 부모자녀 관계 및 아동 양육 관련 문제

빈곤은 가족 관계에 있어서 부정적인 영향을 미친다. 장화정과 김광혁(2006)에 의하면 아동 학대 중 신체적 학대는 빈곤한 가정일수록 높게 나타났으며, 모의 연령이 어리거나 아동수가 많을 경우, 아동폭력 이외의 폭력이 가정 내에 존재하는 경우 신체적 학대 가능성이 높다고 한다. 이봉주와 김광혁(2007)의 경우도 가족빈곤이 신체적 학대와 방임에 영향을 준다고 보고하였다. 빈곤은 가족을 취약하게 만들며 이는 가족관계에 부정적 영향을 미치는 것이다. 또한 빈곤한 주거환경은 아동의 학업성취도를 저하시키는 요인이 되기도 한다(김광혁 · 신다은, 2013).

빈곤은 자녀와 부모의 심리 및 정서에도 영향을 끼친다. 빈곤은 청소년 자녀의 우울 및 외현화(오경자 · 문경주, 2006)에 영향을 미치는 것으로 나타났다. 빈곤은 부모의 우울감에 영향을 주고 부모의 우울감은 가족 관계에 악영향을 미친다(김광혁 · 김예성, 2008).

빈곤은 가족에게 스트레스 요인이자 가족관계를 악화시키는 요인이지만, 적절한 지원이 이루어진다면 양육스트레스가 감소할 수 있다(김효진 · 송미령, 2020). 또한 빈곤가족의 부모가 집단상담 프로그램에 참여한 경우에도 협리적 양육행동이 증가하는 등 긍정적인 모습이 나타났다(김유순 · 이국향, 2010).

종합하자면 빈곤은 가족 관계를 악화시키는 요인이 되지만 빈곤가족에게 아동의 양육과 관련된 적절한 지원이 이루어진다면 문제를 상당히 완화시킬 수 있는 가능성이 있다.

(2) 빈곤이 노인가족에게 미치는 영향

빈곤은 노인가족에게 우울감과 자아존중감에 영향을 미치며(김자영, 2014; 원서진 · 송인욱, 2022), 노인자살의 주요 영향요인이기도 하다(배지연, 2004). 한국의 노인빈곤은 앞서 살펴보았듯이 매우 높은 수준이며, 이는 노인의 정신건강을 위협한다.

노인의 경우 일자리에 참여하거나 사회참여를 하면 빈곤으로 인한 우울감을 감소시킬 수 있으며(김자영, 2014; 원서진, 2020), 건강행동이나 종교활동도 우울감 감소에 도움이 된다(원서진 · 송인욱, 2022; 김영학, 2022).

(3) 그 외 빈곤이 가족에게 미치는 영향

빈곤가족은 건강 수준이 낮았으며, 건강상태를 부정적으로 인식하였으며, 응답자의 과반수 이상 가족에게 아픈 사람이 존재하였다(노혜련 · 박선영, 2004).

3 빈곤가족을 위한 정책 및 서비스

빈곤가족에게 가장 필요한 정책은 소득을 보장해 주거나 시간의 질과 양을 개선하는 정책일 것이다. 빈곤가족의 가족생활주기나 가족구조, 가족문화, 가족가치 등에 따라서 빈곤가족이 필요로 하는 서비스는 달라질 것이다. 예를 들어 노인의 경우에는 건강을 증진하는 프로그램과 사회활동 참여, 일자리 정책 등이 소득을 보전해 주는 것과 더불어 중요한 정책이 될 것이다. 반면 미취학 자녀를 양육하는 빈곤가족에게는 미취학 자녀를 양육할 수 있는 시간과 소득을 마련해주는 정책이 필요하다.

여기서는 소득을 보전해 주는 정책과 시간이나 관계 등을 지원해주는 그 외 정책으로 나누어서 빈곤가족을 위한 정책 및 서비스를 살펴보고자 한다.

1) 국민기초생활보장제도를 통한 소득 중심의 빈곤가족의 지원

앞서 살펴보았듯이 사회복지의 중심축 중 하나인 국민기초생활보장제도는 가구 개념을 바탕으로 수급자를 선정하고 각종 복지급여뿐만 아니라 다양한 서비스를 제공하고 있는 것에 비추어볼 때, 빈곤가족을 위한 서비스는 복지서비스의 거의 대부분을 차지한다고 하여도 과언이 아니다.

(1) 국민기초생활보장법에 의한 지원

국민기초생활보장제도는 국민기초생활보장법을 중심으로 하여 주거급여법, 의료급여법 등으로 이루어진다. 국민기초생활보장제도는 기준 중위소득의 일정비율 이하 소득 가족이 생계비, 주거비, 의료비, 자활비, 해산비, 장제비 등을 급여로 받을 수 있는 제도를 의미한다.

(2) 기타 기준 중위소득을 활용한 사업

보건복지부(2022)에 따르면 기준 중위소득은 국민생활과 관련된 76개 사업에서 활용이 되고 있다.[7] 예를 들어 기준 중위소득은 고용노동부에서는 국민취업지원제도, 산재 근로자 생활안정자금융자, 근로자 생활안정자금대부, 지업훈련 생계비 대부 등에 상용되고 있으며, 교육부에서는 국가장학금이나 평생교육바우처, 초중고 교육비 지원사업, 급식비, 방과후학교 자유수강권, 복권기금 꿈사다리 장학사업 등에 활용하고 있으며, 문화관광체육부에서는 예술인 창작준비금 지원, 통합문화이용권, 스포츠강좌이용권에 활용하고 있다. 보건복지부에서는 장애인연금, 재난적 의료비, 자활근로, 발달재활서비스, 장애인가족양육지원 등에 활용하고 있으며, 여성가족부에서는 아이돌봄서비스, 한부모가족 복지시설 지원, 청소년특별지원 등에 활용하고 있다.

2) 시간, 정서지원 등 소득 이외의 지원을 하는 사업

시간을 보장해 주는 사업은 가족과 함께 할 수 있는 시간을 보장해 주는 사업과 가족과 분리되어 활동할 수 있는 시간을 보장해 주는 사업으로 크게 나누어 볼 수 있다.

가족과 함께할 수 있는 시간을 보장해 주는 사업은 「남녀고용평등과 일·가정 양립 지원에 관한 법률」의 출산전후휴가, 배우자 출산휴가, 육아휴직, 육아기 근로시간 단축 등의 사업이 있다.

가족과 분리되어 있을 수 있는 시간을 보장해 주는 사업은 어린이집 설치나 아이돌봄서비스, 초등돌봄교실 등을 들 수 있다. 이 사업은 보호의 대상이 되는 가족을 공적 기관이나 민간기관이 돌봄을 담당하여 그 시간에 육아나

7) 이들 사업이 모두 소득을 지원해주는 사업은 아니다. 예를 들어 아이 돌봄과 관련된 사업은 시간 등을 지원해 주는 사업이라고 볼 수 있다.

보호, 돌봄을 담당하는 가족구성원이 직장생활 등 소득활동을 하거나 여가 혹은 개인관리 등을 할 수 있는 시간을 제공한다.

소득 이외의 지원 사업의 큰 축을 담당하는 사업 분야로는 가족구성원 개개인의 역량을 강화하는 사업들 있다. 가족구성원의 역량에는 구직 및 전직을 위한 직업 교육과 더불어 상담이나 활동 등을 통한 정서적 지원 또는 정신건강을 지원까지 포함된다. 정신건강 지원을 위한 사업으로 정신건강증진사업, 안부살피기 사업, 각종 상담 등등이 있는데 이들 사업들 대부분은 빈곤가족을 우선적으로 지원한다. 가족구성원 개인의 역량 강화에서 빼놓을 수 없는 것이 학습 등 교육의 지원과 여가의 지원이다. 빈곤가족은 소득과 시간의 부족으로 인간답게 살 수 있는 다양한 문화 혜택을 누리지 못하는 경우가 종종 있다. 중앙정부, 지방자치단체, 민간 사회복지 단체 등은 다양한 프로그램을 개발하여 가족구성원의 역량을 향상시키고자 한다.

3) 복지로(www.bokjiro.go.kr)

복지로는 복지서비스에 대한 정보 제공과 검색, 온라인 신청 등을 할 수 있는 복지포털 사이트이다.

복지로 서비스에서는 2023년 2월 기준, 4,785개의 복지서비스를 검색하여 정보를 열람할 수 있다. 중앙부처 복지서비스는 364건, 지방자치단체는 4,067건, 민간 345건 등에 대한 정보를 찾을 수 있다.

복지로 서비스목록은 생애주기, 가구상황, 관심주제, 나이, 지역 등을 선택하여 자신에게 맞는 복지로 서비스를 맞춤 검색할 수 있다. 또한 개별 가족이 받을 수 있는 복지서비스를 한 번에 검색하는 것도 가능하다.

그림 8-1 ▪ 복지로의 서비스 목록 조회 화면

4) 빈곤가족 복지서비스의 과제

빈곤가족 복지서비스는 양적 성장과 질적 성장을 같이 도모해야 하는 과제를 가지고 있다.

한국의 복지지출이 양적으로 많이 증가하였지만, OECD 주요국에 비해서는 여전히 낮은 복지지출 비율을 보이고 있다. 통계청 KOSIS의 OECD 공공사회복지지출에 따르면, 2019년 기준으로 한국은 12.0%를 지출해서 데이터가 있는 31개국 중 28위에 해당하고 있다. 2017년 기준으로 하면 10.8로 OECD 36개국 중에서 35위에 해당한다.

빈곤가족을 위한 복지정책에서 시간의 양과 질을 높이는 방안을 보다 심도 있게 고민할 필요가 있다. 생애주기 및 자녀 연령에 따라 시간의 양을 늘리는 것이 바람직한 경우도 있고 시간이 양을 줄이는 것이 좋을 수도 있다. 이러한 다양한 상황에 사회가 유연하게 대처할 수 있도록 각종 정책과 서비스를 개발하는 것이 필요하다.

빈곤가족을 위한 복지대책으로 복지 사각지대를 줄이는 정책은 지속 발전될 필요가 있다. 빈곤가족이 복지정책을 제대로 몰라서 지원을 받지 못하는 사례는 지속적으로 나오고 있다. 이를 해결하기 위해서는 정부의 노력뿐만 아니라 복지 관련 시설 및 단체, 지역주민들의 적극적인 참여가 필요하다.

CHAPTER 09

한부모가족

학습목표

1. 한부모가족의 개념을 이해한다.
2. 한부모가족의 현황과 문제를 이해한다.
3. 한부모가족에 대한 정부의 서비스를 이해한다.
4. 한부모가족의 문제를 제시하고 개선방안을 제시한다.

1 한부모가족의 개념

「한부모가족지원법」 제4조에 따르면 한부모가족이란 모자가족 또는 부자가족을 말한다. 특히, 24세 이하의 모(母) 또는 부(父)인 경우는 청소년 한부모가족으로 분류하고 있다. 한부모가족의 발생 원인으로는 배우자와의 이혼, 사별, 유기된 자로 아동인 자녀를 양육하는 자를 말한다. 또한, 배우자가 정신이나 신체의 장애로 장기간 노동능력을 상실하였거나, 교정시설 · 치료감호시설에 입소 또는 병역복무 중인 경우와 미혼자인 경우를 포함하고 있다. 한편, 아동의 기준은 18세 미만(취학 중인 경우에는 22세 미만)을 의미하며, 병역법에 따른 병역의무를 이행하고 취학 중인 경우에는 병역의무 이행기간을 가산한 연령으로 하고 있다.

한편, 한부모가족의 정의에 해당하지는 않지만 한부모가족지원법 제5조(지원대상자의 범위에 대한 특례)에 따르면, 부모가 사망하거나 생사가 분명하지 않거나, 신체의 장애·질병으로 장기간 노동능력을 상실하였거나, 장기복역 중이거나, 이혼 또는 유기 등의 사유로 부양을 받을 수 없어 조부 또는 조모가 그 아동을 부양하는 경우에도 한부모가족지원법의 지원대상자로 인정하고 있으며, 이런 유형의 가족을 조손가족이라고 한다.

2 한부모가족 실태

한부모가족 현황을 살펴보면, 〈표 9-1〉에 나타난 바와 같이 전체 가구 중 한부모가족의 비율은 2016년 7.8%, 2017년 7.6%, 20189년 7.5%, 2019+년 7.3%, 2020년 7.1%로 최근 5년간 조금씩 감소하는 경향을 보이고 있다.

표 9-1 ■ 전국 한부모가구 현황 (단위: 천 가구, %)

구 분	2016년	2017년	2018년	2019년	2020년
전체 가구	19,838	20,168	20,500	20,891	21,485
한부모 가구	1,540	1,533	1,539	1,529	1,533
한부모 가구 비율	7.8	7.6	7.5	7.3	7.1

출처: 통계청. 각 년도 인구주택 총조사.

혼인상태 유형별 대상자 현황을 살펴보면, 〈표 9-2〉에 나타난 바와 같이 2012년 76.4%를 차지했던 이혼 가정이 2015년 77.1%, 2018년 77.6%로 나타났으며, 사별 가정은 2012년 18.2%, 2015년 15.8%, 2018년 15.4%로 나타나 있다. 이혼에 따른 한부모가족이 절대적으로 많은 것을 알 수 있다.

표 9-2 ■ 혼인상태 유형별 대상자 수 (단위: %)

구 분	이 혼	사 별	기 타
2012년	76.4	18.2	5.3
2015년	77.1	15.8	7.1
2018년	77.6	15.4	7.0

출처: 여성가족부(2018). 2018년 한부모가족실태조사.

2018년 여성가족부에서 제시한 한부모가족에서의 모자가구와 부자가구 현황은 〈표 9-3〉에 나타난 바와 같이, 모자가구 비율이 절대적으로 많은 것을 알 수 있다. 한편 모자가구의 규모는 904천 가구에서 2017년 1,141천 가구로 증가하였으며, 모자가구의 비율은 2000년 80.0%에서 2017년 74.4%로 약간 감소한 것을 알 수 있다.

표 9-3 ■ 한부모가족에서의 모자가구/부자가구 현황 (단위: 천 가구, %)

연도	전체 가구	한부모가족		
		계	모자 가구	부자 가구
2000년	14,312	1,124	904(80.0)	220(20.0)
2005년	15,887	1,370	1,083(79.0)	287(21.0)
2010년	17,339	1,594	1,247(78.0)	347(22.0)
2016년	19,838	1,540	1,144(74.3)	396(25.7)
2017년	20,168	1,533	1,141(74.4)	392(25.6)

출처: 여성가족부(2018). 2018년 한부모가족 지원사업 안내.

1) 이혼 가족의 실태

한부모가족 발생의 가장 큰 원인을 제공하고 있는 우리나라의 이혼율은 1980년대에 들어오면서 조금씩 증가하는 경향을 보이다가 1990년대 이후 폭발적 증가를 보였다. 인구 1,000명당 1990년 1.1건이었지만, 2000년 2.5건으로 크게 증가하였으며, 2010년 2.3건, 200년 2.1건으로 약간 감소하는 추세를 보이고 있다. 그러나 이혼에 따른 한부모가족의 비율은 2012년 76.4%에서 2018년 77.6%로 오히려 증가하고 있는 추세를 보이고 있다.

2) 미혼모/미혼부 가족의 실태

미혼모, 미혼부란 부모의 혼인상태는 미혼이나, 만 18세 이하의 자녀가 있는 경우를 말하며, 통계청 자료에 의하면 2017년 미혼모는 22,065명, 미혼부는 8,424명으로 미혼모가 미혼부보다 2.6배 많았으며, 2021년 미혼모는 20,345명, 미혼부는 6,307명으로 3.2배 많은 것으로 나타나서 최근 5년간 미혼모의 비율이 증가하였다. 우리나라의 미혼모, 미혼부 가족은 「한부모가족지원법」에 근거하여 지원을 받고 있다. 〈표 9-4〉에 의하면, 미혼모/미혼부 가구는 2017년 30,489가구에서 2021년 26,652가구로 최근 5년간 감소하고 있는 것으로 나타났다.

표 9-4 ■ 미혼모/미혼부 가구 현황 (단위: 명)

구 분	2017년	2018년	2019년	2020년	2021년
미혼모	22,065	21,254	20,761	20,572	20345
미혼부	8,424	7,768	7,082	6,673	6,307
계	30,489	29,022	27,843	27,245	26,652

출처: 통계청.

표 9-5 ■ 미혼모/미혼부 가구 자녀현황 (단위: 명)

구 분	2017년	2018년	2019년	2020년	2021년
미혼모 자녀	25,938	24,969	24,405	24,239	23,899
미혼부 자녀	9,900	9,066	8,222	7,700	7,243
계	35,838	34,035	32,627	31,939	31,142

출처: 통계청.

〈표 9-5〉에 의하면, 2017년 미혼모 자녀는 25,938명, 미혼부 자녀는 9,900명으로 미혼모의 자녀가 미혼부의 자녀보다 2.6배 많았으며, 2021년 미혼모의 자녀는 23,899명, 미혼부의 자녀는 7,243명으로 3.3배 많은 것으로 나타나서 최근 5년간 미혼모 자녀의 비율이 증가한 것으로 나타났다. 미혼모/미혼부 가구의 전체 자녀현황은 2017년 35,838명에서 2021년 31,142명으로 최근 5년간 감소하고 있는 것으로 나타났다.

3) 조손가족의 실태

조손가족이란 만 18세 미만의 손자, 손녀를 부양하는 가족을 말하며 그 손자녀가 대학 등에 재학 중인 경우에는 만 21세까지 인정하고 있다. 〈표 9-6〉에 의하면 2018년 기준으로 조손가구는 52,951가구이며 조손가구에서 자라고 있는 18세 미만의 아동은 59,183명으로 나타났다. 현재는 통계청에서 조손가족 현황에 대한 통계를 제시하지 않고 있다. 조손가족의 발생원인은 부모의 이혼, 재혼인 경우가 가장 큰 원인으로 나타나고 있으며, 부모의 가출·실종, 부모의 질병·사망, 부모의 실직·파산 등이 주요 원인이 되고 있다.

표 9-6 ■ 조손가구 현황 (단위: 가구, 명)

구 분	2015년	2016년	2017년	2018년
가구 수	52,131	51,155	53,297	52,951
전체 가구원 수	148,907	146,317	152,480	151,588
18세 미만 손자녀 수	64,965	60,297	60,700	59,183

출처: 통계청(2020.2.21.). 국회입법조사처 제출자료.

3 한부모가족의 문제

한부모가족은 발생원인별, 가족구성원 개인별, 가족단위별로 다양한 문제를 갖고 있는 것으로 알려져 있다.

1) 경제적 문제

한부모가족의 경제적 문제는 가장으로서 가족의 생계를 책임져야 하는 역할이 배우자가 있는 경우에 비해서 책임이 더욱 크게 작용한다는 것이다. 가장이 건강, 자녀 양육 등의 이유로 경제활동 참여 기회를 갖지 못하거나 한부모가족 이전에 취업경험이나 사회활동 참여 경험이 없었던 경우 그 문제가 더 심각할 수 있다. 또한 자녀의 질병 등으로 취업활동에 전념하지 못하는 경우 소득이 감소하게 되는 원인이 되기도 한다. 소득활동과 관련하여 전문직 직업을 구할 수 없는 경우 경제적 문제의 위험은 상대적으로 더 클 수 있으며, 경제침체 등의 사회적 변동 시기에서의 실직 위험성도 더 높은 것이 일반적이다.

표 9-7 ▪ 한부모가족 월평균 소득 (단위: %)

구 분	100만 원 미만	100-200만 원 미만	100-200만 원 미만	300만 원 이상
모자	8.7	56.2	24.7	10.4
부자	5.3	29.7	35.3	33.4

출처: 여성가족부(2019). 2018년 한부모가족 실태조사.

실제로도 〈표 9-7〉에 의하면 한부모가족의 월평균 소득을 살펴보면, 100만 원 미만 소득구간에서 모자가족이 부자가족보다 많은 것을 알 수 있으며, 300만 원 이상 소득구간에서는 반대로 부자가족이 모자가족에 비해서 더 많은 것을 알 수 있다.

2) 자녀양육/교육 문제

한부모가족이 직면하는 어려움 중에 자녀양육의 문제가 있다. 자녀가 취학 전 아동인 경우 직접 돌보는 시간이 더 많이 요구되며, 취학 이후에는 학교생활 지도와 관련하여 어려움을 겪는 것으로 알려져 있다. 자녀양육과 관련하여 특히, 사교육에 대한 부담은 심리적, 경제적으로 상당한 부담을 경험하게 된다. 2018년 한부모가족실태조사에 따르면, 자녀양육과 관련하여 '양육비, 교육비용 부담'에 대한 응답이 82.3%로 높게 나타났으며, '자녀를 돌봐줄 사람을 구하기'(71.8%), '자녀를 직접 돌볼 시간의 어려움'(70.4%), '자녀양육 스트레스'(68.2%), '자녀양육, 교육 정보부족'(65.2%), '학습지도의 어려움'(60.4%), '생활지도의 어려움'(60.4%)의 순으로 어려움을 경험하는 것으로 나타났으며 이러한 자녀양육 및 교육의 문제는 자녀의 연령 및 발달단계에 따라 경험하는 문제가 차이가 있을 수 있다. 한편, 자녀 양육과 관련하여 남성이 일반적으로 자녀 양육에 대한 부담이 더 큰 것으로 알려져 있다.

3) 심리·정서적 문제

한부모가족은 주로 이혼, 사별, 유기 등의 원인으로 발생하는데 부정적인 다양한 심리정서적인 문제를 경험한다. 여기에서는 이혼인 경우와 사별인 경우의 두 경우를 살펴보고자 한다. 심리 · 정서적으로 불안정한 정도가 심각할수록 우울증 등 정신건강 영역의 다양한 발병 원인이 될 수 있기 때문에 많은 관심이 필요하다고 할 수 있다.

(1) 이혼인 경우

한부모 당사자의 경우 자발적인 경우와 비자발적인 경우 두 가지로 구분할 수 있다. 이때, 자발적인 경우보다는 비자발적인 경우가 더 불안과 혼란이 클 수 있다. 이혼을 결정하는 과정에서 나타날 수 있는 협박, 폭력 등의 문제가 동반된 경우에는 심리적, 정서적 불안의 문제가 더 가중될 수도 있다. 일반적으로 이혼에 대한 가장 큰 두려움은 경제적 자립에 대한 불안과 관련되어 있는 것으로 알려져 있으며, 경제적 자립에 대한 불안이 클수록 심리적, 정서적 불안이 더 크다고 할 수 있다.

이혼가족의 자녀들 역시 자녀의 연령 및 발달단계에 따라 경험하는 문제가 차이가 있을 수 있지만 기본적으로 불안과 긴장이 크며, 오랜기간 지속될 수 있기 때문에 부 또는 모의 지속적이고 안정감 있는 보살핌과 지도가 중요하다. 이런 점에서 모자 또는 부자가족에서의 안정적인 유대감과 지속적인 의사소통이 중요하다.

(2) 사별인 경우

갑작스러운 사별인 경우와 예정된 사별인 경우의 두 가지 경우로 구분할 수 있다. 사별이 갑작스러운 경우 배우자와 자녀 모두에게 있어서 마음의 준비 과정이 부족하기 때문에 더 큰 불안과 긴장과 혼란을 유발하게 되며, 주변의 따뜻한 관심과 교류가 중요하다. 주로 난치성 질환 진단에 따른 예정된 사별인 경우 갑작스러운 사별인 경우보다는 마음의 준비가 더 잘 진행되어질 수 있지만 반드시 그렇지 않을 수 있기 때문에 갑작스러운 사별에서의 심리적, 정서적 불안은 크게 차이가 없을 수 있다.

4) 사회적 문제

한부모가족이 경험하는 사회적 문제중 가장 큰 것은 사회적 편견과 관련이 있으며, 사회적 다양성과 유연성의 정도가 부족할수록 사회적응에 차이가 있을 수 있다. 사회적 편견과 관련하여 사별인 경우보다는 이혼인 경우에 대한 편견이 더 불편할 수 있으며, 차별적 사회의 시선에 대한 한부모가족의 부담은 매우 큰 것으로 알려져 있다. 한부모 당사자의 경우 경제활동 참여에 있어서의 장벽에 대한 두려움이 클 수 있으며, 실제로도 불이익을 경험할 가능성도 없지 않다. 또한, 자녀들에게 있어서도 성장과정에서 또래관계에서의 폭력 등의 차별적 경험에 노출될 수 있기 때문에 사회적 관심과 주의가 필요할 수 있다.

4 한부모가족 지원사업

여성가족부에서 제시하고 있는 2023년도 한부모가족지원사업 안내 자료에 의하면 〈표 9-8〉에 제시된 바와 같이 한부모가족자녀 양육비 등 지원, 청소년 한부모 자립지원, 청소년한부모 등 자립지원패키지, 한부모가족복지시설지원, 한부모가족 무료법률구조 등으로 구분할 수 있다.

1) 한부모가족 자녀양육 지원

저소득 한부모가족의 아동양육비, 아동교육지원비, 생활보조금 등의 지원을 통해서 아동의 건강한 성장과 가정의 생활안정을 도모한다. 지원대상은 세대주인 모 또는 부가 만 18세 미만의 자녀를 양육하는 경우와 만 18세 미만 손자녀를 양육하는 조손가족이 해당된다. 정해진 중위소득 기준으로 지원대상이 결정된다. 단, 지원대상에서 제외되는 경우는 아래와 같다.

(1) 아동양육비

아동복지법에 의한 가정위탁 양육보조금을 받는 경우는 지원대상에서 제외된다.

표 9-8 ▪ 2023년 한부모가족 지원사업: 요약

사업명 및 복지급여 개요	사업대상
〈한부모가족 자녀 양육비 등 지원〉 • 아동양육비: 만 18세 미만 자녀, 월 20만 원 • 추가아동양육비: – 조손 및 만35세이상 한부모가족의 5세이하 자녀, 월 5만 원 – 만 25~34세 한부모가족 자녀, 월 5~10만 원 • 학용품비: 중학생·고등학생 자녀, 연 9.3만 원 • 생활보조금: 시설 입소가구, 월 5만 원	소득인정액 기준 중위소득 60% 이하 한부모 및 조손가족
〈청소년한부모 자립지원〉 • 아동양육비: 월 35만 원 • 검정고시 등 학습지원: 연 154만 원 이내 • 자립촉진수당: 월 10만 원 등	소득인정액 기준 중위소득 65% 이하 만 24세 이하 한부모가족
〈청소년한부모 등 자립지원패키지〉 • 청소년한부모 등 자립지원패키지 수행기관 운영	중위소득 72% 이하의 청소년한부모, 미혼모·부자 가족
〈한부모가족복지시설지원〉 • 시설 기능보강: 신축, 개보수, 기자재구입 등 • 시설입소자 상담·의료 지원 • 시설 아이돌봄서비스 지원 • 공동생활가정형(매입 임대주택) 주거 지원 • 한부모가족복지단체 지원 • 시설배치 사회복무요원 이력경비 지원	저소득 한부모가족 등
〈한부모가족 무료법률구조〉 • 한부모가족 대상 법률상담, 소송대리, 기타 법률사무 등 무료법률구조 지원	「한부모가족지원법」 제5조, 제5조의2 제2항 한부모가족

출처: 여성가족부(2023). 2023년도 한부모가족지원사업 안내.

(2) 아동교육지원비(학용품비)

국민기초생활보장법에 의한 교육급여 대상자, 장애인복지법에 의한 교육비 지원 대상자, 긴급복지지원법에 의한 교육지원을 받는 경우는 지원대상에서 제외된다.

(3) 생활보조금

국민기초생활보장법에 의한 생계급여를 지원받는 경우, 긴급복지지원법에 의한 생계지원을 받는 경우, 아동복지법에 의한 가정위탁양육보조금을 받는 경우는 지원대상에서 제외된다.

2) 청소년 한부모 아동양육 및 자립지원

사별, 이혼 등에 의한 24세 이하 청소년 한부모에게 아동양육비, 검정고시 학습비, 자립촉진 수당 등을 지원하여 조기에 자립할 수 있도록 지원한다. 정해진 중위소득 기준으로 지원대상이 결정된다. 단, 지원대상에서 제외되는 경우는 한부모가족 자녀양육 지원에서의 경우와 같다.

3) 한부모가족 복지시설 지원

저소득 무주택 한부모가족에게 한부모가족 복지시설 등 주거 및 양육지원을 통해서 사회적, 경제적 자립기반을 조성한다. 지원 내용은 주거 및 양육, 심리상담 및 치료, 직업연계 교육 등의 자립을 지원하며, 임신미혼모의 경우에는 출산을 지원한다.

(사)한부모가족복지시설협회 자료에 의하면, 한부모가족 복지시설은 2022년 기준으로 전국에 모자가족복지시설 45개소, 부자가족복지시설 3개소, 미

혼모자가족복지시설은 52개소, 한부모가족복지 상담소는 협회 미가입시설을 포함하여 3개소가 있는 것으로 나타났다.

표 9-9 ▪ 2022년 한부모가족 복지시설 현황 (단위: 개소)

구분	거주시설			이용시설
	모자가족 복지시설	부자가족 복지시설	미혼모자가족 복지시설	한부모가족복지 상담소
2022년	45	3	52	1(3)*

*협회 미가입시설 포함

출처: (사)한부모가족복지시설협회.

4) 아이돌봄 지원사업

만 12세 이하 아동에게 시간 단위 돌봄을 제공하는 시간제서비스와 만 36개월 이하 영아를 종일 돌보는 영아종일제서비스 두 가지 경우로 구분하여 제공한다. 지원시간을 초과하는 경우 전액 본인부담으로 서비스를 이용할 수 있으며, 서비스 이용시간 및 적용 기간은 예산 상황에 따라 조정될 수 있다.

(1) 시간제 서비스

아이돌보미가 가정으로 방문하여 임시보육, 놀이활동, 준비된 식사 및 간식 챙겨주기, 등·하원 동행 등의 돌봄을 제공한다. 추가로 아동과 관련한 가사를 더 제공할 수 있다. 지원시간은 연 840시간 이하이며, 1회 최소 2시간 이상 사용하는 것을 원칙으로 한다.

(2) 영아종일제 서비스

생후 3~36개월 영아를 대상으로 이유식 먹이기, 젖병 소독, 기저귀 갈기, 목욕 등 종일돌봄을 제공하며, 생후 3개월이 경과하지 않더라도 협의를 통해 이용 가능하다. 이용시간은 월 60~200시간 이내이며, 1일 최소 3시간 이상 사용하는 것을 원칙으로 한다.

5) 공동육아나눔터 운영

공동육아나눔터 운영은 지역 중심의 양육친화적 사회환경 조성을 통해서 가족돌봄 기능을 보완하고 동시에 돌봄 품앗이 연계활동을 지원하는 사업으로 한부모가족만을 위한 사업은 아니지만, 18세 미만의 아동이 있는 가정에서 이용할 수 있기에 한부모가족도 이용할 수 있다. 이용시간은 평일 10시부터 18시까지이다. 지원 내용은 장소 및 장난감 및 육아물품 지원, (조)부모 및 양육자 · 자녀에게 육아 정보 제공 및 소통 등 정보나눔 기회 제공, 동화구연 등 상시프로그램 운영 및 지원, 장난감 및 도서대여 등이다.

6) 가족역량강화 지원 사업

가족역량강화 지원사업에는 가족희망드림 지원 사업과 청소년부모 아동양육비지원 시범사업이 있다.

(1) 가족희망드림 지원

가족역량 강화를 목적으로 한부모가족, 조손가족, 청소년가족 등 가족기능이 약화된 가족과 위기가족이 가진 복합적 문제해결과 욕구 해소를 통해서 가족기능 회복과 정서 · 경제적 자립역량 강화를 도모할 수 있도록 지원하는 사업이다. 지원내용은 심리 · 경제적 자립, 역량 강화를 위한 지속적인 사례관리, 정보제공 및 지역사회 자원 활용 · 연계, 부모교육, 가족관계, 자녀양육교육 등 프로그램 및 자조 모임, 자녀 학습 · 정서 지원(배움지도사 파견), 청소년부모 지원(청소년부모 멘토, 법률지원, 전문심리지원), 생활도움서비스(키움보듬이 파견), 긴급 위기지원(지지리더, 키움보듬이 파견) 등이다.

(2) 청소년부모 아동양육비지원 시범사업

청소년부모 가구의 자녀에게 아동양육비 지원을 통해서 청소년부모의 자녀 양육 부담을 경감하고 청소년부모 자신의 성장과 가정의 안정을 도모하기 위한 사업이다. 지원대상은 소득인정액이 기준 중위소득 60% 이하인 청소년부모 각구의 자녀로 부와 모 모두 만 24세 이하이며, 청소년부모 가구 자녀 1인당 아동양육비 월 20만 원씩을 지원한다.

7) 양육비 이행지원 제도

양육비 이행지원 제도는 한부모가정 자녀의 안정적 성장환경 조성을 위해 미성년 자녀의 양육비 청구와 이행확보 지원을 위한 제도이다. 지원대상은 「양육비 이행확보 및 지원에 관한 법률」에 따른 만 19세 미만 자녀를 양육하고 있는 한부모 · 조손가족과 「한부모가족지원법」에 따른 자녀를 양육하고 있는 한부모 · 조손가족, 그리고 미혼모/미혼부를 지원하며, 미혼모에 대해서는 인지청구(자녀와 친부의 친자확인소송)부터 지원한다. 지원내용은 양육비 상담에서 협의, 소송 및 추심, 양육비 이행에 이르기까지 1회 신청으로 자녀가 성인이 될 때까지 지속적 양육비 이행 관리를 한다. 양육비를 받지 못해 어려움에 처한 양육비 이행지원 신청 가정에 대해서는 최장 12개월까지 월 20만 원의 한시적 양육비를 지원한다.

8) 양육비 채무 불이행자 제재조치 제도

「가사소송법」 제68조 제1항 또는 제3항에 따른 감치명령 결정을 받았음에도 불구하고 양육비 채무를 이행하지 않는 경우 출국금지 및 운전면허 정지 처분을 요청하는 제도이다.

5 한부모가족지원 대책

앞에서 한부모가족에 대한 실태 및 지원사업을 살펴보았다. 한부모가족에 대한 정부의 지원사업은 계속 확대되고 있는 상황이지만 더 발전된 한부모가족에 대한 지원을 위한 제안을 하고자 한다.

첫째, 한부모가족에 대한 각종 지원금액은 계속 증액될 필요가 있다.

자녀양육비와 청소년한부모 자립지원과 관련한 지원금액에 대한 지속적인 증액을 통해서 보다 현실에 부합하고 안정된 자녀양육과 자녀의 교육 지원을 강구할 필요가 있다.

둘째, 한부모가족복지시설의 균형을 맞출 필요가 있다.

한부모가족복지시설 현황을 살펴보면, 2022년 기준으로 모자가족복지시설이 45개소인데 비해 부자가족복지시설은 3개소에 불과하다. 2021년 기준으로 미혼모가 미혼부의 3.2배인데 비하면 부자가족복지시설의 수가 절대적으로 부족한 것을 알 수 있다. 한부모가족복지시설중에서 부자가족복지시설에 대한 확대가 매우 시급하다.

셋째, 저소득한부모가족에 대한 지원 기준이 단순화되고 상향조정될 필요가 있다. 세부 항목별로 중위소득 기준이 복잡하게 제시되고 있는 기준들을 일원화하는 것에 대해 검토하는 것도 필요하다고 생각한다. 한부모가족 입장에서는 자신들이 어떤 기준으로 지원을 받고 있는지 명확하게 인지할 수 있을 것이다. 동시에 중위소득 기준을 상향조정하는 것도 기원의 폭을 확대하는 방법이 될 수 있을 것이다.

넷째, 한부모가족에 대한 사회적 인식 개선노력이 지속 · 강화되어야 한다. 한 국가의 인식수준이 쉽게 변하지 않는다. 세대가 바뀌어도 잘 변하지 않는다. 지속적인 노력이 중요하고 필요하다.

CHAPTER 10
폭력가족

학습목표

1. 폭력가족의 개념을 이해한다.
2. 폭력가족의 실태와 문제를 이해한다.
3. 폭력가족에 대한 정책 및 서비스를 이해한다.
4. 폭력가족의 문제를 제시하고 개선방안을 제시한다.

1 가정폭력의 개념

가정폭력은 가정 내에서 혹은 가족구성원에게 가해지는 폭력을 말한다. 캐사니와 앨런(Kashani & Allan, 1998)에 의하면 가정폭력은 한 가족구성원이 다른 가족구성원에게 가하는 학대 및 폭력 행동"이다. 가정폭력은 가족이라는 울타리 안에서 벌어지는 폭력으로 외부에 잘 드러나지 않기 때문에 더욱 심각한 폭력이라고 할 수 있다(홍봉수 외, 2022). 또한 가정폭력은 한 세대에서 다음 세대로 전수되기도 한다(Kashani & Allan, 1998). 가정폭력을 제대로 다루지 못한다면 가정 내외에서 피해자가 지속적으로 발생할 수 있다.

가정폭력이 가족 관계를 바탕으로 일어나는 폭력이지만 그 가족관계가 반드시 혈연이나, 입양, 혼인으로 한정지을 필요는 없다. 또한 '가정'은 장소적인 의미가 아니라 공동체성을 가진 관계적 개념으로 보아야 한다. 또한 폭력이나 학대는 해를 끼치는 행동을 의미하며 형법상 처벌이 되는 폭력행위를 포함하여 형사처벌은 받지 않는다고 하더라도 가족구성원에게 해를 끼치는 다양한 행동을 포함하는 것으로 보아야 한다.

1) 법령상의 가정폭력의 개념

외부로부터 보호하는 것이 주요한 가족 기능이지만, 이는 가족구성원이 폭력에 노출될 수 있는 가능성을 높이는 역할을 하는 경우도 있다. 가족은 그 특성상 폭력에 취약한 집단이다. 폭력은 형법에 의해서 형사처벌을 받는 범죄이고 이는 가족 밖에서든 가족 안에서는 발생하면 안 되는 것이다. 그럼에도 불구하고 가정폭력은 끊이지 않고 일어나고 있다. 이에 대한 대책으로 1998년 7월 1일부터 「가정폭력범죄의 처벌에 관한 특례법」이 시행되고 있다. 또한 가족구성원들을 보호하기 위하여 아동복지법, 청소년보호법, 노인복지법, 장애인복지법 등에서 폭력을 예방하고 처벌하기 위한 각종 조항을 두고 있다. 관련 조항의 개념을 표로 정리하면 다음과 같다.

표 10-1 ■ 가족관련 법률에서 나타나는 가정폭력의 개념

법률	개념	정의
가정폭력범죄의 처벌 등에 관한 특례법	가정폭력	가정구성원 사이의 신체적, 정신적 또는 재산상 피해를 수반하는 행위
아동복지법	아동학대	보호자를 포함한 성인이 아동의 건강 또는 복지를 해치거나 정상적 발달을 저해할 수 있는 신체적·정신적·성적 폭력이나 가혹행위를 하는 것과 아동의 보호자가 아동을 유기하거나 방임하는 것
청소년보호법	청소년폭력·학대	폭력이나 학대를 통하여 청소년에게 신체적·정신적 피해를 발생하게 하는 행위
노인복지법	노인학대	노인에 대하여 신체적·정신적·정서적·성적 폭력 및 경제적 착취 또는 가혹행위를 하거나 유기 또는 방임을 하는 것

장애인복지법	장애인학대	장애인에 대하여 신체적·정신적·정서적·언어적·성적 폭력이나 가혹행위, 경제적 착취, 유기 또는 방임을 하는 것

가정폭력은 특정한 행위를 하여 손해를 입히거나 의무인 행위를 하지 않아 피해를 입히는 경우를 모두 포함한다. 가정폭력범죄의 처벌 등에 관한 특례법을 제외하고는 관련법에서 "학대"라는 표현을 쓰고 있으며, 폭력과 관련하여 형법에서는 폭행과 학대, 유기 등이라는 표현을 사용하고 있다.

2) 가정폭력의 구분

(1) 각 법률상 폭력 개념의 차이

폭력은 구체적으로는 신체적, 정신적, 성적 폭력이나 가혹행위를 하는 것과 더불어 재산상의 피해를 입히거나 유기 및 방임을 하는 것을 의미한다. 재산상의 피해의 경우에는 가정폭력범죄의 처벌 등에 관한 특례법과 노인복지법, 장애인복지법상에 규정되어 있으며, 재산상 피해 수반 행위 또는 경제적 착취 등의 용어로 사용된다. 정서적 학대의 경우에는 정신적이라는 표현을 많이 사용하고 있으며, 노인복지법과 장애인복지법은 정신과 별도로 정서라는 표현도 사용하고 있다. 유기 및 방임은 아동복지법, 노인복지법, 장애인복지법에 규정되어 있다.

(2) 각 법률의 가정폭력의 구분

폭력은 다양한 방식으로 구분이 가능하다. 대상이 사람이냐 재산이냐에 따라 구분해 볼 수 있으며, 폭력의 종류에 따라 신체 폭력, 정신 폭력, 성 폭력, 경제 폭력 등으로 구분할 수 있다. 또한 적극적인 행위가 있는 폭력과 소극적으로 행위를 하지 않는 폭력으로 구분할 수도 있다. 여기서는 폭력의 종류와 폭력의 대상에 다른 분류를 보다 자세히 살펴보고자 한다.

① 폭력의 종류에 의한 구분

폭력의 종류에 의한 구분이 필요한 이유는 폭력을 제대로 이해하고 이에 대처하기 위함이다. 종류에 의한 구분이 주는 장점은 다음과 같다.

첫째, 폭력의 종류에 대한 구분은 폭력을 폭력으로 인식하는 데 도움이 된다. 때로는 폭력이라고 인식하지 못한 채 폭력행위를 하기도 한다. 가족구성원에게 욕을 하거나 무시하거나, 모욕을 주는 행위 등은 정서적 폭력이지만, 과거에는 이러한 행동의 위험성과 폭력성을 제대로 이해하지 못하는 경우가 많았다. 이들 행동이 인간의 성장·발달에 악영향을 미치는 것임을 이해하는 것만으로도 행동의 개선 가능성이 생긴다.

둘째, 폭력의 종류에 의한 구분은 폭력에 대한 민감성을 높이고, 피해자를 공감하는 데 도움이 된다. 폭력을 폭력으로 인식하는 민감성이 높아지면, 폭력에 대한 신고 등 사회적 감시 내지 통제가 이루어지며, 피해자를 피해자로 인식하고 피해자의 고통을 공감하는 데 도움이 된다.

셋째, 폭력의 종류에 의한 구분은 폭력의 징후를 파악하는 데 도움이 된다. 폭력은 그 자체로 점차 고조되는 경향이 있다. 가정폭력을 초기에 잘 대처하지 못하면 폭력이 점차 심해지고, 가족구성원의 신체/정신/재산/생명 등에 심각한 해를 끼칠 수 있다. 예를 들어 아동학대의 종류별 징후를 이해하고 있으면 아동의 신체적 징후나 행동적 징후를 파악할 수 있고, 가정폭력으로 인한 아동의 희생을 조기에 막을 수 있다.

가. 신체적 폭력

신체적 폭력이나 학대는 신체에 위해를 가하는 것이다. 때리거나 할퀴는 것, 혹은 둔기 등 도구를 이용하여 폭력을 행사하는 것, 담배나 약품을 이용하여 신체를 훼손하는 것 등이 모두 포함된다.

나. 정서적 폭력 및 정신적 폭력

정서적 폭력 및 정신적 폭력은 정신적으로 공포감을 조성하거나 모멸감을 주거나 위협을 하는 등 정서를 위협하거나 정신적 불안정을 야기하는 행동이다.

다. 성적 폭력

성적 폭력은 동의 없이 또는 동의를 가장하여 성적인 접촉이나 성관계 등을 하는 행위, 성적 노출을 강요하거나 신체 등을 촬영하는 행위, 촬영된 영상을 유포하는 행위 등이 포함된다.

라. 경제적 착취 또는 폭력

경제적 착취 또는 폭력은 경제적 고통을 야기하는 행동으로 재산을 탈취하거나 처분하는 것, 생활비를 주지 않는 것 등이 포함된다.

마. 통제

김정혜 외(2019)는 가정폭력의 유형으로 특별히 '통제'를 추가하였다. 통제는 다른 사람과의 연락 등 관계를 통제하는 것, 상대를 무시하는 것, 상대를 의심하거나 감시하는 것 등의 행동이 포함된다.

바. 유기 및 방임

유기 및 방임은 돌봄 의무자가 돌봄 대상자에 대한 돌봄 의무를 포기하거나 제대로 수행하지 않는 것이다. 유기는 가족구성원을 다른 장소에 버리는 것을 의미하며, 방임은 장소의 변경은 없지만 돌봄을 제대로 수행하지 않는 것이다.

② 폭력의 대상에 따른 분류

폭력의 대상에 따른 분류로는 배우자에 대한 폭력인 부부폭력, 아동에 대한 폭력인 아동폭력, 청소년에 대한 폭력인 청소년폭력, 노인에 대한 폭력인 노인폭력, 장애인에 대한 폭력인 장애인 폭력 등으로 나눌 수 있다. 이때 폭력 대신 학대를 붙여서 아동 학대, 청소년 학대, 노인 학대, 장애인 학대와 같이 표현하기도 한다. 가정폭력에서 아동폭력, 청소년폭력, 장애인폭력을 다루는 이유는 이들 폭력의 가해자의 상당수가 가족이기 때문이다.

2 가정폭력의 실태와 문제점[1)]

1) 가정폭력의 실태

여성가족부(2020)는 3년마다 한 번씩 가정폭력 실태조사를 실시하여 공표하고 있다. 가정폭력실태조사는 가정폭력방지 및 피해자보호 등에 관한 법률에 따라서 2004년부터 실시하고 있다. 여기서는 여성가족부가 발표한 실태조사 결과를 중심으로 가정폭력의 실태를 살펴보려 한다.

2019년 가정폭력 실태조사 보도자료

(1) 배우자에 의한 폭력(부부 폭력)

배우자에 의한 폭력은 8.3%가 경험하고 있으며, 여성의 피해 경험이 10.3%로 남성의 피해경험 6.2%보다 높다. 여성과 남성 모두 가장 높은 피해는 정서적 측면에서 나타나고 있는 것으로 나타났으며 다음으로 여성은 성적, 남성은 신체적 측면의 피해 경험이 높게 나타난다.

1) 가정폭력의 실태와 문제점은 여성가족부가 발표한 2019년 가정폭력 실태조사를 정리하여 수록하였다.

표 10-2 ■ 배우자에 의한 폭력 종류와 행동

폭력 종류	행동
신체적 폭력	'나를 다치게 할 수 있는 물건을 던졌다', '밀치거나 팔, 어깨, 머리 등을 움켜잡았다', '손바닥으로 뺨이나 머리, 몸을 때렸다', '목을 조르거나 코와 입을 막는 등 숨을 쉬지 못하게 하거나 고의로 화상을 입혔다', '칼이나 흉기 등으로 위협하거나 다치게 하였다', '허리띠, 몽둥이 등 맞으면 다칠 수 있는 물건으로 때렸다', '주먹이나 발로 때리거나 사정없이 마구 때렸다'에 해당
성적 폭력	성적 폭력은 '무력을 사용하여, 내가 원하지 않을 때 성관계를 강요하거나 내가 원하지 않는 형태의 성관계를 강요하였다', '무력은 사용하지 않았지만, 내가 원하지 않을 때 성관계를 강요하거나 내가 원하지 않는 형태의 성관계를 강요하였다', '내가 원하지 않는 신체적 접촉(만지기, 키스, 포옹 등)을 하였다', '나의 신체 일부 또는 성행위를 동의 없이 촬영하였다', '나의 신체 일부 또는 성행위를 촬영한 사진, 동영상 등을 동의 없이 올렸다'에 해당
경제적 폭력	경제적 폭력은 '배우자가 생활비를 부담해야 하지만 일부러 생활비를 주지 않았다', '나의 재산 또는 나에게 지분이 있는 재산을 동의 없이 처분했다', '수입과 지출을 독점하였다', '나의 돈이나 재산을 빼앗거나 빚을 내게 떠넘겼다'에 해당
정서적 폭력	정서적 폭력은 '모욕하거나 욕을 했다', '때리려고 위협하였다', '나의 물건을 부쉈다', '내가 아끼는 사람이나 반려동물을 해치거나 해치겠다고 위협하였다', '내 앞에서 자해를 하거나 자해, 자살하겠다고 위협했다', '잠을 못 자게 괴롭혔다'에 해당
통제 (김정혜 외, 2019)	통제는 '친구들과 연락하거나 만나지 못하게 하는 행동', '친정식구 또는 본가와 연락하거나 만나지 못하게 하는 행동', '어디에 있는지 꼭 알려고 하는 행동', '무시하거나 냉담하게 대하는 행동', '이성과 이야기를 하면 화를 내는 행동', '바람을 피운다고 자꾸 의심하고 비난하는 행동', '아파서 병원에 가야 할 때에도 허락을 받도록 하는 행동', '온라인, 오프라인에서 누구와 연락을 주고받는지 감시하는 행동', '사회 활동(직업 갖기, 교육 받기, 사회적 성취 등)을 못하게 하거나 허락을 받도록 하는 행동', '외출 시간, 귀가 시간 등을 허락받도록 요구하는 행동', '피임을 거부하거나 성관계 도중 합의 없이 피임 기구를 제거하는 행동'에 해당

출처: 김정혜 외(2019). 2019년 가종폭력실태조사 연구. 여성가족부.

표 10-3 ■ 2019년 배우자에 의한 폭력 피해 경험률(2016년 조사문항 기준) (단위: %)

구 분	신체적	성적	경제적	정서적	전체
전체	1.5	1.8	1.0	7.0	8.3
여성	2.1	3.4	1.2	8.1	10.3
남성	0.9	0.1	0.8	5.8	6.2

출처: 김정혜 외(2019). 2019년 가종폭력실태조사 연구. 여성가족부.

배우자에 의한 폭력은 재산을 한 배우자가 주도적으로 주도해서 관리하는 부부보다 부부가 공동으로 운영하는 부부에서 피해 경험이 낮게 나타났으며, 남성과 여성 측면 모두에서 같았다. 이는 민주적으로 가정을 운영할 때 가정폭력이 낮아질 수 있음을 보여주는 것이다.

표 10-4 ▪ 2019년 재산 관리 방식별 배우자에 의한 폭력 피해 경험률(2016년 조사문항 기준)

(단위: %)

구 분	신체적		성적		경제적		정서적	
	여성	남성	여성	남성	여성	남성	여성	남성
부부가 의논해서 함께	1.6	0.4	4.0	0.3	0.8	0.3	7.6	4.5
본인 주도	2.4	1.8	6.1	1.1	0.8	1.0	8.6	7.6
상대방 주도	4.8	2.0	5.0	1.0	5.1	2.4	11.7	10.1

출처: 김정혜 외(2019). 2019년 가종폭력실태조사 연구. 여성가족부.

가정폭력 가해자가 배우자에게 폭력을 가한 이유 중 가장 높은 것은 '배우자가 나를 무시하거나 내 말을 듣지 않아서'이며 여성의 경우 63.6%, 남성의 경우 63.9%를 차지하였다. 이는 가정폭력 가해자가 배우자와의 관계를 제대로 정립하지 못하고 있거나 배우자가 자신이 정한 대로 행동하기를 바라는 것이 폭력으로 나타난 것으로 볼 수 있다.

그다음으로 높은 것은 '배우자로서 의무와 도리를 제대로 하지 않아서'이며, 여성의 경우 20.2%, 남성의 경우 15.5%를 차지하였다. '그렇게 하고 싶어서'나 '특별한 이유 없이'도 여성의 경우 6.9%, 10.7%, 남성의 경우 14.4%, 16.6%로 상당 수준으로 나타났다.

배우자로부터 폭력을 당했을 때의 대응으로 별다른 대응을 하지 않은 비율이 여성 48.3%, 남성 40.7%로 매우 높은 수준임을 알 수 있다. 배우자에게 맞대응 한 비율은 여성 42.8%, 남성 43.6%로 나타났다. 별다른 대응을 하지 않

표 10-5 ■ 2019년 배우자의 폭력행동에 대한 대응 (단위: %(명))

구분	별다른 대응을 한 적이 한 번도 없다	배우자에게 맞대응했다	자리를 피하거나, 집밖으로 도망갔다	주위에 도움을 요청하였다
전체	45.6	43.1	12.5	1.0
여성	48.3	42.8	9.8	1.5
남성	40.7	43.6	17.2	0.2

출처: 김정혜 외(2019). 2019년 가종폭력실태조사 연구. 여성가족부.

은 이유로 가장 높은 이유는 여성은 '배우자이기 때문'으로 25.3%, 남성은 '내 잘못도 있다고 생각해서'였다. '대응해도 달라질 게 없을 것 같아서', '폭력이 심각하지 않다고 생각해서', '그 순간만 넘기면 될 것이라고 생각해서'로 폭력에 대해서 체념하거나 폭력에 대한 인식이 낮은 측면이 있는 것으로 보인다. 가정폭력 피해자는 여성긴급전화 1336이나 가정폭력상담소 등에 도움을 요청할 수 있는데, 이를 하지 않은 이유는 가장 포은 것이 '폭력이 심각하지 않다고 생각해서'였고, 그다음이 '부부간에 알아서 해결할 일인 것 같아서'와 '그 순간만 넘기면 되어서'였다.

표 10-6 ■ 양육자에 의한 아동 폭력 종류와 행동

폭력 종류	행동
신체적 폭력	'손바닥으로 뺨이나 머리, 몸을 때렸다', '허리띠, 몽둥이 등 맞으면 다칠 수 있는 물건으로 때렸다', '아동을 잡고 던지거나 넘어뜨렸다', '주먹이나 발로 세게 때렸다', '사정없이 마구 때렸다', '목을 조르거나 코와 입을 막는 등 숨을 쉬지 못하게 하였다', '고의로 화상을 입혔다', '칼이나 흉기 등으로 위협하거나 다치게 하였다'에 해당
정서적 폭력	'때리겠다고 위협했다', '욕하거나 나쁜 말을 퍼부었다'에 해당
방임	식사를 제때 잘 챙겨주지 않았다', '진료가 필요한데도 병원에 데리고 가지 않거나 진료를 받지 못하게 했다', '술이나 약물에 취해서 아동을 돌보지 않았다', '어른과 함께 있어야 하는 상황임에도 불구하고 혼자 있게 하였다'에 해당

출처: 김정혜 외(2019). 2019년 가종폭력실태조사 연구. 여성가족부.

(2) 아동폭력

양육자에 의해 만 18세 미만의 아동에게 가해지는 신체적 폭력, 정서적 폭력과 방임 중 어느 하나라도 해당되는 비율이 2019년 가정폭력 실태조사에서 전체의 27.6%로 매우 높게 나타났다. 여성 양육자의 32.0%, 남성 양육자의 22.7%가 아동폭력을 한 경험이 있는 것으로 나타났다. 여성 양육자의 가해 비율이 높은 이유는 여성 양육자가 주양육자로 아동과 보내는 시간이 많기 때문인 것으로 추정된다(김정혜 외, 2019).

표 10-7 ▪ 양육자에 의한 아동폭력 가해율 (단위: %)

구 분	신체적	정서적	방임	전체
전체	11.3	24.0	2.0	27.6
여성	13.5	27.8	2.7	32.0
남성	8.8	19.8	1.1	22.7

출처: 김정혜 외(2019). 2019년 가종폭력실태조사 연구. 여성가족부.

아동폭력 중 가장 가해율이 높은 것은 정서적 폭력으로 여성 양육자의 27.8%, 남성 양육자의 19.8%, 전체 양육자의 24.0%가 정서적 폭력을 한 경험이 있었다. 신체적 폭력의 경우에는 여성 양육자의 13.5%, 남성 양육자의 8.8%, 전체 양육자의 11.3%가 가해 경험이 있었다. 방임을 한 경우는 전체 양육자의 2.0%, 여성 양육자의 2.7%, 남성 양육자의 1.1%였다.

(3) 노인폭력(노인학대)

만 65세 이상의 노인이 2019년 자녀, 사위, 며느리, 손자녀로부터 신체적 폭력, 경제적 폭력, 정서적 폭력 등 노인폭력을 경험한 비율은 전체 3.8%, 여성 3.8%, 남성 3.7%로 나타났다.

노인폭력 피해 경험률에서 가장 높게 나타난 폭력 종류는 정서적 폭력으로 전체 3.5%, 여성 3.7%, 남성 3.4%였다. 신체적 폭력 경험률은 전체 0.2%, 경제적 폭력 경험률은 전체 0.2%, 방임은 전체 0.3%였다.

표 10-8 ▪ 노인폭력(노인학대) 피해 경험률 (단위: %)

구분	신체적	경제적	정서적	방임	전체
전체	0.2	0.2	3.5	0.3	3.8
여성	0.1	0.2	3.7	0.4	3.8
남성	0.4	0.3	3.4	0.3	3.7

출처: 김정혜 외(2019). 2019년 가종폭력실태조사 연구. 여성가족부.

참고로 노인폭력의 주된 가해자는 자녀가 81.7%였으며, 사위 및 며느리 11.5%, 손자 및 소녀 6.9% 등이었으며, 주가해자와 함께 살고 있는 경우가 24.6%였다. 또한 노인폭력 피해 시에 주위에 도움을 요청한 경우가 전체 11.1%, 여성 10.1%, 남성 12.6%로 나타났으며, 그 사유는 '가족이라서'가 66.2%, '창피하고 자존심 상해서'가 20.8%, '그 순간만 넘기면 되어서'가 9.5%였다(김정혜 외, 2019). 노인이 가정폭력 피해를 입어도 도움을 요청하지 않은 비율이 높은 점은 노인이 가정폭력 대책의 사각에 놓여 있을 가능성이 높음을 시사한다.

표 10-9 ▪ 노인폭력 종류와 행동

폭력 종류	행동
신체적 폭력	'화풀이 또는 의사표시를 거친 행위(물건 던지기, 부수기 등의 기물파손)로 하는 행위', '할퀴거나 꼬집거나 물어뜯는 행위', '머리(채)나 목 또는 몸을 강하게 잡거나 흔드는 행위', '밀치거나 넘어뜨리는 행위', '발로 차거나 주먹으로 때리는 행위', '도구나 흉기를 사용하여 위협하거나 상해 또는 화상을 입히는 행위', '방이나 제한된 공간에 강제로 가두거나 묶어두는 행위'에 해당

경제적 폭력	'연금, 임대료 등의 소득 또는 저축, 주식 등을 가로채거나 임의로 사용하는 행위', '나의 동의없이 부동산에 대한 권리를 임의로 행사하거나 강제로 명의 변경하는 행위', '빌린 돈을 갚지 않거나 물건을 돌려주지 않는 행위', '유언장을 허위로 작성하거나 변조하여 재산을 취하는 행위'에 해당
정서적 폭력	'모욕적인 말을 하여 감정을 상하게 하거나 수치심을 느끼도록 하는 행위', '집을 나가라는 폭언을 하는 행위', '가족으로부터 따돌리거나 가족모임 또는 의사결정 과정에서 자주 소외시키는 행위', '대화를 기피하거나 나의 의견을 무시하거나 또는 화내는 행위(못 들은 척, 무관심, 침묵, 냉담, 짜증, 불평)', '신체적 기능의 저하로 인한 실수(실변, 실금)를 비난하는 행위', '부양부담으로 인한 스트레스를 노골적으로 표현하는 행위'에 해당
방임	'길이나 낯선 장소 등에 버려 사고를 당할 수 있는 위험한 상황에 처하게 하는 행위', '스스로 식사하기 힘든 나를 방치하는 행위', '경제적 능력이 있음에도 불구하고 고의로 필요한 보장구를 제공하지 않는 행위(틀니, 보청기, 돋보기, 지팡이, 휠체어 등)', '병원에서 치료를 받아야 할 상황인데도 나를 병원에 데리고 가지 않는 행위', '필요한 기본생계비용을 제공하지 않거나 중단하는 행위', '연락 또는 왕래를 하지 않고 방치하는 행위', '동의 없이 시설에 입소시키거나, 병원에 입원시키고 연락을 끊는 행위'에 해당

출처: 김정혜 외(2019). 2019년 가종폭력실태조사 연구. 여성가족부.

(4) 가정폭력 및 관련 법·제도 인식

가정폭력에 대한 인식은 가정폭력을 '가정 안에서 해결해야 할 개인적 문제가 아니다'라고 응답한 비율이 81.5%로 나타나 가정폭력이 사회적 문제임을 인식하는 비율이 높은 것으로 나타났다. 이러한 인식은 가정폭력 신고인식으로도 이어져 전체의 94.7%가 아동학대를 목격하면 신고하는 것이 마땅하다고 응답했으며, 전체의 88.3%가 부부간 폭력을 목격하는 경우 신고하는 것이 마땅하다고 응답했다. 전체의 90.3%가 가족이 아니더라도 가정폭력을 알게된 때는 경찰에 신고할 수 있다고 밝혔으며, 전 배우자 혹은 사실혼 관계에 있는 자의 폭력 행사를 신고하겠다는 비율도 85.8%로 높았다.

가정폭력 피해자 지원시설과 관련해서는 가정폭력 상담소를 알고 있다는 응답이 74.9%로 나타났으며, 가정폭력, 아동 및 노인학대 긴급신고 112에 대한 인지비율이 65.1%, 가정폭력피해자 보호시설에 대한 인지 58.2%, 여성긴급전화 1366에 대한 인지가 43.3%로 나타났다.

폭력감소를 위한 정책의 필요성과 관련해서는 '학교에서 아동기로부터 폭력 예방교육', '가해자에 대한 법적 조치 강화'가 가장 높았으며, '가정 폭력 관련 법 및 지원 서비스 홍보', '가정폭력 예방교육', '성평등 의식교육' 등의 순으로 나타났다.

표 10-10 ■ 가정폭력 관련 법·제도 인지율 (단위: %)

구분	전체	여성	남성
가족이 아니더라도 가정폭력(아동 및 노인 학대 포함)을 알게 된 때에는 경찰에 신고할 수 있다.	90.3	90.5	90.0
가정폭력을 신고한 사람에 대해서는 비밀이 보장된다.	79.5	79.2	79.7
가정폭력으로 신고된다 하더라도 반드시 전과자가 되는 것은 아니다.	80.1	79.7	80.5
가정폭력으로 배우자를 고소하더라도 자동으로 이혼이 되는 것은 아니다.	83.5	83.7	83.3
전배우자 혹은 사실혼 관계에 있는 자가 폭력을 행사하는 경우에도 가정폭력으로 신고할 수 있다.	85.8	86.4	85.2
가정폭력 신고가 있으면 문을 열어주지 않더라도 경찰은 현장에 강제로 들어갈 수 있다.	74.9	74.7	75.1
가정폭력이 다시 발생할 위험이 있을 경우 경찰은 가해자를 집 밖으로 나가도록 할 수 있다.	81.8	81.4	82.1
가정폭력피해자는 법원에 직접 가해자의 접근금지를 신청할 수 있다.	90.3	90.7	89.9

출처: 김정혜 외(2019). 2019년 가종폭력실태조사 연구. 여성가족부.

표 10-11 ■ 가정폭력피해자 지원시설 인지율 (단위: %)

구분	전체	여성	남성
가정폭력상담소	74.9	76.2	73.7
가정폭력피해자 보호시설	58.2	60.3	56.2
여성긴급전화 1366	43.3	46.9	39.6
가정폭력, 아동 및 노인학대 긴급신고 112(24시간 운영)	65.1	66.3	63.8
아동보호전문기관	59.7	60.8	58.6
노인보호전문기관	48.6	50.2	46.9

출처: 김정혜 외(2019). 2019년 가종폭력실태조사 연구. 여성가족부.

2) 가정폭력의 문제점

(1) 가정폭력의 전이

① 다른 폭력으로 전이

가정폭력은 가족구성원 간의 폭력으로 그 목격만으로 문제를 일으킨다. 예를 들어, 부부폭력과 아동학대를 경험한 중학생의 경우에는 그렇지 않은 학생에 비하여 학교폭력 가해 비율이 높은 것으로 나타났으며(김현경 · 노충래, 2004), 청소년의 경우 부부폭력이 높을수록 아동학대와 형제폭력이 증가하고 이는 학교폭력 가해로 이어질 가능성이 높은 것으로 나타났다(정재은 · 장재홍, 2017). 참고로 청소년의 경우, 음란물 이용에 부부폭력을 목격한 경험이 영향을 미치는 것으로 나타났으며, 이는 부부폭력을 목격한 청소년이 우울/불안을 낮추기 위한 방법인 것으로 보인다(김재엽 외, 2017). 대학생을 대상으로 조사한 결과 가정폭력이 데이트폭력에 있어 유의미한 변인으로 조사되었다(이상훈 · 조상현).

② 가정폭력의 세대 간 전이

가정폭력은 또 다른 가정폭력으로 이어질 가능성을 높이다. 성인기 가정폭력의 가해자 중 상당수가 아동기에 가정 폭력을 경험한 것으로 나타나 가정폭력이 3세대 이상으로 전이될 가능성이 높은 것으로 나타났다(이인선 외, 2017; 김재엽 외, 2014).

(2) 가정폭력으로 인한 각종 피해 발생

가정폭력은 신체적 피해 및 정신적 피해, 경제적 피해, 사회관계적 피해를 동반한다. 먼저 신체적 피해로는 직접적인 폭력으로 인하여 상처, 골절 등의 피해를 입을 수 있고, 신체의 성장 · 발달에도 악영향을 미칠 수 있다. 성적 폭력의 경우에는 성병 등과 같은 문제를 입을 수 있다. 또한 수면부족이나 피로와 배고픔 등으로 제대로된 신체활동을 하기가 어려울 수 있다.

정신적 피해로는 불안증세가 나타나며, 수면장애, 우울/스트레스 증가, 섭식 장애 등이 나타날 수 있다. 가정폭력으로 인한 이러한 정신적 피해는 다른 사람에게 의존성을 높이거나 지배성을 높이는 등 현재뿐만 아니라 미래에도 충격을 줄 수 있다.

경제적 피해로는 경제적 착취 등 재산 감소와 함께 가정폭력으로 인한 노동력 상실이나 노동의 질 약화 등으로 인한 소득의 감소, 가정폭력으로 인한 신체적/정신적 손상에 따른 경제적 손해 등이 있다.

사회관계적 피해 또한 주목해야 한다. 2019년 가종폭력실태조사에는 가정폭력의 유형 중 하나로 통제를 들고 있는데(김정혜 외, 2019), 통제는 친구와 연락이나 만남, SNS 등 사회적 관계를 통제하여 사회적 관계에 피해를 입힐 수 있다.

3 폭력가족 관련 정책 및 서비스

1) 가정폭력 관련 주요 법률

가정폭력 관련 주요 법률은 폭력 방지 혹은 처벌이 주목적인 법률과 부수적인 목적인 법률로 나눌 수 있다.

(1) 폭력 방지 혹은 처벌이 주목적인 법률

가정폭력 방지 혹은 처벌이 주목적인 법률은 가정폭력방지 및 피해자 보호 등에 관한 법률과 가정폭력범죄의 처벌 등에 관한 특례법이다. 여성폭력방지

표 10-12 ■ 가정폭력과 관련한 주요 법률

가정폭력	관련 법률
가정폭력	가정폭력방지 및 피해자 보호 등에 관한 법률
	가정폭력범죄의 처벌 등에 관한 특례법
여성폭력	여성폭력방지기본법
아동폭력	아동복지법
청소년폭력	청소년보호법
노인폭력	노인복지법
장애인폭력	장애인복지법

기본법은 성별에 기반한 폭력을 다루는 법률이지만 여성폭력 개념안에 '가정폭력' 및 '그 밖에 친밀한 관계에 의한 폭력' 등이 포함되어 있다. 여성폭력방지기본법은 특별히 '2차 피해' 개념을 도입하고 피해자의 권리로 2차 피해로부터 보호받을 권리를 규정하며 2차 피해 방지를 위한 대책을 마련하도록 하고 있다.

(2) 폭력 방지 혹은 처벌이 부수적 목적인 법률

아동복지법, 청소년보호법, 노인복지법, 장애인복지법 등은 폭력 방지 혹은 처벌에 특화된 법률은 아니지만, 아동학대, 청소년폭력 · 학대, 노인학대, 장애인 학대 관련 규정을 두고 있는 법률이다.

(3) 법률 상의 가정폭력 관련 주요 제도

① 실태조사 및 기본계획

가. 실태조사

가정폭력방지 및 피해자보호 등에 관한 법률은 가정폭력 실태조사를 3년마다 실시하고 이를 정책 수립의 기초자료로 활용해야 함을 규정하고 있다. 여성폭력방지기본법에서도 3년마다 여성폭력실태조사를 하여 정책 수립의 기초자료로 활용해야 함을 규정하고 있다.

나. 기본계획

건강가정기본법에서는 건강가정정책 기본계획을 수립하도록 하고 있으며, 건강가정정책 기본계획에서는 가정폭력 대책 및 예방과 관련한 정책이 포함되어 있다. 여성폭력방지기본법에서는 여성폭력방지정책 기본계획을 수립하도록 하고 있다. 제1차 여성폭력방지정책 기본계획은 2020년에서 2024년까지 시행되며, 가정폭력 피해자 지원 서비스 내실화 및 가정폭력 피해자 자립지원 강화 등을 계획하고 있다.

② 가정폭력 피해자 보호를 위한 시설

가. 긴급전화센터 및 상담시설

가정폭력 피해자가 도움을 받기 위해서는 신고 및 상담에 손쉽게 접근할 수 있어야 하며, 관련 법률에서 이러한 긴급전화와 상담을 돕기 위한 시설의 설치를 규정하고 있다.

가정폭력방지 및 피해자보호 등에 관한 법률에서는 긴급전화센터와 가정폭력 관련 상담소 설치에 관한 규정을 마련하고 있다. 노인복지법에서도 노인학대 예방과 신고를 위한 긴급전화의 설치를 규정하고 있다.

나. 보호시설의 설치

가정폭력 피해자는 가해자인 가족구성원과 분리되어 안전하게 보호를 받을 필요성이 있으며 이를 위한 보호시설이 필요하다. 가정폭력방지 및 피해자보호 등에 관한 법률에서는 단기보호시설, 장기보호시설, 외국인보호시설, 장애인보호시설 등을 설치할 수 있도록 하고 있다. 아동복지법에서는 아동보호전문기관을 두어 피해아동, 피해아동의 가족 및 아동학대행위자를 위한 상담 및 치료, 교육, 아동학대예방 교육 및 홍보, 피해아동 가정의 사후관리를 하도록 하고 있다. 또한 학대아동쉼터를 지정하여 피해아동에 대한 보호, 치료, 양육 서비스를 제공하도록 하고 있다. 청소년복지지원법에서는 청소년쉼터를 두어 가정 밖 청소년에 대하여 가정 · 학교 · 사회로 복귀하여 생활할 수 있도록 일정 기간 보호하면서 상담 · 주거 · 학업 · 자립 등의 서비스를 제공하도록 하고 있다. 노인복지법에서도 학대피해노인 전용쉼터를 설치하여 학대피해노인의 보호와 숙식제공, 전문 상담 등을 제공하고 있다.

③ 상담 등 지원서비스의 제공 또는 실시

상담 등 지원서비스는 가정폭력 피해자와 가정폭력 가해자를 대상으로 하는 서비스로 피해자와 가해자의 회복을 위한 서비스이다.

가정폭력방지 및 피해자보호 등에 관한 법률에서는 가정폭력 관련 상담소의 업무로 가정폭력 신고와 상담, 피해자등에 대한 임시보호와 의료기관 보호시설로 인도, 법률 구조에 대한 협조와 지원 등등을 규정하고 있다. 보호시설에서는 숙식의 제공, 심리적 안정과 사회적응을 위한 상담 및 치료, 질병치료와 건강관리를 위한 의료기관에의 인도 등 의료지원, 수사 재판과정에 필요한 지원, 법률구조기관 등에 필요한 협조와 지원, 자립자활교육의 실시와 취업정보의 제공 등을 규정하고 있다.

가정폭력범죄의 처벌 등에 관한 규정에서는 사회봉사 · 명령, 치료위탁, 상담위탁 등을 통해서 가해자가 회복할 수 있도록 하고 있으며 검사가 필요하다고 판단하는 경우 상담조건부 기소유예를 할 수 있도록 하고 있다.

여성폭력방지기본법에서는 피해자 보호 및 지원을 위하여 상담, 의료제공, 구조금 지급, 법률구조, 취업 관련 지원, 주거 지원, 취학 지원 등을 규정하고 있다.

2) 가정폭력 관련 서비스

(1) 긴급전화 등 가정폭력에 대한 조기 발견 체계 구축

여성가족부의 제4차 건강가정기본계획에 의하면 여성긴급전화 1366, 다누리콜센터 1577-1366를 활용하여 가정폭력 피해사담 및 긴급 지원 제공을 강화하고, 아동학대신고를 활성화하는 서비스를 제공하도록 하고 있다. 지역사회 청소년안전망 및 청소년쉼터 등도 관련 기능을 수행하고 있다.

(2) 가정폭력 피해에 대한 통합 지원 강화

여성가족부, 보건복지부, 지방자치단체 등에서는 가정폭력피해자를 안전하게 보호하고 자립할 수 있도록 지원시설이나 서비스를 운영하고 있다. 가족이 건강하게 기능하도록 하는 상담 및 프로그램 등 각종 서비스를 제공하고 있다. 각 지역에 소재한 가족센터나 청소년상담복지센터 등에서도 가정폭력을 예방하기 위한 각종 프로그램을 제공하고 있다.

그림 10-1 ■ 동두천시 가족센터 홈페이지 모습

(3) 복지로에서 가정폭력 관련 서비스 검색

정부에서 운영하는 복지로 홈페이지에서도 가정폭력 관련 서비스를 검색할 수 있다. '폭력'이나 '학대' 등의 키워드를 통해서 검색을 하면 된다.

복지로

그림 10-2 ▪ 복지로 서비스에서 폭력 관련 복지서비스 검색 화면

CHAPTER 11

다문화가족

학습목표

1. 다문화가족의 개념을 이해할 수 있다.
2. 다문화가족의 실태와 문제를 이해할 수 있다.
3. 다문화가족지원 서비스 현황과 대책을 이해할 수 있다.

1 다문화가족의 개념

1) 다문화사회로의 진입 및 다문화복지의 필요성

다문화사회란 여러 인종 및 여러 민족이 함께 살아가는 사회를 의미하는 것으로 한 사회 내에 여러 인종 또는 민족이 함께 어울려 사는 사회를 말한다. 즉, 동일 혈통과 문화를 추구하는 단일문화에 다른 문화가 흡수되거나 통합되어 여러 문화가 한 사회 내에 공존하는 것이라 할 수 있다. 다문화가족은 우리나라와 다른 민족 또는 다른 문화적 배경을 가진 사람들이 포함된 가정을 통칭하는 용어로 한 가정 내의 차이는 물론 가치, 문화, 종교, 생활양식 등 문화적 다양성을 강조하는 개념이다.

다문화사회의 형성 배경은 세계화, 정보화 사회로의 진입으로 국제 간 자원 및 노동자들을 포함한 교류가 활발해지면서 장, 단기적으로 외국에 거주하게 되면서 다른 문화와 접촉이 활발히 이루어지고 그로 인해 다양한 민족 및 문화가 한 사회에 공존하게 되었다. 주로 1960년대 이후 미국, 영국 및 캐나다 등에서 주로 나타나는 다문화 현상이라 할 수 있다.

우리나라의 경우, 1980년대 이후 경제개발정책 추진으로 외국인근로자들이 우리나라의 노동시장에 유입되기 시작하였고 1991년 산업연수제도라는 법적기반을 통해 대거 입국하기 시작하면서 다문화사회로 진입하는 계기가 마련되었다. 또한 도시화에 따라 농촌의 여성 인구가 감소하고 농촌의 결혼 적령기 남성들의 배우자 선택의 폭이 좁아지면서 사회적 문제로 대두되기 시작하면서 1990년부터 '농촌총각 장가보내기 운동'의 국제결혼이 추진되었고, 1995년 이후 중국동포여성의 국내로의 대거 유입을 시작으로 베트남, 필리핀 등의 아시아국가에서 결혼을 통한 이주민이 증가하기 시작하였다. 외국인근로자, 결혼이주민의 증가, 1995년 이후 북한이탈주민의 한국 사회로의 유입은 한국 사회가 다문화사회로의 진입에 커다란 영향을 미치게 되었다.

서구유럽의 경우, 다문화사회로의 진입이 100~200년에 거쳐 서서히 진행되었으나, 우리나라는 30~40년 안에 다문화사회로 진입하게 되면서 이전에 경험하지 못한 다양한 사회적 문제에 직면하게 되었다. 한국 사회는 전통적으로 단일민족국가라는 자부심이 내재되어 있어 다른 문화를 수용하고 이해하는데 여러 어려움을 경험하게 되면서 결혼이민자들의 한국 사회 문화 적응, 사회적 편견 등 다양한 갈등이 사회적 관심과 문제로 대두되었다.

따라서 여러 이유로 형성된 다문화 사회로의 진입 및 다문화가족의 경우 이들의 안정적인 한국 사회 정착, 한국 사회 적응 및 사회적 통합을 위한 다양한 논의가 이루어지게 되었다. 우리나라에서는 2008년 다문화가족지원법 제정을 통해 다문화가족구성원이 안정적인 가족생활을 영위하고 경제 · 사회 · 문화 등 각 분야에서 사회구성원으로서의 역할과 책임을 다할 수 있도록 필요한 제도와 여건을 조성하고 이를 위한 시책을 수립 · 시행하고 있다. 다문화복지는 최근 10년 사이에 우리나라 사회복지 분야에 자리를 잡은 영역으로 서구의 다문화사회 형성에 비해 형성과정이 매우 짧은 것이 특징이며, 특히 우리나라의 사회복지 영역이 확대되면서 새롭게 포함된 사회복지 분야라 할 수 있다.

2) 다문화가족의 개념

일반적으로 다문화가족이란 우리나라에 거주하는 문화적 차이가 존재하는 가족과 세대, 계층 등 문화적 차이가 있는 모든 가족을 의미한다. 그러나 법률적 정의로는 다문화가족이란 다문화가족지원법의 정의로 갈음하고 있으며, 「재한외국인 처우 기본법」 제2조 제3호의 결혼이민자와 「국적법」 제4조에 따라 귀화 허가를 받은 자를 말한다. 즉, 다문화가족지원법에서 의미하는 다문화가족이란 결혼 이민자, 귀화허가를 받은 자와 출생 시부터 대한민국 국적을 취득한 자로 이루어진 가정으로 좁은 의미의 다문화가족을 의미한다. 주로 국제결혼 가정이 주 대상으로 명시되어 있으며, 이 법의 정의에 따르면 다문화가족은 최소한 한 사람의 가족구성원이 대한민국에서 출생한 경우로 한정하고 있다. 이러한 법률적 정의는 외국인근로자가족, 무국적 외국인 등의 적용에는 한계가 있다. 최근에는 다문화가족의 개념을 국제결혼 가정이외에도 외국인근로자가족, 북한이탈주민(새터민) 등으로 정책적으로 확대 적용하고 있다는 점을 감안한다면, 보다 넓은 의미의 개념으로 다문화가족을 이해해야 할 필요가 있다.

표 11-1 ■ 다문화가족 유형

다문화가족 유형	다문화가족
결혼이민자가족	• 한국남성 + 외국여성 • 한국여성 + 외국남성 • 혼인귀화자 가정 포함
외국인근로자가족	• 외국인근로자 남/여성이 한국 내 결혼으로 이루어진 가정 • 외국인 남/여성이 결혼 후 한국에 이주한 가정 • 외국인근로자로서 비혼 상태로 단독 혹은 동료와 함께 생활하는 가정

북한이탈주민(새터민)	• 탈북 남/여성의 결합으로 이루어진 가정 • 탈북 남/여성이 한국 입국 후 한국 남/여성과 결합한 가정 • 탈북 남/여성이 비혼 상태로 단독 혹은 동료와 함께 생활하는 가정

2 다문화가족의 실태와 문제

1) 다문화가족의 실태

현재 결혼이민자가족, 외국인근로자가족, 북한이탈주민 등을 포함한 다문화가족 인구는 2019년까지 점차 증가추세로 나타났으며, 코로나19로 인해 2020년 이후는 감소추세로 나타나고 있다(표 11-2).

표 11-2 ▪ 국내체류외국인 현황 (단위: 명)

구분	2017	2018	2019	2020	2021
전체 인구	51,778,544	51,826,059	51,849,861	51,829,023	51,683,809
체류외국인	2,180,498	2,367,607	2,524,656	2,036,075	1,956,781

출처: 법무부(2022). 출입국 통계.

(1) 결혼이민자가족

다문화가족지원법이 처음 시행된 2008년 당시 외국인주민현황조사에 나타난 다문화가구수는 14만 4천명이었으나, 2018년 기준 전체 33만 가구(가구원 101만 명)로 전체 가구대비 1.7%(가구원 2%)를 차지하고 있다. 2007년에 다문화가족의 구성원 수가 100만 명을 넘어섰고, 최근 3~4년 동안 외국인과 결혼하는 수가 전체 결혼자의 10%를 넘고 있어 다문화가족은 해마다 늘어나고 있다. 다문화 가구원은 2020년 기준 전체 인구(5,183만 명)의 2.1%(109만 명)을 차지하며, 다문화 출생은 전체 출생(27.2만 명)의 6.0%(1.6만 명)를 차지하고 있으며, 2022년 조사에 의하면 다문화가구는 전체 346,017가구로 우리 사회의 다문화가족구성원은 계속 증가하는 추세이다(여성가족부, 2022). 2021년 여성가족부 전국다문화가족실태조사에 의하면, 수도권(서울, 경기, 인천)에 거주하는 다문화가족은 56.1%로 2018년(55.6%)에 비해 증가하였으며, 대도시에 거주하는 비율이 읍면 지역 거주 비율보다 3배 이상 높게 나타났다.

표 11-3 ■ 결혼이민자 현황 (단위: 명)

구분	2017	2018	2019	2020	2021
결혼이민자	155,457	159,206	166,025	168,594	168,611

출처: 법무부 출입국 통계(2022)

(2) 외국인근로자가족

외국인근로자 또는 이주노동자라는 용어로 불리며, 이들은 다른 나라에서 보수활동에 종사하고 있는 자들을 의미한다. 외국인근로자가족 중 일부는 '출입국관리법' 및 '외국인근로자 고용에 관한 법률'에 의거해 체류기간이 초과하여 불법으로 체류하고 있는 경우도 있으며, 2020년 법무부 자료에 의하면 2020년 기준 외국인근로자는 248만 1,565명이고, 이 중 15.5%에 달하는 38만 5,880명으로 집계되었다.

외국인근로자는 우리나라의 부족한 노동시장을 보완하는 역할뿐 아니라 저출산 및 고령화로 인한 노동력 감소 현상을 해소할 수 있는 긍정적인 효과를 제공하며 앞으로 외국인근로자들은 지속적으로 증가할 것으로 예측된다. 그러나 법적으로 체류자격을 인정받은 외국인근로자 이외에 불법체류하고 있는 외국인근로자의 경우 열악한 노동조건과 가족의 보건, 복지뿐 아니라 그들 자녀의 보육 및 교육 문제의 사각지대에 놓여 있다.

(3) 북한이탈주민

'탈북민' 또는 '새터민'으로 불렸으나 현재는 북한이탈주민으로 법률상 규정하고 있다. 이들의 경우, 같은 민족으로 우리와 유사한 언어를 사용하기는 하나 체제가 다른 사회에 대한 이질감, 문화적 충격, 탈북과정에서 경험하게 되는 여러 어려움 등은 결혼이민자가족과 외국인근로자가족의 문제와는 다른 양상을 보이기도 한다. 북한이탈주민은 1990년대 중반 북한의 식량사정 악화로 인해 탈북자 수가 급증하면서 2000년 이전에는 100명에 불과한 것이 2020년 기준 2만 7000여 명에 달하고 있다.

북한이탈주민은 난민, 이주민, 동포, 민족 등 다양한 정체성을 가지고 있다는 점에서 결혼이민자 가족, 외국인근로자 가족과는 다른 문제를 가지고 있다. 북한이탈주민의 경우, 탈북과정에서 겪는 어려움, 이질적인 체제 경험을 통한 문화 충격과 그로 인한 한국 사회에서의 적응 문제 등을 경험하게 된다. 최근 가족 단위의 입국이 증가하면서 여성, 아동, 장년층의 비율이 증가하고, 연령구성이 다양해지면서 육아문제, 교유문제, 노인문제 등 새로운 적응문제가 대두되고 있다.

2) 다문화가족의 문제

(1) 다문화가족의 문제

① 경제적 문제 및 취업문제

다문화가족은 주요 직종이나 종사상 지위, 임금수준, 근로시간 등을 고려한 질적인 경제활동 수준이 우리나라 일반 국민에 비해 열악한 상태로 나타난다. 2021년 다문화가족실태 조사에 의하면, 월평균 소득이 300만 원 이상이 2018년 조사에 비해 다소 높아졌으나, 코로나19 확산으로 인해 51.5%의 가구가 소득이 감소한 것으로 조사되었다. 근로유형의 경우, 단순노무직에 종사하는 가구구성원이 32.%로 전체 근로자(14.4%)에 비해 높게 나타나, 경제적 지위가 비다문화가족보다 다소 낮은 것을 알 수 있다. 외국인근로자의 경우, 대다수가 소규모, 고위험 노동업종에 근무하며, 저임금 및 장시간 노동, 임금체불 등의 인권문제를 경험하고 있다. 북한이탈주민의 경우, 우리나라 일반 국민에 비해 2~3배 정도 낮은 고용율 및 높은 실업률로 인한 경제적 어려움에 직면하고 있다.

② 의사소통의 어려움과 외로움

다문화가족의 언어문제로 인해 한국 사회 적응의 어려움을 경험하게 된다. 언어적 소통의 어려움은 가족 간의 대화 단절로 이어지고 이로 인해 가족 간 갈등의 원인이 될 수 있으며, 결혼이민자 당사자의 고통은 물론 가정해체의 위기로까지 이어지고 있다. 이러한 문제로 인해 부부관계, 친구관계, 사회생활 등이 원만하지 못하여 심리적 외로움을 경험하기도 한다. 또한 언어 및 의사소통의 어려움은 자녀 양육과정에서도 다양한 문제의 원인으로 나타나고 있다. 특히, 최근 조사에 의하면 문화적 차이로 인한 부부간의 문제 중 의사소통방식에서는 여전히 어려움을 경험하고 있는 것으로 나타났다.

③ 자녀양육의 문제

다문화가족의 부모-자녀 관계에 대한 선행연구들에서는 한국어에 서툰 다문화가족의 어머니는 자녀와 충분한 의사소통이 이루어지지 않음으로 인해 가족 간의 상호작용에 부정적인 영향을 미칠 뿐 아니라, 비다문화가족의 어머니보다 무관심하거나 강압적인 양육태도를 취할 수 있다고 보고하고 있다. 부모의 교육적 관여와 관련하여, 다문화가족 부모들은 학교 참여와 교육적 지원을 하는 것이 충분하지 않은 것으로 나타났으며, 다문화가족 부모님들은 자녀의 숙제 점검하기, 과제물 챙기기, 등교시키기, 학부모회의 참여하기 등의 자녀에 대한 교육적 관여가 미흡할 뿐 아니라, 학교생활에 있어서 조력자의 역할을 담당하는 데 어려움을 경험하고 있는 것으로 보고되고 있다.

다문화청소년을 대상으로 한 실태조사(여성가족부, 2015) 결과에 의하면, 다문화가족의 한국인 아버지들은 자녀의 교육에 무관심한 것으로 나타났으며, 아버지의 무관심은 외국인 어머니의 부담으로 작용하고 있는 것으로 나타났다. 2021년 여성가족부 조사에서도 학습지도 및 진로지도가 자녀양육에서 가장 큰 어려움으로 경험되고 있는 것으로 나타났다. 외국의 경우에도 부족한 언어능력은 이주여성들이 자녀들의 교육적 지원을 어렵게 하는 요인으로 작용하고 있는 것으로 나타났다.

④ 사회적 편견 및 차별경험

우리나라는 전통적으로 단일민족이라는 자부심을 가지고 있어 타 민족에 대해 다소 배타적인 관념으로 타 민족에 대해 편견을 가지고 있었다. 특히, 경제적 지위가 낮은 제3국가에서 온 외국인에 대한 편견과 차별은 서구 선진국에서 온 외국인들에 비해 높다고 할 수 있다. 결혼이주민들 중 대부분은 동남아시아에서 온 여성들이 대부분을 차지하고 있으며, 그들에 대한 사회적 편견으로 인한 차별경험은 그들의 한국 사회 적응을 더욱 어렵게 하는 요인으로 작용하고 있다.

(2) 다문화가족 자녀의 문제

① 문화적응 및 정체감 혼란

다문화가족 아동들이 경험하고 있는 문제는 첫째, 이중 문화 적응에 대한 어려움, 이중 문화로 인한 정체성의 혼란을 들 수 있다. 이러한 문화적응의 문제로 인해 자신의 정체성에 대한 혼란은 결과적으로 자신을 이방인으로 생각하는 것으로 나타났다. 중도입국 다문화가족 아동들은 국내에서 출생하고 자란 다문화가족 아동들보다 한국 사회가 더욱 낯설고, 한국문화에 적응하는 것이 더욱 어려운 것으로 나타났다. 특히, 중도입국 다문화가족 아동들은 성장 도중에 한국으로 입국하게 되어 거의 외국인과 다름없는 한국어 실력이나 한국 문화적응에 대한 스트레스가 더 높다고 할 수 있다.

② 차별 및 또래 관계 문제

다문화가족 아동이 경험하는 차별의 문제가 있다. 다문화가족 아동들이 경험하는 낮은 차별은 그들의 학교생활 적응에도 부정적인 영향을 미치고 있다. 또래관계의 어려움과 그로 인한 심리사회적 문제를 들 수 있다. 다문화가족 아동들은 비다문화가족 아동들과는 다소 다른 외모로 인한 교우관계 및 학교생활에서의 어려움을 경험하는 것으로 나타났다. 학교에서 다문화가족 청소년들이 집단 따돌림을 받는 정도는 10명 중 3명의 비율로 나타났으며, 그 이유로는 '외국인이라서(46.7%)', '특별한 이유 없음(40.0%)'으로 나타났으며, 그 외 의사소통이 되지 않아서 따돌림을 당하고 있는 것으로 나타났다.

③ 언어발달 및 학업 문제

다문화가족 아동들은 언어적 환경에 따른 어려움을 경험하는 것으로 나타났다. 아동들이 언어발달 시기에는 주 양육자인 어머니의 영향을 많이 받는데, 외국인 어머니의 경우 한국어 실력이 낮아 아동들의 언어발달을 저해할 가능성이 높다. 이는 이후 인지발달, 사회성 발달에 부정적인 영향을 미치며, 낮은 학업성취로 이어질 수 있다. 국내출생 다문화가족 아동들의 경우 일상생활에서 의사소통에는 크게 어려움을 경험하지 않으나, 글쓰기와 독해 등의 영역에서 어려움을 경험하는 것으로 나타났으며, 결과적으로 낮은 학업성취로 이어지고 있었다. 2021년 여성가족부 조사에 의하면, 다문화가족 자녀의 취학률은 우리나라 학교급별 전체 국민에 비해 모두 낮은 수준이고, 고등교육기관 취학률 격차는 31.0%로 매우 큰 것으로 조사되었다. 더욱이 다문화가족 자녀의 43.9%가 청소년으로 조사되었고, 이들에 대한 학령기에 맞춤형 지원에 대한 필요성이 더욱 커지고 있는 것으로 나타났다.

- 다문화가족 자녀: 초등학교 95.3%, 중학교 95.7%, 고등학교 94.5%, 고등교육기관 40.5%
- 전체국민: 초등학교 98.4%, 중학교 97.9%, 고등학교 96.1%, 고등교육기관 71.5%

⑤ 진로문제

다문화가족 아동들의 경우, 문화적응의 어려움, 정체성의 혼란, 낮은 학업성취 및 학교 부적응 등이 있음이 보고되고 있으며, 이는 청소년기에 이르러 학업중단 및 낮은 대학 진학률 등의 부정적인 결과로 이어지고 있다. 이러한 문제는 자신의 미래에 대한 불확실성을 갖게 하여 결과적으로 진로에도 상당히 부정적인 영향을 미칠 수 있음을 예측해 볼 수 있다. 2016년 여성가족부 조사에 의하면 다문화가족 자녀들이 요구하는 서비스로는 진로상담 및 진로교육(53.7%), 직업기술훈련(42.0%)로 학습지원(41.%)에 비해 높게 나타났으며, 다문화가족 아동, 다문화가족 부모, 교사들이 희망하는 서비스에서도 진로와 관련된 요구가 2014년 이후로 매년 지속적으로 증가되는 있는 것으로 나타났다(한국청소년정책연구원, 2017). 그러나 다문화가족 아동들은 비다문화가족 아동들에 비해 진로탐색 및 진로준비가 낮거나, 진로장벽을 높게 인식하고 있어 미래 진로계획에 대해서도 회의적이거나 무기력한 태도를 보이는 것으로 나타났다.

3 다문화가족 지원 서비스 현황과 대책

1) 다문화가족 지원 서비스 현황

(1) 다문화가족 지원 서비스 관계부처 및 정책내용

한국의 다문화 관련 정책을 추진하는 기관은 법무부를 포함하여 11곳에서 총괄하고 있으며, 부처별 정책 시행을 위한 법적 근거와 정책 내용은 〈표 11-4〉를 통해 확인할 수 있다. 법무부는 「재한외국인기본법」과 「출입국관리법」 및 「국적법」을 근거로 외국인정책의 기본계획을 수립하고, 외국인관리보호와 사회통합 프로그램, 국적관리, 난민처우 관련 업무 등을 총괄하고 있다. 여성가족부는 「다문화가족지원법」을 근거로 다문화가족 정책을 총괄하며, 결혼이주여성을 위한 정보제공, 통·번역 서비스, 아동양육지원, 다문화가족지원센터 운용 지원, 이주여성의 인권보호 및 자활지원 등을 담당하고 있다. 통일부는 「북한이탈주민의 보호 및 정착지원법」을 근거로 북한이탈주민의 적응지원, 정착지원 및 하나원 관리 운영지원을 담당하고 있다. 보건복지부는 「북한이탈주민의 보호 및 정착지원법」, 「외국인 근로자의 고용 등에 관한 법률」, 「다문화가족지원법」을 근거로 북한이탈주민, 외국인, 결혼이민자가족 등의 복지지원을 담당하고 있다.

표 11-4 ■ 부처별 다문화 정책 내용

부처	법적근거	정책내용
법무부	재한외국인 처우 기본법	• 외국인정책의 기본계획 수립 • 이주민 사회적응 지원, 다문화 환경 조성
	출입국관리법	• 외국인 관리 보호, 체류질서
	국적법	• 국적부여
여성가족부	다문화가족지원법	• 국제결혼중개업체 관리 • 한국인 배우자 교육 • 종합정보제공 및 통·번역 서비스 • 아동양육 지원 • 다문화가족지원센터 운영 지원 • 결혼이주여성을 위한 가정폭력시설 운영
보건복지부	북한이탈주민의 보호 및 정착지원법 외국인근로자의 고용 등에 관한 법률 다문화가족지원법	• 북한이탈주민의 복지지원 • 외국인군로자의 복지지원 • 다문화가족의 복지 증진
통일부	북한이탈주민의 보호 및 정착지원법	• 북한이탈주민의 적응 및 정착지원

(2) 다문화가족지원정책 기본계획

2008년 제정된 다문화가족지원법에서는 다문화가족의 사회 적응의 어려움, 가족 간 갈등, 자녀양육의 어려움 등의 문제를 해소하고 사회구성원으로 역할을 하고 안정적인 한국 사회 적응 및 가족생활을 지원하기 위해 다양한 정책 및 서비스 지원의 근거를 마련하고 있다. 다문화가족지원법은 주로 결혼이민자들을 정책

의 대상자로 규정하고 있으며, 다문화가족을 대상으로 국가와 지방자치단체가 할 정책적 지원을 명하시고 있다

다문화가족지원법 제3조에 의하면 여성가족부장관, 관계 중앙행정기관의 장과 시·도지사는 5년마다 다문화가족지원정책에 관한 기본계획을 수립하도록 하면서 중앙행정기관의 장 및 시·도지사에게는 매년 기본계획에 따른 시행계획을 수립하고 시행하도록 하였다. 또한 여성가족부장관은 다문화가족의 실태를 3년마다 조사하고 그 결과를 공표하여 정책에 반영하도록 하고 있다.

이에 정부는 다문화사회가 '도입 및 성장기'에서 '정착기'로 패러다임이 변화하는 추세를 고려해 다문화가족 초기적응 지원 중심에서 장기정착화에 따른 정책을 강화하여 제3차 기본계획(2018~2022) 수립했다. 제3차 다문화가족정책 기본계획은 모두가 존중받으며 차별 없는 다문화사회 구현과 더불어 다문화가족의 사회·경제적 참여를 확대하고 다문화가족 자녀의 건강한 성장을 목표로 진행 중이다. 제3차 다문화가족 기본계획에는 결혼이민자의 한국 정착주기가 장기화되고 다양한 가족유형이 발생함에 따라 안정된 가족생활을 도모할 수 있는 지원을 강화하고, 결혼이주여성의 인권보호를 위해 가정폭력 관련 긴급 상담, 전문상담 및 주거시설을 확대 운영하는 등 가정폭력 피해 대응 체계를 강화하고 있다. 또한 가족관계 증진을 위한 프로그램을 다양화하고, 한부모가족과 관련된 제도를 개선하고 지원하고 있으며, 다문화가족 자녀가 학령기에 본격 진입함에 따라 학업, 글로벌 역량, 사회진출을 위한 지원 및 중도입국자녀에 대한 지원을 지속적으로 추진할 계획이다. 결혼이주여성의 초기적응지원과 취업 서비스 내실화 방안을 강구하며 일반국민의 다문화 수용성을 제고하기 위한 다양한 정책을 추진하고 있다. 제3차 다문화가족 기본계획의 내용은 〈표 11-5〉, 〈표 11-6〉과 같다.

표 11-5 ▪ 다문화사회의 변화

구분	도입 및 성장기	정착기
국제결혼	증가 후 안정화	감소 추세
다문화가족	지속 증가	안정화 및 장기정착 비율 증가
결혼이민자	초기 적응 및 사회진출 활성화	사회진출 욕구 증대 및 경제·사회적 참여 강화
자녀	출생 및 초기 성장	학령기(청소년기) 비율 상승
가족 유형	가족생활 갈등 발생 및 해체 증대 가능성 증가	한부모 등 가족형태 다양화
사회적 수용성	관심 형성 및 부정적 태도 확산 우려	다소 개선되고 있으나 지속적 개선 노력 필요

출처: 여성가족부(2018).

표 11-6 ▪ 제3차 다문화가족정책 기본계획(2018~2022)

비전	참여와 공존의 열린 다문화 사회	
목표	• 모두가 존중받는 차별 없는 다문화사회 구현 • 다문화가족의 사회·경제적 참여 확대 • 다문화가족 자녀의 건강한 성장 도모	
정책과제	다문화가족 장기정착지원	① 결혼이주여성 인권보호 강화(가정폭력 예방 및 대응체계 구축) ② 국제결혼 피해예방 지원 ③ 안정된 가족생활 지원 ④서비스 연계 활성화
	결혼이민자 다양한 사회참여 확대	① 자립역량 강화 ② 취·창업 지원 서비스 내실화 ③ 사회참여 기회 확대
	다문화가족 자녀의 안정적 성장지원과 역량강화	① 안정적 성장을 위한 환경조성 ② 학업 및 글로벌 역량 강화 ③ 진로준비 및 사회진출 지원 ④ 중도입국자녀 맞춤형 지원
	상호존중에 기반한 다문화 수용성 제고	① 정책환경에 대한 주기적 모니터링 실시 ② 다문화 이해 교육 활성화 ③ 다문화 수용성 제고를 위한 미디어 환경 조성 ④ 지역 환경 조성 및 참여·교류 프로그램 활성화
	협력적 다문화가족 정책 운영을 위한 추진체계 강화	① 정책추진체계 간 협력 강화 ② 다문화가족 지원체계 내실화

출처: 여성가족부(2018).

다문화가족지원법에서 명시하고 있는 다문화가족 지원에 대한 내용은 다음과 같다.

① 다문화가족에 대한 이해 증진

다문화가족에 대한 사회적 차별과 편견을 예방하고 사회구성원들이 문화적 다양성을 인정하고 존중할 수 있도록 다문화 이해교육을 실시하고 홍보해야 함을 규정하고 있다. 이에 각급 학교에서 다문화가족에 대한 이해를 돕는 교육을 실시하기 위한 시책을 수립·시행하고 있다.

② 다문화가족에 대한 생활정보 제공, 교육지원

결혼이민자 등이 대한민국에서 생활하는 데 필요한 기본적 정보(아동·청소년에 대한 학습 및 생활지도 관련 정보를 포함한다)를 제공하고, 사회적응교육과 직업교육·훈련 및 언어소통 능력 향상을 위한 한국어교육 등을 받을 수 있도록 필요한 지원을 실시하고 있다. 또한 거주지 및 가정환경 등으로 인하여 서비스에서 소외되는 결혼이민자 등과 배우자 및 그 가족구성원이 없도록 방문교육이나 원격교육 등 다양한 방법으로 교육을 지원하고 있다.

③ 평등한 가족관계 유지

국가와 지방자치단체는 다문화가족이 민주적이고 양성평등한 가족관계를 누릴 수 있도록 가족상담, 부부교육, 부모교육, 가족생활교육 등을 추진하여야 한다. 이 경우 문화의 차이 등을 고려한 전문적인 서비스가 제공될 수 있도록 노력하여야 한다.

④ 가정폭력 피해자에 대한 보호 및 지원

국가와 지방자치단체는 가정폭력의 피해를 입은 결혼이민자 등에 대한 보호 및 지원을 위하여 외국어 통역 서비스를 갖춘 가정폭력 상담소 및 보호시설의 설치를 확대하도록 노력하여야 한다. 또한 결혼이민자 등이 가정폭력으로 혼인관계를 종료하는 경우 의사소통의 어려움과 법률체계 등에 관한 정보의 부족 등으로 불리한 입장에 놓이지 아니하도록 의견진술 및 사실 확인 등에 있어서 언어통역, 법률상담 및 행정지원 등 필요한 서비스를 제공할 수 있다.

2) 다문화가족 지원 서비스 전달체계

(1) 다문화가족지원센터

다문화가족지원사업은 여성가족부의 다문화가족정책 전달체계인 다문화가족지원센터를 중심으로 이뤄지고 있다. 국제결혼을 통해 한국으로 이주한 여성과 그 가족에 대한 서비스를 지원하기 위해 2006년 결혼이민자가족지원센터라는 명칭으로 전국에 21개소가 설치되었으며, 2008년 다문화가족지원법 제정을 통해 다문화가족지원센터로 명칭을 변경하였다. 다문화가족지원센터는 시 · 도, 시 · 군 · 구에서 비영리 법인이나 단체에 위탁하여 설치 운영하고 있으며, 2021년 현재 203개소가 운영되고 있다. 다문화가족지원센터는 다문화가족의 안정적인 정착과 가족생활을 지원하기 위한 생애주기별 종합적인 서비스를 제공하며, 다문화가족지원센터의 생애주기별 지원 내용과 제공되는 주요 서비스는 다음과 같다.

표 11-7 ■ 다문화가족지원센터 생애주기별 지원 내용

주기별 정책 과제	세부 추진 과제
입국 전 결혼 준비 시기 국제결혼 과정의 인권보호	• 국제결혼 탈법 방지 및 결혼 당사자 인권 보호 • 결혼이민예정자 사전 정보 제공 • 한국인 예비배우자 결혼 준비교육
입국 초 가족관계 형성기 결혼이민자 초기 적응과 다문화가족의 안정적 생활 지원	• 한국어교육, 문화이해교육, 위기개입과 가족통합교육, 상담 등 종합서비스 제공 • 다국어판 생활, 정책정보 제공(포털 '다누리' 운영 등 한국생활 정보 제공) • 의사소통 지원을 위한 통, 번역서비스 제공

자녀 양육기 및 정착기 다문화가족 자녀 임신, 출산, 양육 지원	• 임신, 출산 지원 • 부모의 자녀 양육 능력 향상 지원 • 보육시설에서의 다문화 프로그램 시행 • 다문화가족 자녀 학교생활 지원 • 다문화가족 자녀의 이중언어 역량 개발 및 글로벌 인재 육성
역량 강화기 다문화가족의 경제, 사회적 자립 지원	• 다문화가족의 직업교육 및 훈련 시행 • 통번역 요원 및 다문화 강하 등 결혼이민자 적합 직종 개발 • 국가별 결혼이민자 자조모임 지원

① 한국어 교육서비스

• 체계적인 한국어 교육을 실시하여 결혼이민자들의 한국 사회 적응을 돕고 안정적인 조기정착을 지원

• 결혼이민자, 중도입국자녀 등을 대상으로 생활언어를 익히기, 한국문화 이해를 위한 단계적 한국어교육 실시(결혼이민자를 대상으로 수준별로 반편성을 통한 단계별 한국어 교육을 시행하고 있으며, 집합교육, 방문교육, 온라인교육, 방송교육 병행 등 다양한 방법으로 운영)

② 다문화사회 이해 교육 실시

• 결혼이민자들이 가정, 지역사회 및 한국생활 전반에 대해 쉽게 적응할 수 있도록 지원

• 결혼이민자 대상 우리나라 법률 및 인권교육

• 결혼과 가족의 이해

• 다문화가족생활교육 등을 강의, 체험 방식 등을 병행하여 진행

③ 가족교육

• 의사소통 미숙 및 부재로 인한 가족 간 갈등을 예방하고 가족구성원 교육을 통해 가족 내 역할 및 가족문하에 대한 이해력 향상을 위한 서비스를 제공

• 다문화가족 대상 가족전체 통합교육, 시부모교육, 예비 배우자교육

- 자녀지원 프로그램 운영

④ 가족개인상담

- 부부, 부모, 자녀, 성, 경제 문제 등 결혼이민자와 그 가족들의 문제를 파악하고, 심리, 정서적 지원 및 정보 제공

⑤ 방문교육서비스(1:1지도)

- 한국어교육서비스: 입국 5년 이하 결혼이민자, 중도입국자녀(만 19세 미만)
- 부모교육서비스: 만 12세 미만의 자녀가 있는 결혼이민자에게 생애주기별 자녀 양육 관련 교육 · 정보제공, 가족상담 등 실시
- 자녀생활서비스: 다문화자녀(만 3~12세)에게 생활지원 서비스제공

⑥ 다문화가족 자녀언어발달 교실

- 만 12세 이하 다문화가족 자녀 대상으로 한국어 발달 평가 및 촉진교육, 부모상담

⑦ 결혼이민자 통·번역 서비스

- 의사소통이 어려운 입국초기 결혼이민자에게 통 · 번역 서비스 제공
- My Seoul App에서만 통 · 번역 서비스 신청 가능

⑧ 취, 창업지원

- 결혼이민자의 사회, 경제적 자립 등을 지운하기 위하여 인력양성 및 취업연계 등 맞춤형 취, 창업 지원
- 취, 창업능력 향상 교육프로그램 제공, 해당 지역의 일자리제공 기관과 결혼이민자 연계 활동 지원

⑨ 다문화 인식개선 사업

• 결혼이민자들과 지역사회 구성원들이 다양한 문화를 체험하는 기회를 통해 서로에 대한 이해를 높이고 공동체의식 함양 지원

⑩ 포털 '다누리' 운영

다누리는 결혼이민자의 한국생활 조기정착을 지원하기 위한 정보제공을 목적으로 하는 웹사이트로 2009년 4월에 개통하였다. 포털 다누리(https://www.liveinkorea.kr)에서는 다문화가족에게 한국생활 적응에 필요한 생활, 정책정보를 온라인과 오프라인 매체를 통해 한국생활정보, 학습정보, 전국다문화가족지원센터 정보, 다문화 소식 등 다양한 정보를 13개국 언어로 제공하고 있다.

그림 11-1 ■ 다문화가족지원 포털 다누리

(2) 한국외국인근로자지원센터

「외국인근로자의 고용 등에 관한 법률」에 의하여, 2004년 12월 외국인근로자의 인권신장과 복지증진을 위해 고용노동부가 설립하고 관리, 감독하며 (사)지구촌사랑나눔이 위탁받아 운영하고 있는 '한국외국인근로자지원센터'는 외국인근로

자들의 한국 생활 적응과 다양한 문제 해결 및 공동체를 통한 문화행사 개최를 지원하여 국가 이미지 향상과 외국인근로자들에게 대한민국에 대한 좋은 인식을 갖도록 하는 것을 궁극적인 목표로 삼고 있다.

문화적 차이와 언어소통의 한계로 인해 여러 가지 어려움을 겪고 있는 외국인근로자에 대한 고충상담, 한국어 · 생활법률 · 정보화교육 등을 지원함으로써 외국인근로자의 국내생활 적응지원 및 원활한 취업활동 촉진과 중소기업 사업주의 원활한 인력활용을 도모하고 있다. 구체적 사업 내용은 아래 내용과 같다.

- 상담: 외국인근로자 및 사업주에 대한 고충상담 및 갈등 중재로 애로사항 해결을 지원
- 교육: 외국인근로자의 의사소통 능력 및 한국생활 적응을 위한 한국어, 한국생활에 필요한 제반 법규 등 교육 실시
- 문화행사: 각종 문화행사 개최를 통한 한국문화 등 다문화에 대한 이해와 상호교류의 장을 마련
- 정보제공: 생활, 법률 및 직업 관련 정보제공

(3) 북한이탈주민지원서비스: 하나센터

한국의 북한이탈주민 지원 서비스는 북한이탈주민정착지원사무소(하나센터)에서 주로 담당하고 있으며, 12주간의 기본적인 사회적응 교육이후, 거주지 지역사회에서 지역적응 교육 및 다양한 급여를 제공받고 있다. 북한이탈주민의 경우, 입국 후 5년 간 북한이탈주민특례 등 정착지원 서비스를 제공받게 되는데 구체적인 과정은 [그림 11-2]와 같다. 북한이탈주민은 생활안정을 위해 생계급여, 주거급여, 의료급여, 교육급여, 해산급여, 장제급여, 자활급여를 거주지 보호기간인 5년 동안 제공받을 수 있다.

보호요청 및 국내이송	• 보호요성 시 외교부, 관계부처에 상황보고 및 전파 • 해외공관 또는 주재국 임시보호시설 수용 • 신원 확인 후 주재국과 입국교섭 및 국내입국 지원

[국내입국]

조사 및 임시보호 조치	• 입국 후 국정원이 보호 결정 여부를 위한 조사 및 긴급한 치료 등 임시보호조치 실시 • 조사 종료 후 사회적응교육시설인 하나원으로 신병 이관
보호결정	• 북한이탈주민대책협의회 심의를 거쳐 보호 여부 결정 • 보호결정 세대단위 결정
하나원의 정착준비	• 사회적응교육(12주, 400시간) – 심리안정, 우리 사회 이해 증진, 진로지도 상담, 기초직업훈련 • 초기정착지원: 가족관계 창설, 주거알선, 정착금·장려금 지원 등

[거주지 전입]

거주지 보호(5년)	• 사회적 안전망 편입(생계·의료급여) • 취업지원: 고용지원금, 무료 직업훈련, 자격인정 등 • 교육지원: 특례 편입학 및 등록금 지원 • 보호담당관: 거주지·취업·신변보호 담당관 제도 운영
민간참여	• 북한이탈주민지원재단을 통한 종합서비스 제공 • 지역적응센터(전국 25곳) 지정·운영 • 정착도우미제: 민간자원봉사자 연계 • 북한이탈주민 전문상담사(80여명) – 종합상담 및 애로사항 해결 등 찾아가는 상담서비스 제공

그림 11-2 ■ 북한이탈주민 정책 지원 흐름도

출처: 통일부(2023).

하나센터는 북한이탈주민의 초기 지역사회 적응을 돕기 위해 설치된 기관으로 통일부와 지방자치단체로부터 민간이 위탁을 받아 2023년 기준 전국에 25개 운영되고 있다. 하나센터의 주요 사업은 북한이탈주민의 지역전입지원 및 정착지원, 사례관리, 초기집중교육, 지역적응, 지역주민과의 교류지원 등을 실시하고 있으며, 구체적인 사업 내용은 다음과 같다.

• 전입지원(신병인수) 및 정착지원 사업

북한이탈주민들의 안정적인 정착을 위하여 자원봉사자인 정착도우미를 모집, 교육하여 북한이탈주민들의 이웃으로서, 친구로서 함께 활동하고 지지해줌으로써 초기전입 북한이탈주민의 지역사회적응기간을 최소화하도록 지원

• 북한이탈주민 사례관리

북한이탈주민이 남한 사회에 효과적으로 적응할 수 있도록 공식/비공식 지원체계를 구축하고 정신건강지원을 바탕으로 전문적인 사례관리사업을 실시

• 초기집중교육

북한이탈주민들이 거주지역에 전입한 이후 50시간 동안 이루어지는 교육으로, 생활에 필요한 기본 정보와 제도 안내, 지역사회 이해, 진로탐색 및 직업준비, 직업 훈련 프로그램, 개인역량강활 교육, 금융, 생활법률, 언어교육 등 지역사회 특성을 고려한 다양한 교육 및 상담 및 서비스 연계 등을 실시

• 지역적응지원

5년의 거주지 보호기간 내에 있는 지역 거주 북한이탈주민을 대상으로 교육 및 진학지원, 진로 및 취업지원, 사회보장제도 교육, 정서 안정지원, 법률지원, 인권교육, 가족통합 지원을 실시

• 지역주민교류 및 네트워크사업(지역사회 네트워크구축 및 연계)

북한이탈주민에 대한 긍정적인 인식을 지역에 확산시켜, 지역사회의 통합을 도모하기 위한 사업으로, 인식개선 캠페인, 지역주민과 함께하는 나눔행사, 북한이탈주민 송년행사, 지역사회네트워크 구축을 위한 자운개발 및 연계 활동 등을 실시

3) 다문화가족 지원 서비스 대책

2008년 다문화가족지원법이 제정되었던 해에 17만 명이었던 결혼이민자와 귀화자 수는 현재 37만 명까지 증가하였으며, 전체 다문화가족 수는 109만 명으로, 우리 전체 인구의 2.1% 가량을 차지하고 있다. 특히, 초등학교를 비롯한 취학 연령대의 다문화가족 자녀는 눈에 띄게 증가하는 추세이며, 2012년 다문화 배경 학생 비율이 전체의 0.7% 수준이었던 것이 2022년에는 3%까지 급격히 증가한 점을 감안하다면, 다문화가족구성원과 아동들이 차별 없이, 행복한 삶을 살 수 있도록 보장하는 것은 국가적 의무라 할 수 있다. 이에 2022년 2월 국무총리산하 다문화정책위원회에서 발표한 다문화가족 지원 정책방향의 내용을 중심으로 앞으로 다문화가족 지원이 나갈 방향을 다음과 같이 제시하고자 한다.

첫째, 다문화가족 자녀들이 동등한 출발선에 설 수 있도록 지원할 필요가 있다. 학령기의 다문화가족 자녀가 학업 과정에서 차별받거나 뒤처지는 일이 없도록 다양한 지원방안을 마련해야 하며, 특히, 입학 전후 맞춤형 교육을 통해 학력 격차를 해소해야 한다. 2021년 전국다문화가족실태조사 결과에 의하면, 다문화가족은 부모가 우리 사회에 익숙지 않아, 자녀의 학교생활을 보살펴 주기 어렵고, 그 결과 진로 탐색이나 학업에 대한 의지가 위축된다는 점을 고려하여 취학 전후 학습지원, 학업·진로 컨설팅 등을 집중적으로 추진할 필요가 있다.

둘째, '다양성'이 존중되는 학교 환경을 적극 조성해 나가야 한다. 다문화가족 아동들이 학교생활에서 가장 어려운 문제로 지적하는 것은 친구관계와 차별적 시선이라고 보고되었다. 이에 다문화가족 청소년의 정서와 마음을 보듬을 수 있도록 1:1 전문 심리상담을 확대 지원하고, 건전한 또래 관계가 형성될 수 있도록 맞춤형 지원을 강화해야 한다. 또한 교사 및 또래의 지지가 다문화가족 아동들의 학교적응에 유미하게 긍정적인 영향을 미치는 점을 감안하다면, 학교 내에서의 다문화가족 아동들에 대한 교사의 관심과 긍정적인 교우관계 형성을 지원하기 위한 다각적 지원이 필요할 것으로 보인다.

셋째, 다문화가족의 차별 및 인권침해 개선과 다문화가족의 인권보호를 위한 지원이 강화되어야 한다. 정부의 간행물, 교육 자료 등에서 나타나는 다문화의 인종차별적 요소를 확인하고, 모든 학교에서 다문화 관련 교과, 비교과활동을 실시하여 다문화가족에 대한 차별감소 및 인권 침해의 가능성을 감소시키는 방향으로 나가야 할 것이다. 또한 국제결혼중개업자의 경우 의무적으로 다문화 사회 이해 및 성인지 감수성, 인권보호교육을 이수하도록 함으로써 결혼이주여성들의 인권을 보호해야 할 것이다.

넷째, 사각지대 없는 복지서비스를 제공할 수 있는 정책적 지원이 필요하다.

점차 증가하는 다문화 한부모가족 등 다양한 가족형태를 포용하기 위해 다문화 한부모가족 지원, 사각지대에 있는 결혼이민자 현황 및 실태 파악을 통한 제도 개선, 부처별 산재되어 있는 다문화가족 지원서비스를 통합한 서비스를 통해 복지서비스에 대한 접근성을 향상시켜 나가야 할 것이다.

마지막으로 우리나라에 불법체류 중인 외국인근로자 자녀들의 복지권 보장에 대한 논의 및 정책적 지원이 필요한 시점이라 할 수 있다. 부모의 불안정한 법적 지위로 인해 우리나라에서 출생하였어도 미등록 아동의 신분으로 보육 및 교육, 의료, 복지 혜택에서도 배제된 체 살아가고 있다. 국내 미등록 이주아동의 수는 공식적인 통계로 파악할 수 없지만, 연구자들은 약 2만 명 이상의 미등록 이주 아동이 국내에 체류하는 것으로 추정하고 있다. 현행 아동복지법은 모든 아동이 어떠한 종류의 차별도 없이 성장하고, 아동의 이익을 최우선적으로 고려해야 한다는 것을 기본 이념으로 하고 있다. 또한 우리나라가 비준하고 있는 유엔아동권리협약에서도 미등록 이주 아동에 대한 교육 및 의료 보장을 권고에도 불구하고 여전히 법적 제도 밖에서 그림자 아이들로 살아가고 있는 실정이다. 따라서 미등록 신분으로 살아가고 있는 외국인근로자 자녀들을 대상으로 한 다양한 복지서비스를 통해 기본적 인권보장이 될 수 있도록 필요한 대책을 강구해야 할 필요가 있다.

CHAPTER 12

중독자가족

학습목표

1. 중독의 개념과 원인 및 특성 등을 살펴본다.
2. 중독의 유형 중 알코올중독 가족의 서비스와 대책에 대해 살펴본다.
3. 중독의 유형 중 도박 중독 가족의 서비스와 대책에 대해 살펴본다.

1 중독의 이해

1) 중독의 개념

우리가 사는 세상에서 술과 도박은 일찍이 우리 인류 역사와 함께 존재하면서 인간생활에 긍정적인 영향을 미치는 동시에 부정적인 영향을 끼쳐 왔다는 것은 상식적인 일이다. 최근 들어서는 술과 도박 외에 인터넷, 스마트폰이라는 매개체가 현대사회를 살아가는 데 없어서는 안 되는 필수품으로 우리 생활에 광범위하게 차지하고 있다. 음주와 도박행위, 인터넷 사용빈도가 증가됨에 따라 이러한 행위들에 대한 통제력이 상실되면서 즐기는 음주나 사회적인 도박, 유용한 인터넷, 스마트폰 사용이 아니라 '중독'이라는 병으로 진행되기도 한다.

'중독'이라는 말은 일상생활에서도 아주 흔하게 사용되는 용어이지만 한마디로 정의하기는 생각보다 쉽지 않다. 중독의 어원은 라틴어 'addicene'로서 '양도하는 것, 동의하는 것'이라는 뜻이다(이영주 외, 2019). 이는 고대사회에서 감금되거나 노예가 된 사람을 묘사하는데 사용되었다(Webster' s Dictionary, 1975). 이러한 의미는 강하고 반복적이며, 과도한 욕구가 어떤 대상이나 물질, 행동, 환경, 또는 개인적인 상호작용을 통하여 나타날 때 중독되었다고 할 수 있다. 중독된 사람들이 전문가나 주위 사람들에 의해 금주를 하게 되면 식은땀, 손 떨림, 불안감, 환각, 심한 경우 의식을 잃거나 간질 증상이 나타나기도 하며, 호흡이 마비되어 최악의 경우 사망에 이르기도 하는 금단증상을 보이기도 한다. 이쯤 되면 적절한 선에서의 통제력은 상실되어 가정생활에서나 사회생활을 하는데 문제가 발생하기도 한다.

Webster사전에 의하면 중독은 '의료적인 필요기간을 넘어서 또는 사회에 해로운 상황 하에 습관성 약물을 강박적이고 조절되지 않게 사용하는 것, 열성적인 전념, 강렬한 성향 또는 잦은 탐닉'으로 기술되어 있다. 또한 Webster's New Universal Unabridged Dictionary(1996)에서는 중독을 '사용의 중단이 심각한 충격을 주는 정도로 정신적 또는 신체적으로 습관을 형성하는 것에 노예가 된 상태'라고 기술하고 있고, Merriam-Webster's Collegiate Dictionary(1993)에는 중독을 '내성과 신체적 금단증상에 의해 특징지어지는 습관성 물질에 대한 강박적 요구와 사용'이라고 기술하고 있으며, 광의의 의미로는 '사용자에 의해서 해가되는 것으로 알려진 물질에 대한 지속적인 강박적 사용'으로 기술하고 있다(Gove & Editorial staff, 1976). 최근에는 중독이 술, 마약, 담배 등과 같은 비단 물질에만 국한되어 있는 것이 아니고 특정 행동에도 중독이 나타나는 현상으로 사회문제가 되고 있다. 이를테면 인터넷 중독, 게임중독, 도박중독, 쇼핑중독, 성행위 중독, 일중독 등 특정한 활동에 빠져서 어려움을 겪고 있다. 이러한 중독 역시 물질 중독과 마찬가지로 강박적인 열망, 내성, 금단 증상 사회적 역할에 장애를 일으키는데 이 역시 특정 행위에 대한 반복 행동을 보여주는 것이기 때문에 치료적 의미로 행위중독이라 한다.

이상에서 살펴본 중독의 개념을 정리하면, 중독이란 습관을 가져오는 어떤 것에 대해 통제 불가능할 정도로 의존적이며 지속적인 강박적 사용과 중단 시 신체적 · 정신적 · 심리적인 문제 등을 초래하는 상태라고 볼 수 있다. 그리고 중독은 크게 두 가지의 의미가 있으며, 하나는 '독으로 지칭되는 유해 물질에 의한 신체 증상인 중독(intoxication, 약물 중독)'이라는 의미이고, 또 다른 하나는 '알코올, 마약과 같은 약물 남용에 의한 정신적인 중독이 주로 문제 되는 중독(addiction, 의존증)'을 말한다. 여기에서의 중독은 후자의 경우로 정신적 의존증으로서의 중독을 말한다. 정신적 의존증으로서 중독은 알코올, 니코틴, 마약과 같은 물질중독(substance addiction)과 인터넷, 도박, 쇼핑과 같은 행위중독(behavioraladdiction)으로 구분된다.

2) 중독의 요인

중독의 원인이 무엇인지에 대해 한마디로 설명하기는 쉽지 않다. 탐닉과 도취, 강박 등과 같은 다양한 유형의 중독적 행동들은 인류의 역사를 보면 시대와 국가를 초월하여 늘 존재해 왔다는 것을 알 수 있다. 특히 현대사회에서는 술, 담배와 같은 합법적 물질은 말할 것도 없고 필로폰, 코카인, 마리화나, 헤로인과 같은 불법적 약물이나, 본드, 시너, 부탄가스 등 각종 화공물질에까지 무엇인가에 중독되지 않고서는 살 수 없는 듯이 각자 무엇인가에 빠져 중독된 사람들이 있다. 또한 이러한 물질에 대한 중독만이 아니라 도박, 섹스, 게임, 인터넷을 비롯하여 일중독과 같은 행위중독도 만연되어 있는 것이 오늘날의 실정이다. 이러한 중독의 대상인 각종 물질들이나 각종 행동은 그 각각의 종류와 성질이 서로 다르지만 본질적으로 동일한 현상이라고 할 수 있다. 즉, 서로 다른 남용물질들이 뇌를 매개로 하여 일으키는 인간의 행동 반응은 유사하다. 중독된 사람들은 사고방식, 대응방식, 대인관계 방식 등 인격 특징에서 유사한 점이 많고, 중독의 결과로 나타나는 개인적, 사회적 후유증으로 결국 인생의 모든 것을 파멸시킨다는 점에서 모든 종류의 중독은 결국 동일한 문제라 할 수 있다(신정호, 2003).

(1) 생물학적 요인

어떤 행동이 생물학적으로 결정된다고 주장할 때 유전적 인과관계를 입증하는 것보다 더 확실히 생물학적이라 할 수 있는 것은 없다. 알코올중독의 경우를 사례를 들어 설명하면, 일반적으로 알코올중독이 되는 데는 환경이 크게 작용한다고 생각할 수 있지만 여러 연구에서 환경보다 유전적 소양이 더 중요하다는 결과를 보여주고 있다(유호인, 2000). 알코올중독자의 3분의 1이 알코올중독 부모를 두고 있으며, 부모가 알코올중독인 경우 그 자녀는 비알코올중독 부모보다 알코올중독자가 될 확률이 4배나 높다는 보고가 있다(한국알코올과학회학술부, 2000). 특히 아들일 경우 중독자로 진행될 위험이 현저하게 높은 것으로 나타났으며 (Goodwin, 1985) 입양아의 경우인데도 친아버지를 조사한 결과 친아버지의 25%가 알코올중독자라는 사실이 밝혀졌다(신정호, 2003). 이러한 결과를 두고 부모가 술을 마시는 것을 보고 학습하기 때문에 성장환경의 중요성을 강조할 수 있겠지만 유전적 요인을 간과할 수 없다는 것을 보여주는 연구이다. 이처럼 많은 학자들과 임상가들은 유전적 요인이 알코올중독에 가장 강력한 요인이라는 데 동의한다. 하지만 알코올중독이 어떤 요인에 의해 어떠한 과정으로 유전되는지, 어느 정도 영향을 미치는지에 대해서는 아직 확실하지 않다(이영주 외, 2019).

(2) 심리학적 요인

중독에 대한 요인을 설명하기에는 학자에 따라 강조점이 조금씩 다르긴 하지만 여기서는 정신분석학적 관점과, 성격유형적 관점, 인지행동주의적 관점에 따라 설명할 수 있다. 먼저, 정신분석학적 관점으로 프로이트(Freud)의 성격발달 이론에 따르면, 인간의 정신내적 · 무의식적 욕구들이 작용하여 계속해서 음주를 하게 된다는 설명이다. 인간은 출생에서 1세까지 빠는 행위를 통해서 욕구를 충족시켜야 하는데 만약 욕구를 충족시키지 못하게 될 경우 이 시기의 불만족이 평생 인간의 무의식 속에 남아 지속적인 결핍감을 느끼게 된다. 부족감을 해소하기 위해 음주를 하게 되고 음주가 반복됨으로써 결국 알코올중독이 된다는 것이다. 다음은 알코올중독자들 중 독특한 성격유형의 사람으로 부정과 같은 방어기제를 주로 사용한다는 것이다. 특히 직장이나 가족 및 친구와의 관계에서 갈등이 발생했을 때 자신의 마음을 쉽게 표현하지도 반박하지도 못하는 내성적이고 감성적인 성향의 사람들은 열등감이나 불안감이 생기면 이를 잊어버리기 위해 습관적으로 술을 마시게 되고 이러한 행동특성으로 알코올중독에 쉽게 빠지게 된다는 것이다. 마지막으로 인지행동주의적 관점에서는 알코올이 불안, 스트레스, 긴장 등과 같은 심리적 상태를 완화시키는 효과가 있기 때문에 이러한 상황에 놓였을 때 술을 마시게 되고 결국 알코올 사용을 강화시키게 된다는 것이다. 사람들이 술을 마시거나 알코올중독자가 되는 것은 음주행동이 강화되었거나 보상되었기 때문이라고 할 수 있다(한국임상사회사업학회, 2020).

(3) 사회문화적 요인

물질과 관련된 태도와 사용 등이 사회 문화의 영향을 받는 것은 너무나 당연하다. 특히 술과 담배에 대한 사회 문화적 관습과 태도, 해당 지역에서의 입수 용이도, 동료의 유혹과 압력 등을 통하여 이러한 물질의 사용 행동이 결정된다는 것은 잘 알려져 있다.

역사적으로도 중독과 관련된 기록은 많다. 15~16세기에 벌써 담배나 아편에 대한 중독이 만연되었고, 17세기 영국에서 아편의 진이 소개된 이후 2세기에 걸쳐 시민들의 심한 노동과 경제적 어려움을 해결하는 손쉬운 방법으로 많이 남용되었다(신정호, 2003). 남용되는 물질들의 약리적 효과 이외에 문화에 따른 물질의 선택과 사용 양상이 다르다. 예컨대 음주에 대해 무관심하거나 음주 후 잘못된 행동에 대해서도 관대한 편이고 취중에 하는 어떤 실수를 관대하게 받아들이는 가정이나 사회의 풍토가 문화적 요인일 수 있다. 우리나라의 독특한 술 문화에 숨겨져 있는 이러한 사회 문화적 요인에 대한 깊은 통찰이 필요하다.

음주문제가 있는 부모에게서 성장한 자녀가 그렇지 않은 가정의 자녀보다 알코올중독 가능성이 높다. 특히 남자아이에게 이러한 현상은 더욱 뚜렷하게 나타나는데 사회적으로 스트레스를 받게 될 경우 자연스럽게 술에 의지하게 되면서 알코올중독이 될 수 있다는 것이다(이영실 외, 2010). 급격한 기술 문명의 변화가 초래한 사회조직의 전면적 변화는 가족관계를 비롯한 여러 가지 문화적 상징과 코드를 변화시켜 동질적 문화로의 사회화 결여, 세대 간 변화, 긍정적 자기정체성의 상실 등을 일으키고, 이는 바로 물질 사용 및 중독과 관련되는 원인으로 작용할 수 있다(신정호, 2003).

3) 중독의 공통점

중독은 특정 물질에 의존하는 물질중독이든 특정한 활동이나 사건에 의존하는 행위중독이든 공통점이 있다. 이러한 공통점에 대하여 채규만(2013)이 제시한 내용을 토대로 정리하였다.

첫째, 음주나 도박 등이 처음부터 중독이 되는 것은 아니다. 음주나 도박 등이 사회생활에서 사교적으로 활력소가 되기도 하고 긴장감을 적절히 풀리게 하는데 영향을 미치게 된다면 크게 문제 될 것이 아니다. 그러나 무엇이든지 과하면 주변에 피해를 끼치게 되는 결과를 가져 오듯이 단순한 음주, 도박 등이 과하게 되면 의존성이 생기게 되어 개인이나 가족 나아가 사회에 부정적인 영향을 주게 된다.

둘째, 중독은 탐닉적이고 쾌락적인 효과를 보이므로 그러한 쾌감을 한번 경험하게 되면 그것을 계속 추구하려고 하여 그 행동에서 벗어나기가 쉽지 않다.

셋째, 중독은 혼자 있는 상황에서만 발생하지 않는다. 알코올중독인 경우 처음에는 가족이나 친구들과 술을 마시다가 점차 혼자서도 술을 마시는 것처럼 주변 사람들이 중독행동으로 유도할 수 있다. 따라서 중독치료를 위해서는 주위의 사회관계망을 효과적으로 이용할 필요가 있다.

넷째, 중독자는 중독물질이나 행동과 애착관계를 형성하게 되고 그 관계는 쉽게 끊어지지 않는다. 어린 시절 부모와 애착관계를 형성하지 못한 사람들은 술이나 인터넷, 도박, 마약 등을 통해 애정욕구의 공허함을 채우려고 하고 그러한 중독행동과 애착을 형성하게 되면 그 행동은 그만두기가 쉽지 않게 된다.

다섯째, 중독물질이나 행동으로 긍정적인 강화를 받게 되면 그 대상을 더 빨리 학습하고 깊은 애착관계를 형성하게 되어 중단하기가 더 어려워진다.

여섯째, 중독이 되기까지 또는 중독에서 벗어나기까지는 많은 사회적 비용이 소요된다. 따라서 중독은 개인만의 문제가 아니라 가족 · 사회 · 국가 문제로 다룰 수밖에 없다.

마지막으로 중독에서 벗어나기 위해서는 전문적인 도움 없이는 매우 힘들다. 일시적으로는 중독행동이 중단되기도 하지만 전문적이고 지속적인 치료 없이는 재발위험이 매우 높다. 따라서 중독 관련 전문가의 도움이 필요하다.

2 중독의 유형과 실태

1) 중독의 실태

최근 우리나라 전체 국민 가운데 8명 중 1명은 중독자라고 할 정도로 한국 사회 내 중독문제는 심각한 수준이다. 또한 이러한 중독문제는 사회 안전을 위협하고 있을 뿐만 아니라 건강에도 아주 직결되는 문제를 야기하고 있다. 이러한 거시적 측면에서의 사회 안전 위협요인 및 건강문제를 발생시킬 뿐 아니라 개개인의 사회경제적 특성과 가족, 지역사회와 관계 그리고 스트레스 등 정신건강 문제 등으로 인한 약물 및 알코올중독에 대한 미시적 차원에서의 개인문제, 그리고 이로 인한 개인의 정신건강 상의 영향이나 자살 등 사회병리 현상에 대한 사회적 문제로 크게 관심이 증대되고 있는 실정이다(정진욱 외, 2014).

2001년부터 시작하여 5년마다 조사 중인 정신질환실태역학조사에 의하면 2016년 알코올중독(알코올사용장애)의 평생 유병률은 12.2%로 남자가18.1%, 여자가 6.4%로 나타났다. 이러한 수치는 우리가 평생을 살아가면서 적어도 10명 중에 한두 명은 특히 남자라면 10명 중에 2명은 심각한 술 문제를 유발하는 알코올중독(알코올사용장애)에 걸릴 수 있다는 의미이다. 또한 이 통계에서 알 수 있는 것은 세계보건기구(WHO)에서 발표한 전 세계 평균 4.1%보다도 압도적으로 높은 수치로써 우리나라의 알코올중독(알코올사용장애)이 심각하다는 것을 알 수 있다. 특히 최근 여성의 알코올중독(알코올사용장애) 유병율이 20대는 2001년 4.8%에서 2016년 6.9%로 1.4배 증가하였으며 30대는 2001년 1.4%에서 2016년 2.8%로 2배나 증가한 것으로 나타났다.

도박중독 문제도 심각하다고 할 수 있다. 한국도박문제관리센터 경남센터에 따르면 도박문제로 도움을 요청한 사례가 매년 늘어나고 있다. 2019년 481명이던 것이 2020년 536명, 2021년 657명으로 36.5%나 증가했다. 상담 건수도 2019년 1750건이었던 것이 2020년 2319건, 2021년 2517건으로 43.8% 증가한 추세를 보였다. 특히 이용자의 85~93%가 온라인을 이용했고, 이 중 86~89%가 불법 도박으로 어려움을 경험하고 있는 것으로 나타났다(경남일보, 2021).

2) 중독의 유형

중독은 위에서 살펴본 바와 같이 기분을 변화시키기 위해 특정 물질에 의존하는 물질중독과 특정한 활동이나 사건에 의존하는 행위중독으로 구분할 수 있다

(미국정신의학회, 1997; 이영주 등 재인용). 물질중독은 술, 약물, 카페인, 니코틴, 마약 등 특정 음식과 같은 외부물질에 중독되는 것을 말한다. 행위중독은 최근 사회적 이슈로 부각되고 있는 도박중독, 인터넷중독, 스마트폰중독, 일중독, 섹스중독 등 행위로 인하여 이르게 되는 중독을 말한다. 이러한 중독 유형 중 우리나라에서는 알코올, 마약, 도박, 인터넷 중독을 4대 중독으로 취급하고 있다. 이 장에서는 물질중독으로 알코올중독을 행위중독으로는 도박중독에 대하여 살펴보고자 한다.

(1) 알코올중독

① 알코올중독의 개념

알코올중독 역시 한마디로 정의하기는 쉽지 않다. 국가나 사회의 문화에 따라 다르게 규정하고 있지만 보건복지부는 알코올중독을 정신건강증진 사업 대상인 주요 정신질환 장애군 중 하나로 '알코올사용장애'로 구분하고, 알코올사용장애는 알코올 남용과 알코올 의존을 포함하는 알코올 사용과 관련된 정신질환으로 정의하고 있다. 알코올 남용은 사회적 또는 직업상의 기능장애를 초래하는 알코올의 병적인 사용으로 사회적 음주와는 상관없이 알코올을 지속적으로 빈번히 마시는 것을 말한다. 즉, 알코올로 인해 생활상에 큰 문제가 드러나지만 내성과 금단 증상이라는 생리적 의존 현상은 아직 나타나지 않은 상태이다. 알코올 의존은 알코올 사용에 있어서 자기통제가 불가능하여 뜻하지 않은 결과를 가져옴에도 불구하고 알코올 섭취를 계속하는 경우로 신체적으로 형성된 알코올의 금단증상을 피하기 위해 알코올을 계속 사용하는 신체적 의존과 알코올을 통해 긴장과 감정적 불편을 해소하려는 심리적 의존을 나타내는 정신적 질환이라고 정의한다(정진욱, 2014). 또한 세계보건기구(World Health Organization: WHO)는 알코올중독은 전통적인 음주 습관을 넘어서 음주를 하는 경우라고 정의하면서 문화적 · 사회적 요인의 중요성을 강조하고 있다(이영실 외, 2013).

우리 사회는 음주의 문화가 일상적이면서 사회생활의 일부로 간주하여 아주 관대하게 받아들이는 편이다. 때문에 술로 삶이 황폐해짐은 물론 사회경제적 손실도 막대하다. 무엇보다 알코올중독을 치료하지 않고 방치할 경우 합병증 및 알코올 치매 등의 정신질환을 유발하기도 하고 심하면 죽음에 이르게 되는 치명적인 결과를 가져오며, 음주문제로 인해 가족기능이 파괴되고 가족구성원에게도 부정적 영향을 미치는 심각한 가족질병이 되기도 하다. 즉, 알코올중독은 '개인의 병'이 아닌 '가족의 병'이라 할 정도로 중독자 자신뿐만 아니라 주위 사람들 특히, 가족들에게 많은 상처와 고통을 주는 질병인 것이다(이영주 등 2019).

② 알코올중독자가족의 특성

알코올중독자가족이란 "알코올중독자의 음주가 가족생활의 중심적인 면이라는 과정이 명확히 드러나고 가족기능에 음주가 통합되어 평행을 유지하는 가족"을 말한다(김규수, 2006). 알코올중독자가 있는 가족은 알코올중독자가 중독을 유지하기 위한 과정에 함께 연류하게 되는 것이다(이영주 외, 2019). 모든 중독이 마찬가지이지만 특히 알코올중독은 중독자 자신의 기능 손상뿐만 아니라 가족체계 전체에 지대한 상처와 고통을 주게 된다. 알코올중독자가족은 다음과 같은 특성이 존재한다.

첫 번째, 알코올중독자의 역기능적인 행동 때문에 가족 내 정서적인 면에 지대한 영향을 미치게 되는데 이로 인하여 날이 갈수록 부부갈등의 관계가 심화된다. 남편이 알코올중독자일 경우 부인은 정신적 · 신체적 증상을 호소하고 있으며, 우울증이나 불안 등이 많이 나타나는 것으로 보고하고 있다(이영실 외, 2013; Nicholi, 1983). 알코올중독 상황이 발생하면 부인의 입장에서는 정서적으로 불안하게 되고, 이로 인하여 신경질적이 되며 남편이 알코올중독으로 인한 직업상실에서 오는 경제적 책임을 전적으로 맡아 그 가족 내에서 실질적인 책임자가 된다. 이에 부인은 남편에 대해 지나치게 간섭하는 식이 되고 남편은 간섭하는 부인의 태도에 싫증내고 자신의 무책임과 무능력에 대한 불안감과 더불어 갈등 상황이 계속된다. 이러한 경우 알코올중독자의 의존성은 더욱 커져가며 폭력이나 파괴적인 행위를 통해 가족을 지배하려고 한다(한국임상사업학회, 2020).

두 번째, 알코올중독자가족은 가족체계의 항상성 유지를 위해 중독자의 역기능적인 역할에 적응하고 이를 수용한다는 특징이 있다. 예컨대 중독자가 술을 마시지 않고 기분이 좋으면 가족들은 그의 기분을 망치지 않도록 조심스러운 행동을 하고 아무 문제없는 듯 행동한다. 반면 중독자가 술을 마시고 공격적인 언행(예: 언어폭력, 배우자 구타 및 강간, 자녀폭력)을 하면 가족들은 상황을 더 악화시킬 수 있다는 불안감으로 숨을 죽이고 감정표현을 억제하며 중독자의 비위를 맞추기 위해 고통을 감내해야 한다. 신체적 폭력이 있는 날은 그 마음의 상처가 더 클 수밖에 없다. 그럼에도 불구하고 다음 날 가족들은 아무 일도 없었다는 듯 일상생활을 하는 등 가면적인 행동을 하게 된다. 이렇게 매일 반복되는 생활 속에서 가족들의 분노와 증오심은 커져 간다. 특히 자녀들은 계속되는 중독자의 폭력으로 불안감과 공포 속에서 분노와 수치심을 느끼기도 하지만 중독자의 음주와 가족들의 고통이 자신의 잘못으로 여기고 죄의식을 갖기도 한다. 또한 알코올중독자의 가족은 사회적인 편견을 두려워하여 스스로 사회적 접촉을 피하게 된다. 이로 인하여 대부분의 외부세계와 고립되어 있거나 단절되어 있는 경향을 보인다(김희국, 2007). 더 큰 문제는 중독자가족이 일반 가족에 비해 가족 기능이 약화되어 있고 가족 응집력과 생활만족도가 낮으며, 역기능적인 의사소통 유형을 나타내고, 가족의 역할과 규칙에는 경직되어 있다는 연구들이 보고되고 있다(O' Farrell, 1987; 김소야지 외, 1989; 이영주 외, 2019 재인용).

세 번째, 알코올중독은 세대 간 전이되는 특징이 있다. 부모의 알코올중독이 자녀에게 미치는 영향에 관한 연구의 대부분은 부모의 알코올중독이 자녀에게 부정적인 영향을 미친다는 결과를 보여주고 있다(Wegscheider Crusw, 1989; Black, 1981; Woititz, 1983; Rubio Stipec, 1981). 부모의 알코올중독이 알코올 자녀에 대한 영향은 유전적인 측면에서 태아알코올증후군으로 나타나는데 이는 임신 중 산모의 알코올중독이 자녀의 학습장애, 발달지체, 과잉행동과 같은 장애와 관련이 있으며, 아동기의 정서적 문제, 행동장애, 알코올이나 약물남용, 도박 같은 충동적 행동을 나타낸다는 것이다(Sher, 1991; 이영주 외, 2019 재인용). 가정환경적인 측면에서도 알코올중독자 부모의 비예측적이고 일관성 없는 관계 및 훈육으로 아동의 안전과 애정욕구는 좌절되어 불안과 분노가 쌓이게 된다. 알코올중독자 자녀들은 낮은 자존감, 대인관계의 어려움, 죄의식, 수치심, 완벽주의, 과민한 성격, 충동적인 성격, 우유부단 등의 심리사회적 특성을 가지고 있으며, 자신의 감정을 잘 표현하지 못하고 결국은 감정적으로 무감해지거나 계속 쌓아온 감정들을 섭식장애, 불안장애, 수면장애, 외상 후 스트레스 불안장애, 강박장애, 우울증과 같은 정신 병리적 형태로 표출하기도 하고 성인이 된 후에 약물남용이나 약물의존의 문제를 가지기도 한다. 또한 가족의 고통에 책임감을 가지고 늘 근심을 가지고 사는 부모화 된 '성인아이'의 특성을 나타내기도 하고, 가정의 불행을 숨기기 위해 학업이나 운동 등에서 뛰어난 능력을 드러냄으로써 적응을 잘하는 것처럼 보이지만 삶의 유연성은 없고 가족의 좌절을 내재화하고 있기 때문에 문제를 유발하기도 한다(Clinebell, 1984; 장수미, 1992 재인용).

③ 알코올중독 가족의 복지대책

알코올중독은 음주를 조절하지 못하며 개인의 건강 및 사회적 · 직업적 기능에 장애를 가진 것으로 방치하면 무서운 결과를 가져오는 질병이다. 또한 중독은 한 개인만의 문제가 아니라 그 가족, 나아가 사회에 지대한 악영향을 미치게 된다. 따라서 알코올중독 가족의 복지대책이 우선적으로 '알코올중독'이라는 질환을 앓고 있는 환자를 치료하는 것이 우선되어야 할 것이다. 하지만 중독에 관한 이해와 정보 부족으로 적절한 치료시기를 놓쳐 만성 뇌질환인 중독환자가 증가하고 있는 실정이다(이영주 외, 2019).

오늘날 알코올중독을 치료하기 위한 다양한 치료방법이 개발되고 있지만 '알코올중독'으로 발생하는 원인자체가 아주 복합적으로 작용하기 때문에 치료 또한 결코 단순하지도 쉽지도 않다(이영주, 2019). 알코올중독의 치료는 먼저 알코올중독자 본인은 물론이거니와 그 가족들까지도 본인이 알코올중독자라는 것과 알코올중독은 하나의 정신적 질환이라는 것을 인지하고, 그리고 치료해야겠다는 의지에서부터 시작된다고 할 수 있다. 즉, 중독자의 자발적이고 적극적인 참여가 중요하며 가족의 도움이나 지지 등이 필요하다. 일반적으로 알코올중독자들은 부정기제가 심하여 의존적 음주를 계속하게 되면 신체적 위험을 방지하기 위해 병원치료가 필요하며, 이 경우 내과와 정신과 진료를 동시에 시작하고 금단증상을 막는데 주력하게 된다. 근본적인 알코올중독의 치료를 위해서는 중독자의 적극적인 참여와 정신약물요법, 집단정신치료, 인지치료 그리고 가족교육 등 통합적인 방법으로 개입하는 치료를 실시할 때 효과적인 결과를 보이게 될 것이다. 알코올중독은 치료와 재발을 반복적으로 경험하는 고달프고 지루한 시간의 과정을 거쳐야 하므로 중독자 자신이 한없이 참고 인내하면서 치료에 임해야 '회복'이라는 목표를 이룰 수 있다.

2017년 통계청 사망원인 통계에서도 알코올성 간질환 등 알코올 관련 사망자 수가 5천여 명(4,809명)에 이르고 음주로 인한 사회경제적 비용이 한 해 10조에 육박하는 등 우리사회 전반에 음주로 인한 문제가 증가하고 있는 추세임에도 불구하고 정작 술 문제로 치료를 받는 사람들은 추정되는 전체 알코올 사용 장애 환자들 중 8.1%에 불과하다(보건복지부, 2017).

우리나라의 알코올중독 가족의 공공 서비스 현황을 살펴보면 먼저, 알코올중독 예방사업은 「국민건강증진법」, 「정신보건법」에 기반하여 보건복지부 소관하에 '음주폐해 예방관리', '알코올상담센터 운영', '노숙자 등 알코올중독자 사례관리' 등의 사업을 실시하고 있다. 음주폐해 예방관리사업은 「국민건강증진법」를 근거로 하여 2003년부터 정부의 국고보조금을 지원받으며 단년도 사업으로 시행되어

왔다. 고위험군 및 알코올사용장애자(알코올중독) 관리사업(사후관리)은 「정신보건법」을 근거로 하여, 2000~2002년 동안 시범운영 사업을 실시하고 2003년도에 본사업을 시작하여 2009년 41개소, 2012년 43개소로 확충, 2013년 이후부터 2022년 기준 총 50개소의 알코올상담센터를 운영하고 있다. 노숙인 등 알코올중독자 사례관리 사업(사후관리)은 알코올중독 고위험군 중에서도 그 수가 증가하고 있고, 문제의 심각성이 커지고 있는 노숙자들을 대상으로 2012년 사례관리 사업을 시작하여 노숙자 쉼터, 보건소 등의 연계를 통하여 알코올중독노숙자를 조기발견하고 사례관리 서비스를 제공하고 있다(정진욱 외, 2014). 이 가운데 중독관리통합지원센터는 지역사회를 기반으로 한 중독문제 관리체계를 구축함으로써 중독자 및 그 가족에 대한 지원과 지역주민에 대한 중독(알코올, 도박, 인터넷, 마약, 기타 중독) 예방 서비스를 제공한다. 특히 중독자 조기발견 · 단기개입서비스, 지역 내의 중독재활서비스 연계 및 지원 등을 통해 중독자와 그 가족들에 대한 지역사회 기반 서비스를 제공하고 있다. 즉, 알코올중독 대상자를 조기발굴하고 개입하기 위한 상담 및 재활프로그램을 진행하고 가족상담 및 교육 프로그램, 절주 홍보 등의 예방사업 등을 진행하고 있다. 다음은 전국 시 · 군 · 구의 정신건강복지센터에서도 이러한 프로그램을 통하여 알코올중독자가족을 지원하고 있다. 중독관리통합지원센터와 정신건강복지센터의 프로그램은 알코올중독을 비롯한 다음에서 다루게 될 도박중독 그리고 타 유형의 중독자 및 그 가족들을 대상으로 중독 예방 및 치료 프로그램들을 운영하고 있다. 〈표 12-1〉은 전국 중독관리통합지원센터의 현황이며, 〈표 12-2〉는 중독관리통합지원센터의 서비스 내용을 정리한 것이다.

표 12-1 ■ **전국 중독관리통합지원센터 현황** (단위: 개소)

지역	계	16	서울	부산	대구	인천	광주	대전	울산	경기	강원	충북	충남	전북	전남	경북	경남	제주
개소		50	3	3	2	5	5	3	2	8	3	1	2	2	2	2	5	2

출처: 한국중독관리센터협회.

표 12-2 ■ 중독관리통합지원센터의 주요사업 안내

영 역	필수사업	선택사업
중독문제 조기발견 및 개입서비스	• 알코올문제 신규발견 및 이용체계 구축 • 고위험음주군 조기발견 및 단기 개입 서비스	• 기타중독(도박, 인터넷, 마약) 신규 발견 및 이용체계 구축 • 기타중독(도박, 인터넷, 마약) 고위험군 조기발견 및 단기 개입 서비스
중독질환 관리사업	• 알코올중독자 관리체계 구축 • 사례관리 서비스 • 재활 프로그램	• 알코올중독자 위기관리 서비스 • 알코올중독자 직업재활 서비스 • 기타중독 관리체계구축 • 사례관리 서비스 • 재활프로그램
중독질환 가족지원사업	• 알코올중독자가족 신규발견 및 이용체계 구축 • 사례관리 서비스 • 가족모임 지원 서비스	• 알코올중독자 및 기타 중독자가족 신규 발견 및 이용체계 구축 • 가족교육 및 프로그램
중독예방 및 교육사업	• 취약계층 알코올문제 교육사업 • 인식개선 및 홍보사업	• 아동·청소년 예방교육사업 • 직장인 중독 예방지원사업 • 지역주민 예방교육사업
지역사회 사회안전망 조성사업	• 보건복지 네트워크 구축 • 지역 인프라 구축	• 지역 법무 연계 · 협력체계 구축 • 자원봉사 관리 · 운영체계 구축 • 경찰 및 응급지원 네크워크 구축
지역진단 및 기획		• 지역사회 진단 및 연구 • 지역 특성을 고려한 특화 서비스 기획 • 자원조정 및 중재

출처: 한국중독관리센터협회.

(2) 도박중독

흔히 '중독'이라고 하면 술이나 약물과 같은 물질이 몸속으로 들어가 나타나는 현상으로 생각하기 쉽다. 그러나 최근 중독에 대한 개념은 약물중독을 넘어 도박, 식이장애, 쇼핑중독, 게임중독 등 행위중독의 개념으로 확장되고 있다. 우리나라에서는 도박 자체를 불법으로 규정하고 있지만 합법적인 도박도 있는데 카지노를 비롯해서 경마, 경륜, 경정, 로또를 비롯한 복권, 스포츠토토 등이 정부의 허가 하에 운영되고 있다. 그러나 지금 우리 사회는 합법적인 도박은 물론이고 불법적인 도박이 크게 성행하고 있다. 한동안 큰 사회문제를 일으켰던 바다이야기, 스크린 경마를 비롯한 성인오락실, 오래전부터 암암리에 성행하고 있던 각종 하우스, 그리고 최근에는 카지노, 인터넷을 이용한 각종 도박이 주변에 널려 있는 것이 현실이다. 과거 성인 남성 위주의 도박에서 최근에는 여성 중독자의 비율이 늘고 있고 심지어는 청소년들도 무방비로 도박의 유혹에 노출되어 있어 큰 문제가 아닐 수 없다. 다른 중독과 마찬가지로 도박중독은 치료가 쉽지 않다. 따라서 예방과 조기치료가 가장 중요하며 이를 위해서는 도박중독에 대한 사회나 가족들의 인식과 태도 변화가 무엇보다 시급한 실정이다.

① 도박중독의 개념

우리나라에서는 도박이 무엇인지 아직 다양한 이해관계자들 사이에 합의가 이루어진 공통의 정의가 없다(사행산업통합감독위원회, www.ngcc.go.kr). 도박(gambling)에 대한 사전적인 정의는 '금품을 걸고 승부를 다투는 일'이라고 정의하고 있다. 또한 볼렌과 보이(Bolen & Boyd, 1968)은 결과를 예측할 수 없고 우연에 의해서 결정되는 게임이나 사건 또는 어떤 유형의 내기에 가치를 두는 것이라고 정의하고 있다. 이상과 같은 내용을 정리해 보면 도박은 '불확실한 결과에 대해 돈을 걸고 하는 내기'를 말한다. 이런 의미에서는 승부를 걸고 하는 모든 내기는 비록 가볍다 해도 모두 도박에 속한다고 할 수 있다. 물론 도박 자체가 문제가 아니고 일부의 사람들이 지나치게 몰입하는 것이 문제인 것이다.

도박중독은 이미 오래전부터 존재해 온 심각한 사회 문제임에도 불구하고 여가활동이나 친목활동으로 여겨 오다가 정확한 질환으로 인식된 것은 1980년대 후반부터이다. 병적도박은 '지속적으로 반복되는 부적응적인 도박행동'으로 정의된다. 이는 도박의 충동을 억제할 수 없는 심리적인 장애로 결국에는 도박에 의존하게 되는 지속적이고 잠재적인 행동장애로 발전하게 된다. 이러한 수준에 이르면 개인적인 생활뿐 아니라 직장생활에서나 가족들에게 악영향을 미치게 되는 지점까지 계속하게 된다(이영주 외, 2019). 도박의 가장 심각한 문제점은 도박 중독자의 발생이라고 할 수 있다. 도박을 왜 하는지에 대한 답을 내리기가 쉽지 않은 이유는 여러 가지 복합적인 요인이 작용하기 때문일 것이다.

② 도박중독의 원인

도박중독의 발생 원인에 대하여 일찍이 심리발달적 원인에서부터 생물학적 원인, 사회적 원인 등 다양하게 제시하고 있는데 이러한 원인들은 알코올중독 등을 비롯한 물질적 중독과 유사하다고 할 수 있다(이영주 외, 2019). 도박중독의 원인에 대해 보건복지부지정 중독관리통합지원센터(광주서구)에서는 다음과 같은 요인들을 제시하고 있다.

가. 도박 자체의 요인

도박을 하는 이유는 복합적인 요인이 작용하기 때문에 간단하게 설명할 수는 없다. 그러나 일반적으로 도박 자체가 주는 재미와 승부에서 이길 경우 발생하는 쾌감이 중요한 요인이라고 할 수 있다. 처음부터 돈을 따기 위해 도박을 하는 사람들은 거의 없으며 심심풀이, 재미와 호기심으로 시작했다가 이들 중 일부의 사람들이 중독에 빠지게 되는 것이다. 대부분의 중독자들은 초기에 돈을 따는 경험을 하는데 특히 크게 딴 경험이 있는 사람일수록 도박중독에 빠질 가능성이 높아진다는 것이다. 크게 돈을 딴 경험이 머리에 기억으로 남아있어 비록 지금은 잃고 있지만 언젠가 모두 만회할 수 있다는 환상을 심어주는 경우가 많다는 것이다. 또한 도박은 쾌감뿐 아니라 현실 도피적인 성향도 만족시켜 주어 사회적응의 어려움이나 고민, 불안과 같은 부정적 감정도 일시적이지만 회피할 수 있는 좋은 수단이 되기 때문에 비록 일시적이고 부작용이 크지만 순간적 만족감을 주기 때문에 유혹을 이기기 어려운 것이다.

나. 사회 환경적 요인

일반적으로 도박중독자의 비율은 전 인구의 1~2% 정도로 알려져 있다. 그러나 나라와 지역에 따라 큰 편차를 보이는데 사회가 도박에 대해 허용적이며 쉽게 접근이 가능할수록 중독자가 늘어난다. 미국은 원주민이었던 인디언에게 경제적 도움을 주기 위해 인디언 보호구역에서 카지노를 운영하는 것을 허가 하였다. 그런데 카지노를 중심으로 가까운 지역에 사는 사람들의 도박중독자 비율이 높아지는 것을 발견하게 되었다. 그만큼 접근가능성은 중요한 요소 중 하나이다. 우리나라의 경우는 중독자 비율이 월등히 높게 나타나고 있는데 환경적 요인이 일조를 하는 것이라고 할 수 있다. 도박장이 생기면 이용하는 사람들이 늘게 되고 중독자의 수가 늘어나는 것은 당연한 사실일 것이다. 또한 경제 위기로 실직자가 많고 건강하게 여가를 보내기 어려운 사회 환경도 중요한 요인이 된다. 어릴 때 도박을 접하는 것도 고위험군이 될 수 있다. 특히 요즘처럼 인터넷 게임중독이 늘어난다면 향후 이 자녀들이 더 쉽게 다른 중독에 빠질 가능성이 있을 것으로 예상할 수 있다.

다. 성격적 요인

누구나 도박에 빠질 수 있지만 특히 도박에 더 잘 빠지는 사람들이 있다. 임상적인 측면에서 보면 도박중독자를 크게 자극추구형과 현실도피/적응장애형으로 나눌 수 있다. 자극추구형 중독자들은 쉽게 말해 타고난 도박꾼이라고 말할 수 있는데 유전적인 성향이 강하기 때문에 어린 시절 발병하는 경향이 높다. 이들의 어린 시절 성장과정을 들어보면 어릴 때부터 내기를 좋아하고, 경쟁적이며, 호기심과 모험심이 많았다는 특징을 가지고 있다. 어릴 때 구슬치기, 딱지치기를 해서 지면 잠이 오지 않았다고 말하는 중독자들을 흔히 볼 수 있다. 다양한 종류의 도박을 하는 특징도 가지고 있는데 카지노, 경마 등 종류를 가리지 않고 즐기는 한편 도박 이외에도 다양한 형태의 중독에 빠질 가능성이 높은 사람들이라는 것이다. 이들은 대개 무료함을 견디지 못하고 끊임없이 새로운 자극을 찾아 나서고 위험을 무릅쓰고 도전하는 경향이 있다. 에너지는 많은데 이 에너지의 방향이 잘못될 경우 쉽게 중독에 빠질 수 있는 유형이라는 것이다. 이런 성향을 가진 사람들이 도박을 접하면 쉽게 중독에 이르게 될 가능성이 높은 것이다.

현실도피/적응장애형은 우울, 불안, 스트레스 등의 정서적 측면과 관계가 많은 유형으로 볼 수 있다. 이들은 대개 늦은 나이에 도박을 시작하는 경향이 있고, 여성 도박중독자들이 흔히 이 유형에 속하는 경우가 많다. 이혼이나 가정적 문제, 우울과 불안 같은 환경적, 정서적 문제를 가지고 있는 경우도 많다. 도박을 하는 동안은 다른 일을 잊을 수 있기 때문에 쉽게 현실로 돌아오지 못하며 또한 현실로 돌아온다 하더라도 엄청난 스트레스를 감당하지 못하고 다시 도박장으로 돌아가는 경우가 많은 경우이다. 자극추구형과 달리 스트레스를 회피하는 도구로 도박을 이용하는 것이다. 성격적으로도 내성적으로 대인관계가 적어 삶의 다른 재미를 모르고 살아온 사람 가운데 도박에 빠지는 경우가 많은데 바로 이런 유형의 사람들을 말한다. 물론 실제로는 두 유형이 명확하게 구별되는 것은 아니지만, 치료 방법을 정하기 위하여 어느 성향이 높은지를 평가하는 것이다. 초기 자극추구형으로 시작해서 오랜 기간 도박에 빠지면 서서히 현실도피형으로 넘어가는 경우도 많이 있다. 도박으로 인해 직장 생활에도 문제가 생기고 친구사이도 서먹해지는 등 여러 가지 이유로 서서히 정서적 문제가 생기는데 이런 부정적 감정을 피하기 위해 도박을 지속하는 경우가 이런 유형이라고 본다.

라. 유전적, 생물학적 요인

도박중독에는 다른 중독과 마찬가지로 도파민, 세로토닌 및 노르에피네프린 등의 여러 신경전달물질이 관여하는 것으로 알려지고 있다. 이 중에서 도파민은 술을 마실 때 기분이 좋아지게 하는 역할을 하는 신경전달물질로 쾌감을 일으키는 물질이다. 도박의 승리 시 오는 쾌감도 이에서 비롯되는 것이라고 할 수 있다.

그런데 똑같이 도박을 하지만 어떤 사람은 그냥 재미로 즐기고 어떤 사람은 깊이 빠지게 된다. 이런 차이가 이미 생물학적으로 결정된 것일 수도 있는데 일부 연구에서는 약간의 유전적 성향이 있다고 알려져 있다. 그러나 이런 유전적 성향을 가지고 있다고 해서 모두 중독에 빠지는 것은 아니기 때문에 환경적 요인도 중요함을 알 수 있다.

③ 도박중독의 문제

최근 경기 불황이 심화되면서 경정, 경마, 카지노 등 사행산업은 오히려 급성장하고 있다. 특히 서민층을 중심으로 급증하고 있어서 심각한 사회문제라는 지적이 나오고 있다. 우리나라 사행산업은 2000년을 기점으로 내국인 카지노와 온라인 복권 등 신규허가와 장외발매소 증설, 경기횟수 연장 등으로 급속한 성장을 하고 있다. 사행산업의 급성장으로 카지노 지역의 범죄율은 개장 이후 2배 이상 증가하였으며, 도박중독율도 선진국의 2~3%보다 크게 높은 9.5%를 나타내고 있다. 또한 중독예방센터의 상담실적도 해마다 증가하고 있는 실태이다(이영주 외, 2019). 단순한 즐거움이나 재미를 위한 활동을 넘어선 도박 중독은 개인적 · 사회적으로 커다란 문제를 유발한다(Bolen & Boyd, 1968; Custer, 1982). 구체적으로 살펴보면, 도박중독은 경제적 손실뿐 아니라 이혼, 가정폭력, 자살, 실직 등의 문제를 유발하고 심각한 정신과적 문제들도 일으키게 된다.

④ 도박중독의 치료 및 관리

어떤 중독이든 대부분의 중독자들은 스스로 자신은 중독자가 아니라고 말한다. 이들이 스스로 중독자임을 인정하고 치료를 받기로 결심하는 것은 결코 쉬운 일이 아니다. 도박중독의 효과적인 치료를 위해서는 약물치료와 함께 인지행동치료, 단도박 모임과 가족교육 등을 병합하는 것이 바람직하다. 다음은 보건복지부 지정 중독관리통합지원센터(광주서구)에서는 제시하고 있는 치료방법을 정리한 것이다.

가. 약물치료

현재까지 도박중독에 효과가 있다고 알려진 약물들은 많지 않지만 최근 여러 연구들을 통해 몇몇 약물들이 상당한 효과가 있다고 알려져 있다. 항우울제의 일종인 선택적 세로토닌제제와 기분조절제, 알코올중독자의 술에 대한 갈망을 줄여주는 항갈망제 등이 사용되고 있다. 특히 항갈망제의 경우 도박 자체의 욕구를 줄여주는데 비교적 효과가 좋은 것으로 알려져 있어 성공적으로 도박을 끊는 경우도 있다. 실제 임상에서는 환자의 유형에 따라 각기 다른 약물을 사용할 수 도 있는데 환자와의 면담과 성격검사, 심리검사 등을 통해 성격유형과 우울, 불안증상 등을 파악하여 약물을 선택하게 된다. 우울증이 심하거나 자살사고가 있을 경우 입원 치료를 할 필요가 있다.

나. 인지행동치료

1980년대 이후에 중독자들의 인지체계에 큰 결함이 있고 이로 인해 지속적으로 도박행동을 보인다는 이론을 바탕으로 다양한 형태의 인지행동치료를 시도하고 있다.

인지치료란 쉽게 말하면 잘못된 생각을 바로잡아 주는 치료라는 뜻이다. 많은 도박중독자들이 잘못된 생각(예를 들면 돈을 딸 수 있다는 등)으로 인해 지속적으로 도박에 빠지는데 이런 생각 자체를 치료과정을 통해 고치고 행동조절훈련 등을 함으로써 좋아질 수 있다는 것이다. 현재 흔히 사용하고 있는 인지행동치료는 인지적 교정, 문제해결기술훈련, 사회기술훈련, 재발방지의 4단계로 구성되어 있다. 인지적 교정이란 중독자들이 흔히 가지고 있는 도박에 대한 오해와 잘못된 신념을 바로잡아 주는 과정이라고 할 수 있다.

도박은 종류에 따라서 자신의 기술이 다소 필요할 때도 있지만 일종의 확률일 뿐인데 중독자들은 자신의 능력이나 기술로 이 확률을 조절할 수 있다는 확신을 가지고 있다. 돈을 잃으면 운이 나쁘다거나 재수가 없다고 생각하고 이길 때는 자신의 능력을 과대평가하는 경향이 있어 스스로 도박의 확률을 조절할 수 있다고 믿기도 한다(통제력의 착각). 또한 머릿속에는 늘 과거의 승리만을 기억하고 있기 때문에 발걸음이 늘 도박장으로 향하는 것이다(회상의 편파성). 또한 미신적인 생각도 많은데 좋은 꿈을 꾸었을 때 복권을 사는 행동과 같이 특정한 상황이나 행동, 생각이 승패에 영향을 미친다고 믿고 집착하는 경향이 있다(미신적사고). 또한 아무런 상관도 없는 두 사건을 인과관계가 있는 것으로 착각해 특정한 상황에서 승리를 얻었을 때는 계속 그 상황을 고집해 큰돈을 잃기도 하는 것이다. 이런 잘못된 생각과 믿음을 체계적으로 교정해 도박충동을 조절할 수 있게 하는 것이 인지행동치료의 기본이며 이와 더불어 도박충동을 부추기는 상황을 피하는 기술, 스트레스 관리, 가정 및 사회에서의 적응훈련 등을 통해 재발을 방지하는 작업 등이 포함된다. 그러나 이런 외국의 인지행동치료를 그대로 한국 상황에 적용시키기에는 많은 문제가 있다. 인지적 교정이 치료과정에 필요한 것은 사실이지만 우리나라 환자들은 대부분 극단적인 상황에서 병원을 찾기 때문에 환자 개개인의 실정에 맞는 다양한 접근이 필요할 것이다.

다. 단도박 친목모임

도박을 끊게 되면 중독자들은 이를 대체할 수 있는 다른 모임이 필요할 것이다. 한국단도박모임은 1984년 결성되었는데 현재 서울 및 전국 각지에 50개 이상의 지부가 조직되어 있다(www.dandobak.co.kr). 같은 문제를 가지고 있는 사람들의 모임이기 때문에 훨씬 거부감도 적어 적응 역할을 맡게 되면 자기존중감 향상에 큰 도움을 줄 수 있다. 특히 가족 모임이 활성화되어 있기 때문에 가족들의 스트레스 관리에도 큰 도움을 주게 된다. 중독자들의 자발적인 모임인 단도박 친목모임은 급성기는 물론이고 재활 및 재발방지에 중요한 역할을 하게 된다. 따라서 초기부터 반드시 병원치료와 함께 단도박 모임에 참여하는 것이 좋다. 재정적인 문제를 다루는 것과 도박을 끊고 난 뒤의 여러 가지 어려움을 극복하는 데도 큰 도움을 주게 된다. 또한 이 모임을 통해 가족애가 회복됨으로써 중독자의 치료 의지를 높이는 데도 도움을 주게 된다.

⑤ 도박중독 치료를 위한 가족의 대처

가족구성원 중 도박을 하는 것이 가족들의 잘못은 아니지만 가족들의 비난이나 집착, 과거 빚에 대한 질책 등이 환자의 도박행동을 더 강화시킬 수 있다. 가족들이 도박에 대해 충분히 이해하고 중독이 질병이라는 사실을 이해해야 한다. 더 이상 환자의 도박행동에 대해 집착하지 않도록 하되 그 결과에 대해서도 반드시 환자 스스로 책임지도록 해야 한다. 즉, 도박 빚을 가족들이 대신 갚아 주면 안 된다는 것이다. 또한 자녀가 있는 경우 자녀들이 중독자의 도박행동에 대해 알고 있는지, 또 아는 경우 어떻게 생각하는지 등에 대해서도 토론하는 것이 좋다. 가족들의 지나친 간섭이나 집착과 같은 잘못된 태도나 가족 간의 갈등, 건강한 의사소통의 부족 등이 치료를 방해하고 재발을 일으키는 요인이 될 수 있으므로 가족 및 자녀들에 대한 교육이 필요하다는 것이다.

술이든 도박이든 중독에 빠지면 더 이상 혼자만의 문제가 아니다. 가장 큰 고통을 당하는 사람은 바로 가족일 것이다. 남편이나 아들이 중독에 빠진 것은 결코 가족의 탓은 아니지만 중독현상이 지속되는 데는 가족들의 잘못된 태도가 일조를 하는 것이 사실이다. 다음은 가족들이 도박중독 치료에 도움이 되는 과정에 대하여 중독관리통합지원센터(광주서구)에서 제시한 내용을 정리하였다.

가. 도박중독은 '질병'이라는 사실을 받아들여야 한다.

마음만 굳게 먹으면 안 할 것 같은데 왜 저리도 의지가 약한지 모르겠다는 소리를 흔히 할 수 있는데 가족들이 먼저 이런 생각에서 벗어나야 한다. '중독'이라고 말 할 때는 자기 자신이 조절할 수 있는 한계를 넘었다는 말이다. 이미 조절력을 상실한 사람에게 조절하라고 말하는 것은 공허한 일이다. 단순히 의지의 문제나 나약한 성격의 문제가 아니고 질병으로 인식해야 치료적 도움을 받을 수 있다. 문제가 있다면 빨리 평가받고 빨리 치료적 도움을 받게 하는 것이 최선의 방법일 것이다.

나. "하지마라"는 말은 하지 않아야 한다.

'하지마라, 하지마라'를 외치면서 끝까지 뒷감당을 해주는 것이 우리의 가족이다. 아들이 직장에서 잘린다는데, 남편이 빚에 시달리다 죽고 싶다는데 어떻게 모른 척하고 혹 빚쟁이들이 찾아와 아이들에게 문제라도 생기면 어쩌나 하는 이런 마음에 가족들은 차마 외면하기 어려운 것이 현실이지만 이건 적절한 태도가 아닐 것이다. 지나치게 간섭한다는 것은 결과에 대해서도 책임을 져준다는 뜻이기 때문에 가족들이 태도를 바꾸어야 한다. 중독자 스스로 결과에 대해 책임을 지도록 하는 것이 최선의 방법이다.

다. 도박을 하지 않는 시간에 관심을 가져야 한다.

도박을 하지 않는 것이 중요한 것이 아니고 하지 않고 그 시간에 대신 무엇을 하느냐가 훨씬 더 중요하다는 말이다. 그런데 대부분의 가족들은 도박 자체에만 관심을 가지고 도박을 하면 온 가족이 난리가 난다. 이상하게도 도박문제가 있으면 관심이 집중되고 도박을 하지 않으면 아무도 관심이 없다는 것은 잘못되었다고 볼 수 있다. 오히려 도박 문제가 없을 때 가족들이 더 관심을 가져 주어 가족들과의 일상생활에 관심을 갖도록 하는 것이 중요하다. 물론 한번 중독에 빠졌던 사람들은 다른 일상생활에서 재미를 느끼지 못하는 경우가 많다. 그래도 안 한다고 좋아할 것이 아니라 안하고 무엇을 할 것인지를 머리를 맞대고 같이 의논해야 하는 것이 중요하다.

라. 홀로선 자만이 남을 도울 수 있다.

도박에 빠진 사람들의 모임인 단도박 모임에 가면 가족 모임이 따로 있는데 여기 가서 꼭 배워야 할 것이 있다. 바로 '홀로 선 자만이 남을 도울 수 있다'라는 사실이다. 가족 스스로 건강하지 않으면 결코 중독자를 도울 수 없다는 말이다. 가족이 지치고 우울하면 중독자의 회복에도 결코 도움이 되지 않는 것이 사실이다. 가족들은 중독자의 도박 행동 하나하나에 일희일비하여 자신의 삶은 다 사라지고 오직 중독자의 행동에 따라 삶이 좌지우지되기도 한다. 그러나 이렇게 하다가는 곧 지치기 때문에 먼저 스스로를 돌아보고 몸과 마음이 건강해져야만 어떤 식으로든지 상대를 도울 수 있다는 사실을 명심해야 한다. 스스로 힘을 얻기 위해서는 가족도 단도박 모임 같은 자조집단의 모임에 참여하여 다른 가족들이 어떻게 어려움을 헤쳐 나갔는지를 아는 것만으로도 큰 힘이 될 것이다.

마. 치료는 마라톤이라는 사실을 명심해야 한다.

도박중독은 흔히 치료가 어렵다고 말하는데 어느 정도는 맞는 말이지만 그래도 희망은 있다는 사실을 잊어버리면 안 된다. 중독자들이 얼마동안 도박을 안했다고 하는 것은 대부분 '안 한 것'이 아니라 '못한 것'이다 치료는 도박을 안 하는 것, 더 나아가 안 하는 것이 더 편한 상태가 되어야 되는 것이다. 실로 힘든 과정이고 시간도 오래 걸리는 과정이므로 잠시 안 한다고 좋아할 것도 없고 어쩌나 다시 했다고 너무 실망할 것도 없다. 치료는 그런 과정을 거쳐 이루어지는 것이므로 그래도 치료에 희망을 갖는 것이 치료에 있어서는 가장 중요한 태도임을 잊지 않아야 한다.

3 중독자가족의 복지 대책

우리나라의 중독문제는 지속적으로 증가하고 있으며 알코올, 인터넷, 도박, 마약 등 중독으로 인한 폐해는 중독자뿐만 아니라 사회의 안전을 위협하는 시급성이 높은 사회문제라고 할 수 있다. 그러나 중독 및 중독으로 인한 폐해에 대하여 국민들의 인식은 아직까지 낮은 상태이며, 그 심각성에 비하여 충분한 개입이 이루어지지 못하고, 예방 및 치료서비스에 대한 공급과 접근성은 매우 취약하며 인프라가 부족하다. 또한 지속적으로 전문적 관리와 치료가 요구되는 질병임에도 범부처 거버넌스가 부재한 현실이다. 이처럼 심각한 우리나라의 중독문제를 예방하고 감소하기 위해서는 중독에 대한 보호요인 강화와 위험을 통제하는 예방과 정책이 필요할 것이다. 이에 이해국, 이보혜가 보건복지포럼(2013. 6)에서 제시한 정책적 대처 방안을 다음과 같이 정리하였다.

첫째, 중독에 대한 적극적 보호환경의 근거마련을 위한 중독관리법을 제정하여야 한다. 몇 가지 법에서 중독에 대한 예방과 치료의 내용을 다루고는 있으나 중독의 예방과 치료를 미션과 목적으로 한 법은 아직까지 없다. 중독은 사회 안전이나 국가경쟁력, 국민보건상 주요 위험요인이다. 따라서 적극적 예방과 관리가 필요함을 선언하고, 이를 위해 국가와 지자체, 개인, 특히 중독 관련 산업이나 중독 예방·치료에 종사하는 사람들의 중독 예방과 관리를 위해 해야 할 역할을 정의하는 기본법인 중독관리법을 제정해야 할 필요가 있다.

둘째, 근거기반 중독의 예방 및 선별, 치료, 재활 지침과 프로그램을 개발하여야 하며, 생애주기별 및 성별에 맞는 중독문제 예방콘텐츠 개발과 확산을 위한 체계를 구축하여야 한다. 또한 보건의료서비스의 엄격한 질적 관리 기준에 부합하도록 중독성 질환의 예방, 선별, 치료, 재활 지침을 개발하고 관련 공공 및 민간 서비스기관에서 이를 준수할 수 있도록 해야 할 것이다.

셋째, 중독관리 활성화를 위한 치료와 연구 인프라를 구축하여야 한다. 중독의 치료의 효율성을 제고하여야 하며, 지속적인 치료재활 체계를 구축하여야 하고, 다양한 중독문제를 다양한 수준의 기관에서 개입할 수 있도록 질적으로 표준화되고 관리된 전문인력을 양성하여야 한다. 또한 국가정책 수립과 서비스 개발에 필요한 연구 과제를 개발하고 적절한 예산을 확보하여 단기 · 중장기로 나누어 중독 관련 연구수행을 지원해야 할 필요가 있다.

넷째, 중독관리를 위한 범부처 거버넌스를 구축하여야 한다. 국무총리산하에 실효성 있는 중독관련 사업 추진을 위한 국가중독문제관리위원회를 신설하여 중독물질 및 사행성산업과 관련된 법, 중독 관련 국가정책, 공공 · 민간서비스, 그리고 관련 기관의 인력에 대하여 통합 · 조정하는 기능을 하도록 해야 할 것이다.

CHAPTER **13**

장애인가족

학습목표

이 장에서는 가족복지의 주된 대상 중 장애인가족에 대해 다음과 같이 학습하고자 한다.

1. 장애의 개념, 장애유형 등에 대하여 구체적으로 학습한다.
2. 우리나라 장애인의 실태를 파악한다.
3. 우리나라 장애인가족의 서비스를 파악한다.

1 장애 개념의 이해

1) 일반적 장애 개념

장애의 개념은 그 나라에서 누구를 장애인으로 간주하고 있으며 장애인을 어떻게 바라보고 있는가를 알 수 있을 뿐만 아니라 이들이 사회에서 어떻게 생활하며, 장애인복지와 관련하여 어떠한 서비스를 어느 정도로 받는가를 결정짓는 기본적인 시각이다. 따라서 장애의 개념을 정확하게 이해하는 일은 가족복지의 대상영역 중 하나인 장애인가족을 이해하는데 중요한 요소라고 할 수 있다.

장애에 대한 개념 정의는 시대의 변화와 문화의 차이에 따라 또한 한 나라의 정치적 · 경제적 · 사회적 상황과 수준에 따라 영향을 받으므로 보편적 정의는 쉽지 않다. 과거에는 장애의 정의(definition of disablement)는 대개 의학적 개념으로 규정되었으나 오늘날은 장애의 의미를 광의와 협의로 구분하여 협의의 장애는 신체 또는 정신기능의 저하 · 이상 · 상실 또는 신체 일부의 결손 등과 같은 의학적 차원의 개념을 말하며, 광의의 장애는 협의의 장애를 포함하여 이로 인해 발생하는 사회 환경과의 관계에서 오는 장애까지도 포함한다. 즉, 광의의 장애는 의학적 차원은 물론 능력의 저하와 사회적 차원까지도 포함하는 포괄적인 개념인 것이다.

우리나라 장애인복지법에서는 "장애인은 신체적 · 정신적 장애로 인하여 장기간에 걸쳐 일상생활 또는 사회생활에 상당한 제약을 받는 자"로 정의하고 있다(고명수 외, 2019). 이러한 정의에는 신체적 또는 정신적 장애라는 의학적 원인이 존재하며, 이러한 원인에 의하여 일상생활이나 사회생활에 상당한 제약을 받고 있는 상태라고 정의한다.

2) 세계보건기구(World Health Organization: WHO)의 장애 개념

(1) ICIDH-1

1980년 국제장애분류(International Classificaton of Imparements, Disabilities and Handicaps: ICIDH)를 통하여 세 가지 차원의 장애 개념을 발표하였다(고명수 외, 2019). 이 세 가지 차원의 장애의 개념을 소개하면 장애발생의 과정을 질병(disease) → 손상(impairment) → 능력장애(disability) → 사회적 불리(handicap)로 분류하여 설명하고 있다. 장애발생 과정의 첫 번째 단계인 손상(Impairment)장애는 심리적 · 생리학적 · 해부학적 구조나 기능의 손실 또는 비정상을 의미하며 사지, 기관, 피부 또는 정신적 기능체계를 포함한 신체의 구조적 비정상, 결손 또는 손실의 발생이나 존재를 포함하는 것으로 병리적인 상태가 외재화 된 것을 말한다. 두 번째 단계인 능력장애(Disability)는 손상으로 인하여 나타나는 능력저하로 정상적인 행동이 불가능 하거나 활동을 수행하는 능력의 제약이나 결여를 의미한다. 세 번째 단계로 사회적 불리(Handicap)는 손상이나 능력 장애가 사회화 된 것을 의미 하는데 개인이 일상생활이나 사회생활을 하는 데 제한을 받거나 지장을 초래하는 상태로 비장애인은 이용 가능하지만 장애인은 이용할 수 없는 여러 가지 사회제도에 대한 물리적 · 사회적 · 문화적 장벽을 의미하는 것으로 장애인이 비장애인과 마찬가지로 평등하게 사회생활에 참여할 수 있는 기회를 박탈하거나 제약하는 것을 의미한다.

(2) ICIDH-2

ICIDH-1가 장애의 부정적 측면을 부각시키고 장애인을 부정적 존재로 인식하게 하여 사회적 차별과 분리를 심화시키는 부작용이 나타나게 되어 WHO에서는 1997년 새로운 장애의 개념과 분류기준을 확정하게 되었다(ICIDH-2). 이 분류 안에 따르면 장애는 기본적으로 환경과 개인이라는 상황적 요인을 포함한 장애개념을 채택하고 있으며 크게 손상(Impairment), 활동(Activities), 참여(Participation)로 구분하고 있다. 손상(impairment)은 신체 및 정신의 구조나 기능의 상실, 비정상, 제한이나 불능을 의미한다. 활동/제한(activity/limitation)은 일상생활과 관련된 개인의 활동에서의 제한을 의미하며, 일상적인 신변처리 등 단순한 것에서부터 쇼핑, 직무완수 등 복합적인 활동까지 포함하고 있다. 참여/제약(participation/restriction)은 손상, 활동, 건강조건, 상황요인과 관련된 생활상황에서의 개인의 연관성 정도를 의미하며, 장애인과 물리적 장벽 및 사회체계와 같은 환경적 요인 간의 상호작용으로 사회에 대한 개인의 참여 정도와 참여를 촉진하거나 방해하는 사회적 반응을 말한다.

(3) ICF(International Classification of Functioning and Health)

2001년 5월 WHO는 ICIDH-2를 근간으로 5년 동안 현장검증과 논의를 거쳐 장애와 보건에 관한 국제기능분류(ICF)를 승인하고 국제적인 통용을 허용하게 되었다. ICF는 장애 및 보건에 대한 개념에서 개인적 요인과 사회적 요인을 동시에 고려한다는 것으로 ICIDH-2와 큰 맥락은 동일하되 기본 목적은 건강과 관련한 상태를 표현하기 위한 체계와 통일된 분류를 제시하기 위한 것이므로 장애인뿐만 아니라 모든 사람의 건강에 관련된 요소를 설명할 수 있는 보편적인 적용이 가능한 틀임을 강조하고 있다. 또한 환경적인 측면을 강조한 분류 체계임과 동시에 모든 사람을 대상으로 하기 때문에 긍정적인 언어를 사용하고 있다.

ICF의 분류는 [그림 13-1]과 같이 제1영역에서 기능과 장애를 다루며, 제2영역에서는 상황적 요인들을 다루어 개인의 기능은 개인적 요소(성, 연령, 인종, 습관, 대처양식)와 신체의 구조와 기능, 활동, 참여의 맥락에 속하는 환경요소(사회적 인식, 건축물의 장애요소 정도 등)의 양 측면에서 영향을 받는다는 개념이다.

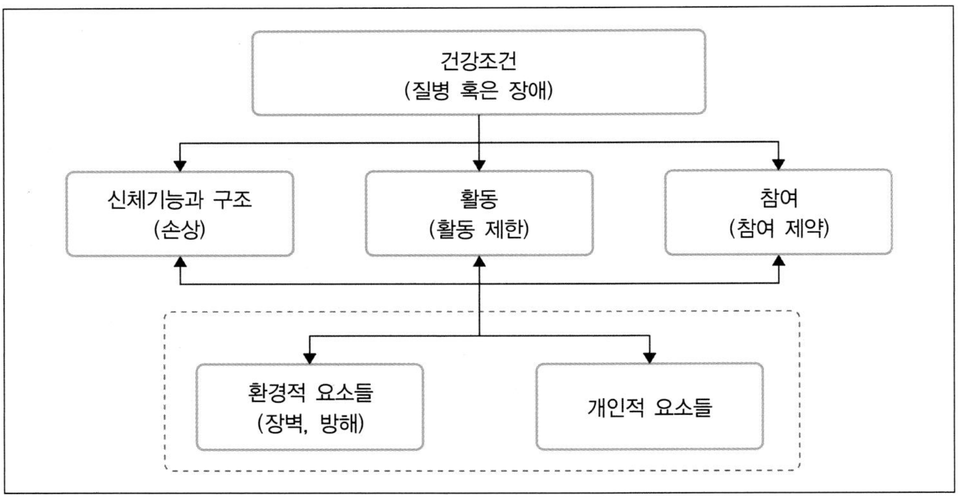

그림 13-1 ■ ICF에 의한 장애 개념 분류

출처 : WHO(2002). Toward a Common Language for Functioning, Disability and Health.

이상과 같은 장애 개념의 변천을 정리해 보면, 오늘날의 장애는 장애인 당사자와 가족의 자기결정 및 선택권을 강조하며, 단순한 모델에서 복합적인 모델의 접근으로 전환되어 장애를 둘러싼 환경적 요인을 강조하고, 장애에 대한 긍정적 용어를 사용하는 방향으로 변화되고 있다. 이러한 장애 개념의 변화는 각 나라의 정치 · 경제 · 사회 · 문화 등에 영향을 주게 되며 법과 제도, 사회적 서비스의 변화를 가져오게 한다.

2 우리나라 장애인의 실태

1) 장애유형 및 범주

우리나라 장애인복지법에서 분류하는 장애 유형은 〈표 13-1〉과 같이 먼저 신체적 장애와 정신적 장애로 분류할 수 있고, 신체적 장애는 외부 신체기능장애와 내부 신체기능장애로 분류한다. 외부 신체기능장애는 지체장애를 비롯하여 6종, 내부 신체기능장애도 신장장애를 비롯하여 6종이며, 정신적 장애는 지적장애, 자폐성장애, 정신장애로 분류하여 총 15종류이다.

표 13-1 ▪ 우리나라 장애 분류

대분류	중분류	소분류	세분류
신체적 장애	외부 신체기능의 장애	1. 지체장애	절단장애, 관절장애, 지체기능장애, 변형 등의 장애
		2. 뇌병변장애	뇌의 손상으로 인한 복합적인 장애
		3. 시각장애	시력장애, 시야결손장애, 겹보임(복시)
		4. 청각장애	청력장애, 평형기능장애
		5. 언어장애	언어장애, 음성장애, 구어장애
		6. 안면장애	안면부의 추상, 함몰, 비후 등 변형으로 인한 장애
	내부기관의 장애	7. 신장장애	투석치료 중이거나 신장을 이식 받은 경우
		8. 심장장애	일상생활이 현저히 제한되는 심장기능 이상
		9. 간장애	일상생활이 현저히 제한되는 만성·중증의 간기능 이상
		10. 호흡기장애	일상생활이 현저히 제한되는 만성·중증의 호흡기기능 이상
		11. 장루·요루장애	일상생활이 현저히 제한되는 장루·요루
		12. 뇌전증장애	일상생활이 현저히 제한되는 만성·중증의 뇌전증

정신적 장애	13. 지적장애	지능지수가 70 이하인 경우
	14. 자폐성장애	소아청소년 자폐 등 자폐성 장애
	15. 정신장애	조현병, 조현정동장애, 양극성정동장애, 재발성우울장애, 뇌의 신경학적 손상으로 인한 기질성 정신장애, 강박장애, 뚜렛장애(Tourette's disorder), 기면증

출처: 보건복지부. 장애인복지정책.

2) 우리나라 장애인의 현황

전체 등록 장애인의 현황은 〈표 13-2〉와 같이 남자 1,528,280명, 여자 1,116,420명이며, 총 2,644,700명(2020. 5월 기준)으로 2017년(2,580,340)에 비해 약 64,000명 정도의 증가 추세를 보이고 있다. 또한 〈표 13-2〉에서와 같이 등록 장애인 중 장애정도가 심한 장애인(종전 중증장애인: 1급, 2급 및 3급 중복 장애)은 984,813명으로 37.2%, 장애정도가 심하지 않은 장애인(종전 경증장애인: 3급~6급)1,659,887명으로 62.8%의 분포를 보이고 있다(보건복지부, 2021).

표 13-2 ▪ 장애유형에 따른 장애 정도 (단위: 명)

장애유형	심한 장애			심하지 않은 장애			합계		
	남	여	합계	남	여	합계	남	여	합계
합계	586,019	398,794	984,813	942,261	717,626	1,659,887	1,528,280	1,116,420	2,644,700
지체	152,432	79,930	232,362	538,704	420,396	959,100	691,136	500,326	1,191,462
시각	23,883	23,139	47,022	125,438	79,160	204,598	149,321	102,299	251,620
청각	47,961	42,795	90,756	168,544	152,449	320,993	216,505	195,244	411,749
언어	8,092	3,372	11,464	8,282	3,318	11,600	16,374	6,690	23,064
지적	133,375	88,182	221,557	0	0	0	133,375	88,182	221,557
뇌병변	79,360	67,075	146,435	63,240	38,633	101,873	142,600	105,708	248,308
자폐성	28,218	5,432	33,650	0	0	0	28,218	5,432	33,650
정신	52,804	51,177	103,981	154	79	233	52,958	51,256	104,214
신장	45,754	31,111	76,865	14,773	10,497	25,270	60,527	41,608	102,135
심장	2,568	1,471	4,039	772	355	1,127	3,340	1,826	5,166

호흡기	8,259	2,878	11,137	244	160	404	8,503	3,038	11,541
간	539	208	747	9,580	4,106	13,686	10,119	4,314	14,433
안면	803	595	1,398	779	535	1,314	1,582	1,130	2,712
장루.요루	969	583	1,552	8,887	5,573	14,460	9,856	6,156	16,012
뇌전증	1,002	846	1,848	2,864	2,365	5,229	3,866	3,211	7,077

출처: 보건복지부(2021). 2020년 장애인실태조사 보고서.

3) 우리나라 장애인의 연령별 분포

연령별 장애인 분포는 65세 이상 인구가 49.9%로 2017년 46.6%에 비해 3.3% 포인트 증가하였고, 만 75세 이상 초고령 장애인의 비율이 점차 증가하여 75세 미만 장애노인에 비해 비중이 커지고 있다(보건복지부, 2020). 장애인 중 1인가구의 비율은 〈표 13-3〉에서와 같이 지속적으로 매년 증가하고 있으며 특히 독거가구에서 장애노인의 비중이 커지고 있다. 장애인 중 1인가구는 27.2%로 2017년(26.4%) 대비 0.8%p 지속적으로 증가하였고, 장애인 1인가구에서 노인 비중도 61.9%로 지속적으로 증가하였다. 이는 우리 사회가 점차 고령화 사회로 접어듦에 따라 장애노인의 지속적인 증가 경향을 보여주는 현실인 것이다.

표 13-3 ▪ 장애인 1인가구 및 노인 가구 비율

구분	2011년도	2014년도	2017년도	2020년도
1인가구(가구 수 추정)	17.4%	24.3%	26.4%	27.2%(71.3만명)
1인가구 중 노인 비율	56.5%	59.6%	59.3%	61.9%

출처: 보건복지부(2021). 2020년 장애인실태조사 보고서.

4) 장애인 가구의 경제적 특성

2020년 장애인실태조사에서 장애인가구의 주관적 경제적 계층 인식은 2017년에 비해 〈표 13-4〉에서와 같이 하향한 결과로 나타났는데 자신의 경제 상태에 대

해 상층 혹은 중층으로 인식하는 비율은 30.6%로 2017년의 38.5%에서 7.9%p 감소하였다. 또한 장애인의 69.4%는 자신의 가구를 경제적으로 어려운 저소득 가구로 인식하고 있는데 이는 일반 가구에 비해 1.8배나 높은 편이다. 한편, 전체 인구는 60.9%가 자신을 중상층으로 인식하는데 비해 상반된 경향을 보이는 결과이다. 결국, 장애인 가구는 낮은 소득 수준과 식·주거 및 의료비 지출 비중이 높은 열악한 경제 구조라는 것을 보여주고 있다.

장애인 중 국민기초생활보장 생계급여 수급자 비율은 〈표 13-5〉에서와 같이 19.0%로 2017년의 15.0%에 비해 4.0%p 증가한 수준이며, 전체 인구의 수급율 3.6%(2019년 12월 기준)에 비해 약 5.3 배 높은 셈이다.

표 13-4 ▪ 주관적 경제적 계층 (단위: %)

구분	장애인				전체 인구			
	2011	2014	2017	2020	2013	2015	2017	2019
중상층으로 인식	31.5	32.6	38.5	30.6	59.3	60.3	60.3	60.9
하층으로 인식	68.5	67.4	61.5	69.4	40.7	39.7	39.7	39.1
계	100.0	100.0	100.0	100.0	100.0	100.0	100.0	100.0

출처: 보건복지부(2021). 2020년 장애인실태조사 보고서

표 13-5 ▪ 국민기초생활보장 급여 유형별 수급 현황 (단위: %)

구분	2017년도	2020년도
생계급여	15.0	19.0
의료급여	16.2	25.8
주거급여	14.4	14.8
교육급여	1.4	1.8

출처: 보건복지부(2021). 2020년 장애인실태조사 보고서.

3 장애인가족복지 현황

우리나라는 「장애인복지법」을 비롯한 장애인 관련 법률들이 마련되어 있다. 하지만 이들 법률은 장애인가족이 아닌 장애인 당사자 복리 증진에 초점을 맞추고 있어서 가족의 부담을 줄여주기에는 한계가 있다. 다음은 이러한 법률에 의해 장애인가족을 지원하기 위한 정책 및 서비스를 정리한 내용이다(보건복지부, 2021).

1) 경제적 지원

(1) 장애아동수당

장애아동수당은 「국민기초생활보장법」에 의한 수급자 및 차상위 계층의 만 18세 미만 등록 장애아동에게 지급되는 수당이다. 단, 만 20세 이하이지만 「초·중등교육법」에 따른 학교에 재학(휴학 및 의무교육대상자 중 유예자도 포함) 중인 대상자도 포함된다. 2023년 기준 지급금액은 기초생활수급(생계 또는 의료) 중증장애인은 월 22만 원, 기초생활수급(생계 또는 의료) 경증장애인은 월 11만 원, 기초생활수급(주거 또는 교육) 차상위 중증장애인은 월 17만 원, 기초생활수급(주거 또는 교육) 차상위 경증장애인은 월 11만 원, 보장시설 입소(생계 또는 의료) 중증장애인 월 9만 원, 보장시설 입소(생계 또는 의료) 경증장애인 월 3만 원을 지원받고 있다.

(2) 장애인연금

장애인연금은 장애로 인하여 근로상실로 생활이 어려운 중증장애인에게 매월 일정 금액을 연금으로 지급하여 생활안정을 지원하는 사회보장제도이다. 중증장애인은 소득감소문제뿐만 아니라 장애로 인한 추가 비용이 발생하게 되는데 장애인 연금은 이를 보전해 중증장애인의 생활 안정을 도모하고 있는 셈이다. 장애수당과는 달리 「장애인연금법」에 의해 보장되고, 물가상승률도 반영되어 매년 인상된 금액을 지원받을 수 있다. 다만, 본인과 배우자의 소득인정액이 선정기준액 이하인 경우만 지원받을 수 있으며, 2023년 기준으로 지급액은 다음 〈표 13-6〉과 같다.

표 13-6 ▪ 장애인연금 지원 금액

구분		계	기초	부가
기초	18 ~ 64세	38만 원	30만 원	8만 원
	65세 이상	38만 원		38만 원
차상위	18~64세	323,750원	253,750원	7만 원
	65세 이상	7만 원		7만 원
차상위 초과	18~64세	273,750원	253,750원	2만 원
	65세 이상	4만 원		4만 원

출처: 보건복지부(2023). 장애인복지정책.

(3) 장애수당

장애수당은 만 18세 이상의 등록 장애인 중 「장애인연금법」상 중증장애인에 해당하지 않는 자 즉, 경증장애인(종전 3급~6급)로 국민기초생활수급자 및 차상위 계층을 대상으로 하고 있다. 단, 만 20세 이하로서 「초 · 중등교육법」에 따른 학교에 재학(휴학 및 의무교육대상자 중 유예자도 포함됨)중인 자는 제외된다. 2023년 현재 기준 지급금액은 기초생활수급(생계 또는 의료) 대상 장애인일 경우 월 4만 원, 차상위 장애인인 경우 월 4만 원, 보장시설 입소(생계, 의료) 장애인은 월 2만 원이 지원된다.

2) 장애인 당사자 및 가족지원 서비스

(1) 발달장애인 부모상담지원

「장애인복지법」상 지적 · 자폐성 장애인으로 등록된 자녀의 부모 및 보호자들은 과중한 돌봄 부담으로 인하여 우울감 등 부정적 심리문제가 발생한다. 이러한 문제를 지원하고 궁극적으로 지적장애인 및 자폐성장애인가족의 기능 향상을 도모할 수 있도록 부모상담 프로그램을 운영하고 있다. 구체적 내용은 〈표 13-7〉과 같다.

(2) 장애아가족 양육지원

장애아가족 양육지원은 12세 미만의 중증장애 아동에 대해 양육자의 질병, 사회활동 등 일시적 돌봄서비스가 필요한 경우 소득조사를 통하여 대상자를 선정하여 일정한 교육과정을 수료한 돌보미를 파견하여 장애아동을 보호하며, 양육자의 휴식을 지원하는 사업이다. 구체적 프로그램은 가족관계 회복 및 돌봄부담 경감을 위해 장애아가족 문화·교육프로그램, 휴식 박람회, 가족 캠프 등 휴식지원 프로그램을 운영하고 있다. 구체적 내용은 〈표 13-7〉과 같다.

(3) 장애인활동지원

혼자서 일상생활과 사회생활에 어려운 장애인에게 활동지원급여를 제공하여 장애인의 자립생활을 지원하고 그 가족의 부담을 줄이기 위한 제도로서 구체적 내용은 〈표 13-7〉과 같다.

(4) 기타 서비스

위에서 살펴본 서비스 외에도 발달장애인 공공후견인 지원, 심판청구 비용지원, 발달장애인가족휴식지원, 장애인거주시설운영, 실비 장애인거주시설입소 이용료 지원, 장애인자동차표지 발급, 방송수신기무료보급(자막방송수신기, 화면해설방송수신기, 난청 노인용수신기), 장애인방송시청 지원, 공동주택 특별 분양알선, 무료 법률구조제도 실시 등의 서비스가 있으며, 구체적인 내용은 〈표 13-7〉과 같다.

표 13-7 ■ 장애인지원 서비스

주요 사업명	지원대상	지원내용
장애인 활동 지원	• 만 6세~만 64세의 장애인복지법상 등록 장애인 중 서비스 지원 종합조사 결과에 따라 산출된 종합점수가 42점 이상인 자	**월 한도액** • 활동지원급여: 구간별 월 778~6,221천 원 • 특별지원급여: 출산, 자립준비, 보호자 일시 부재의 생활환경에 따라 월 260~1,037천 원 최대 6개월까지 한시적으로 지원 **본인부담금** • 생계 · 의료급여 수급자: 면제 • 차상위계층(생계 · 의료급여수급자 제외): 2만 원 • 가구별 소득수준에 따라 활동지원급여의 4~10% 차등 부담 • 활동지원급여: (1~15구간) 24.4~158.9천 원 • 특별지원급여: 면제
장애아 가족 양육 지원	• 연령기준: 만 18세 미만 중증장애아동 • 장애유형: 장애인복지법에 근거한 장애 정도가 심한 장애아동 • 소득기준: 기준중위소득 120% 이하	• 1아동당 연 600시간 범위 내 지원 • 아동의 가정 또는 돌보미 가정에서 돌봄서비스 제공(장애아동 보호 및 휴식 지원)
발달장애인 공공후견인 심판청구 비용지원	• 연령기준: 만 19세 이상 발달장애인 • 장애유형: 장애인복지법에 근거한 지적 · 자폐성 장애인	• 공공후견인 선임을 위해 가정법원 심판 청구 시 소요되는 인지대 등 행정비용 지원(청구 건당 최대 50만 원)
발달장애인 공공후견인 활동비용 지원	• 가정법원에서 발달장애인의 공공후견인으로 선임 결정을 받은 자	• 공공후견인 선임(월 150천 원) • 월 지급 상한(월 400천 원): 1인: 150천 원, 2인: 300천 원, 3인 이상: 400천 원
발달장애인 부모상담 지원	• 발달장애인 자녀를 가진 부모 및 보호자 • 장애인 유형: 장애인복지법에 근거한 지적·자폐성 장애인	• 상담(개별/단체) 서비스 지원 • 1인당 월 160천 원 바우처 지원(초과금액은 본인부담) • 월 3~4회, 회당 50분~100분, 12개월간 제공(특별한 경우 연장 최대 12개월 가능)
발달장애인 가족휴식지원	• 발달장애인 및 그 가족 • 장애인 유형: 장애인복지법에 근거한 지적 · 자폐성 장애인	• 힐링캠프(가족캠프, 인식개선캠프, 동료상담캠프), 테마여행(역사, 문화 기관방문 등) 지원 • 1인당 최대지원금: 240,000원

		• 돌보미 및 캠프(여행도우미) (발달장애인 2인당 1명까지 지원)
장애인거주 시설운영	• 등록장애인 • 무료이용 대상자 • 등록장애인으로서 국민기초생활보장법에 따른 수급권자 • 수급권자가 아닌 경우라도 등록장애인으로 부양의무자(국민기초생활보장법에 의한 부양의무자를 말한다. 이하 같다.)가 없거나 부양의무자가 있어도 부양능력이 없거나 부양을 받을 수 없는 자 • 입양기관 보호 장애아동 • 실비이용 대상자 • 소득조건에 관계없이 등록장애인	• 일반가정에서 생활하기 어려운 장애인에게 일정 기간 거주·요양·지원 등의 서비스를 제공
실비 장애인거주 시설 입소 이용료 지원	• 아래의 소득조건을 만족하여 실비 장애인 거주 시설에 입소한 장애인 • 소득조건 기준 중위소득	• 실비장애인거주시설로 지정되어 있는 시설 입소 시 입소비용 최대입소로 648천 원 중 매월 286천 원 지원
장애인자동차 표지 발급	• 장애인 또는 장애인과 주민등록표상의 주소를 같이 하면서 함께 거주하는 배우자, 직계존·비속, 직계비속의 배우자, 형제·자매, 형제·자매의 배우자 또는 자녀의 명의로 등록 하여 장애인이 주로 사용하는 자동차 1대	• 주차가능 표지 부착 차량에 대해 장애인전용 주차구역에 주차 가능하며, 장애인이 탑승한 경우에만 표지의 효력을 인정
방송수신기무료 보급(자막방송 수신기, 화면해설방송 수신기, 난청 노인용 수신기)	• 시·청각장애인, 난청노인 • 저소득층 및 중증장애인 우선보급	• 청각장애인을 위한 자막방송수신기보급 • 시각장애인을 위한 화면해설방송수신기보급 • 난청노인을 위한 난청노인용수신기 보급
장애인방송 시청 지원	• 시·청각장애인 (자막방송, 화면해설방송, 수화방송)	• 시·청각장애인을 위한 장애인방송(자막, 수화, 화면해설방송) 지원 • 방송사업자(지상파, SO, PP, 종편, 위성 등)의 장애인방송 제작 지원 • EBS 장애인교육방송물 보급

		• 시 · 청각장애인 학생을 위해 EBS교육방송물을 자막 · 화면해설방송으로 재제작하여 웹을 통해 지원(http://free.ebs.co.kr)
	• 발달장애인 (발달장애인용 방송프로그램)	• 발달장애인이 쉽게 이해할 수 있도록 기 제작된 영상물을 '알기 쉬운 자막 · 음성해설방송'로 재제작하여 보급
공동주택 특별 분양알선	• 무주택 세대주(지적장애 또는 정신 및 장애정도가 심한 뇌병변 장애인의 경우 그 배우자 포함)	• 청약저축에 상관없이 전용면적 85㎡ 이하의 공공분양 및 공공임대주택 분양 알선
무료 법률구조제도 실시	• 기준 중위소득 125% 이하인 등록장애인(외국인 포함) • 법률구조공단에서 심의 하여 무료 법률구조를 결정한 사건에 한함	• 중증장애인(1급~3급) 소송 시 법원에 소요되는 일체의 비용(인지대, 송달료, 변호사 비용 등)을 무료로 법률구조 서비스 제공 • 무료 법률 상담 • 무료 민사 · 가사사건 등 소송 대리(승소가액이 2억 원 초과 시 소송비용 상환) • 무료 형사변호(단, 보석보증금 또는 보석보증 보험 수수료 본인 부담)

출처: 보건복지부. 장애인복지서비스.

4 장애인가족복지 대책

서울시의 '고위험 장애인가족 지원 방안' 연구에서 장애인을 돌보는 가족의 35.0%는 극단적인 선택을 떠올린 적이 있거나 실제로 시도한 적이 있는 것으로 조사됐다. 이에 대한 주된 원인으로는 돌봄 스트레스 75.5%, 경제적 문제 68.6%, 우울 · 불안의 문제가 66.5%로 나타났다(웰페어뉴스, 2022. 4. 28.).

그동안 장애인 지원에 대한 정책 및 서비스가 확대되고 왔고, 장애인가족지원과 돌봄에 대하여 과거의 가족 책임에서 사회적 책임을 더 중시하여 탈가족화 패러다임을 지향하여 장애인가족을 지원하고자 노력한 것은 사실이다. 그럼에도 불구하고 아직도 여전히 장애인 지원 및 돌봄의 책임은 여전히 부모 등 가족에게 전가되고 있어서 가족의 극단적인 선택도 반복되고 있는 상황이다. 이러한 문제를 장애인 한 개인의 문제에 국한되는 것이 아니라 사회와 정부가 함께 해결해 나가야 할 문제로 보아야 할 것이다. 또한 장애인과 함께 그의 가족 또한 그들의 욕구를 충족시킬 수 있는 서비스 제공이 필요하므로 장애인 개별적 서비스뿐만 아니라 그의 가족을 위한 가족들의 욕구 또한 중요시 되어야 하며 그 안에서 발생하는 여러 가지 문제를 긍정적인 방향으로 해결해 나갈 수 있는 방안이 모색되어야 할 것이다. 이에 대하여 한국 사회보건연구원 이민경 등(2021)이 제시한 내용을 바탕으로 다음과 같이 정리하였다.

첫째, '돌봄에 대한 경제적 지원'에서 장애인가족의 장애 특성(장애 정도, 장애 유형 등)을 고려한 지원 욕구, 장애로 인한 추가비용 등을 종합적으로 고려하여 개선안을 마련해야 한다. 아동수당 도입 시점이 2018년으로 돌봄 시간 보장을 위한 지원은 가부장적 성역할 문화를 기반으로 주로 여성이 출산 · 육아시기에 집중하여 이용해 왔다. 또한 가족원을 돌보기 위한 시간을 보장하여 일과 돌봄의 병행을 지원하는 것에 대한 사회적 인식이 낮고 이러한 이유로 장애인가족의 돌봄에 대한 경제적 보상이나 돌봄 시간에 대한 보장 수준도 낙후되어 있는 것으로 볼 수 있다. 이제는 아동수당, 가정양육수당의 경험을 바탕으로 장애아동 돌봄에 대한 장애인가족의 돌봄에 대해 보편적인 경제적 지원(보상) 방안을 고려하여야 할 시기이다.

둘째, 「남녀고용평등법」에 근거하여 추진되고 있는 돌봄 시간 제도에서 장애인가족 돌봄의 책무를 가지는 근로자의 특성을 반영하여 개선되어야 한다. 대부분의 장애인가족에 대한 조명은 가족의 스트레스, 적응 및 대처기제에 초점이 맞추어져 있으며, 장애인 복지실천 역시 단기상담, 부모교육, 스트레스대처 훈련, 여가활동 프로그램 등 주로 가족구성원인 장애인으로 인해 직접적으로 파생되는 가족의 어려움에 집중 되어있다. 즉, 가족은 이차적인 개입 대상으로 장애로 인한 가족의 부적응 혹은 장애인 재활을 위한 중요한 자원이라는 관점에서 주로 가족에 대한 개입을 해 온 것이다. 가족자체의 복지와 인권이라는 관점에서의 개입은 상대적으로 부족하였다. 따라서 돌봄 시간 지원제도의 적용 대상에 장애인가족을 구체적으로 포함하고 장애 정도를 고려하여 확대하는 방안의 검토가 필요한 것이다. 예를 들어, 장애 자녀가 있는 근로자의 육아휴직기간을 연장해주고 근로시간 단축 혹은 유연화, 신청 가능기간 연장 등의 방안을 들 수 있다.

셋째, '돌봄/자립 지원 서비스' 관련해서는 장애인 활동지원서비스, 발달장애인 주간활동서비스의 효율적 운영으로 돌봄 필요도가 공적 지원에 부합한 사례에 대한 충분한 지원이 가능해야 할 것이다. 또한 지역사회에 장애인이 보편적으로 이용할 수 있는 돌봄 기관, 사회참여를 지원하는 지역사회 기관·프로그램 확대가 필요한 상황이다.

넷째, '가족지원 서비스' 차원에서 장애인가족지원제도는 자녀의 장애유형이나 연령과 관계없이 개별 가족의 욕구에 기반을 둔 가족역량강화사업 추진이 필요하다. 현재 시행되고 있는 서비스는 장애아동 및 발달장애 가족을 대상으로 지원하는데 연령과 장애유형을 포괄한 지원이 필요하다는 것이다. 자녀의 양육이나 돌봄으로 심리적 어려움에 처해 있는 부모와 가족들이 필요하면 언제든 상담, 교육 등의 서비스를 받을 수 있도록 가족역량강화사업이 보완되어야 한다. 또한 장애인(아동)이 이용할 수 있는 돌봄 시설, 서비스의 확대를 통해 돌봄 공백 최소화를 견지해야 한다. 이를 위해 장애아동의 경우 보육, 교육, 장애인복지 영역의 분절적 돌봄 서비스의 통합적 이용과 접근 방식을 만드는 노력이 필요한 것이다.

다섯째, 장애인가족휴가지원사업의 개선이 필요하다. 현재 장애인가족과 부모를 대상으로 시행되고 있는 휴식제도는 예산 등의 한계로 서비스 이용자 수가 제한되어 있고, 내용은 힐링캠프, 테마여행처럼 단순하고 형식적인 프로그램이 주를 이루고 있다. 그러나 이제 장애인을 돌보는 가족의 돌봄이 당당한 권리로 요구할 수 있는 휴식지원 사업으로 다양한 가족 유형이 고려되고 욕구가 반영된 프로그램 개발이 필요하다는 것이다.

마지막으로, 장애인과 장애인가족에게 필요한 정보의 접근성을 높이고 필요한 사례관리를 효율적으로 지원할 수 있는 전달체계 구축이 필요하다. 장애인가족의 욕구를 고려하여 필요한 사회적 자원을 구성하고, 부처 간 혹은 센터별 칸막이를 낮추어 통합적 이용이 가능한 이용자 중심 방식으로 전환된 전달체계 구축이 필요하다. 더불어 장애인가족의 자조 모임이 활발하게 이루어질 수 있는 지원이 필요하다는 것이다. 장애인가족의 자조모임은 동질의 경험을 공유하고 친밀한 심리 · 정서적 지원이 가능한 네트워크로 좀 더 발전적인 사적 지원망이 될 수 있도록 공간과 정보연계망에 대한 지원을 고려할 수 있다.

CHAPTER 14

1인가족

학습목표

1. 1인가족의 개념을 이해한다.
2. 1인가족의 실태와 문제를 이해한다.
3. 1인가족에 대한 정책 및 서비스를 이해한다.
4. 1인가족의 문제를 제시하고 개선방안을 제시한다.

1 1인가족의 개념

1인가구는 한국에서 현자 가장 큰 비중을 차지하는 가구유형이다. 국가지표체계(index.go.kr)에 의하면 통계청에서 실시하는 2015년 이후의 인구총조사에서 1인가구는 27.2%로 2인가구 26.1%에 비해서 가장 큰 비중을 차지하였다. 1975년에 1인가구의 비중은 전체가구의 4.2%에 불과하였으며 당시에는 6인 이상가구가 전에의 40.7%로 가장 큰 비중을 차지하였다. 1인가구는 가장 큰 비중을 차지하고, 사회에 미치는 영향력이 크지만, 1인가구를 가족복지 차원에서 어떻게 바라보아야 하는지는 논의가 필요하다.

1) 1인가구와 1인가족

통계청(kostat.go.kr)에 의하면 1인가구는 "1인이 독립적으로 취사, 취침 등의 생계를 유지하는 가구"를 의미한다. 1인가구에는 가족이 있어도 여러 이유로 가족과 함께 거주하지 않고 혼자 거주하는 경우도 포함되고 있다(권안나, 2021).

1인가구는 독립된 생활단위로 가구로 취급되는데에는 크게 문제가 없다. 그러면 1인가구를 1인가족으로 볼 수 있을 것인가?

김재경(2020)은 가족의 다양성에 대한 시각 속에서 1인가구는 결혼을 선택하지는 않았지만 새로운 방식의 공동체 생활을 한다는 점에서 가족이라고 부를 수 있는 가능성을 제기한다. 1인가족이 가지고 있는 가족에 대한 지향이나 생각은 기존과 다를 수 있다. 1인가족은 자발적으로 비혼을 선택하였을 수도 있고, 2인 이상 가족을 꾸리기 위한 과도기적 형태로 현재의 상태를 인식하고 있을 수도 있다. 1인가족의 결혼과 가족에 대한 생각은 다양한 경로로 전개될 것이다(홍승아 외, 2017).

1인가족은 기존 가족과 긴밀히 연결되어 경제적/심리적 자원을 교류하는 경우가 많으며, 기존 가족이 아니더라도 지역 또는 직장 등의 공동체에서 관계망을 형성하여 생활을 한다. 또한 1인가족은 일시적인 형태가 아닌 영구하면서도 고유한 하나의 형태로 자리 잡고 있다.

이러한 점들을 고려하면 1인가족은 기존의 전통적 가족의 개념과는 차이가 있을 수 있지만 1) 새로운 공동체적 방식, 2) 기존 가족과의 연결, 3) 특유의 관계망 형성, 4) 가족형태의 안정성 등을 통하여 가족이 가지고 있는 기능을 소화하고 있기 때문에 가족의 한 형태로 볼 수가 있다.

또한 1인가구를 1인가족으로 보는 것은 가족센터나 사회복지관, 노인복지관 등 가정 및 사회 복지 관련 기관이나 시설에서 하는 사업들을 추진하거나, 그 사업에 대한 기본적 관점을 형성하는 데에도 유리하다. 1인가족가 가진 관계성이나 자원 부족 등에 대해서 보다 면밀하게 파악하기 위해서는 필수적이지는 않지만 1인가구를 가족이라고 보는 관점이 유효하다.

2) 1인가족의 형성 요인

1인가족의 형성 요인은 자발적 원인과 비자발적 원인으로 나눌 수 있다.

자발적 요인으로는 취업, 독립, 학업 등을 들 수 있다. 집과 멀리 직장이 있어서 거주지를 옮기거나, 청년기에 부모와 독립하여 지내는 경우, 학업을 위하여 타 도시로 옮기는 경우 등을 통해서 자발적으로 1인가족이 형성된다. 자발적 요인에 의한 1인가족 생성의 경우에는 기존 가족과 관계망의 유지할 가능성이 높으며, 현대적 의미의 확대가족이라고도 생각할 수 있다.

비자발적 원인은 결혼자금 부족이나 고용불안정 등 자원의 부족, 결혼 상대를 못 만나거나 출산양육 부담 등으로 결혼을 하지 못한 경우와 이혼이나 사별 등으로 기존 가족이 뜻하지 않게 축소된 경우 등을 들 수 있다. 비자발적 원인은 2인가족 형성 등 가족 확대가 어려운 경우와 사별, 이혼 등으로 기존 가족이 축소된 경우를 들 수 있다. 이들 원인에 따라 필요한 프로그램이나 사업 등 가족복지 접근 방식이 달라질 수 있다.

2 1인가족의 실태와 문제

통계청에서 발간한 「2022 통계로 보는 1인가구」에 의하면 1인가구의 전체가구 대비 비중은 2005년 20.0%에서 2021년 33.4%로 급격하게 증가하였다. 2015년부터 보더라도 무려 6.2%p나 1인가족이 증가한 것이다. 통계청(2022a)에 의하면 1인가구 유형은 2030년 35.6%, 2040년 37.9%, 2050년 39.6%로 증가할 전망이다.

다음에서는 통계청(2021)의 「인구주택총조사 표본집계 결과」와 통계청(2022)의 「2022 통계로 보는 1인가구」를 토대로 1인가구의 현황과 문제점을 살펴보고자 한다.

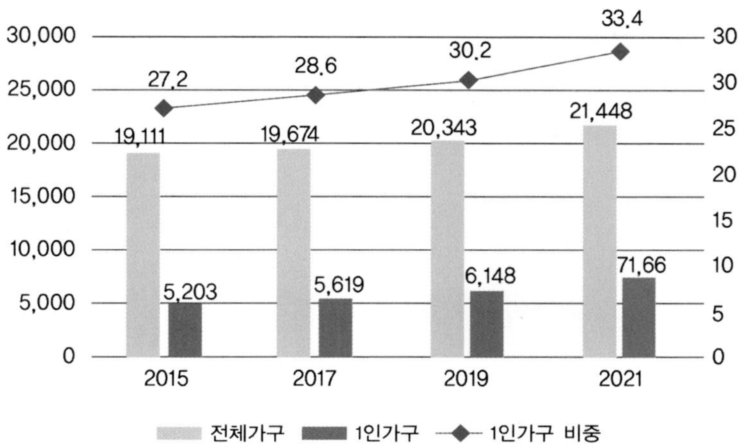

그림 14-1 ▪ 1인가구 추이(단위: 천 가구, %)

1) 1인가족의 실태

(1) 1인가족의 혼인상태

1인가족의 경우 2020년에 미혼이 50.3%, 사별이 20.5%, 이혼이 16.1%, 배우자 있음이 13.2%로 나타났다. 2015년의 조사에서는 미혼 1인가족의 비율이 6.4%p로 가장 많이 증가한 것으로 나타났으며 사별의 비중은 감소하였다(통계청, 2021).

(2) 1인가족의 연령별 비중

남자 1인가족의 경우, 30-39세 사이가 21.8%를 지하고, 29세 이상이 20.2%으로 나타났다. 여자 1인가족의 경우에는 70세 이상이 27.3%로 가장 높게 나타났고 그 다음이 29세 이하의 19.4%였다(통계청, 2022).

이러한 연령별 비중의 차이는 남성과 여성의 1인가족 관련 가족복지 서비스의 비중이나 고려 사항에 차이가 있어야 함을 보여준다. 예를 들어 70세 이상 여성 1인가족과 30~39세의 남성 1인가족은 가족의 요구가 서로 다를 것이다.

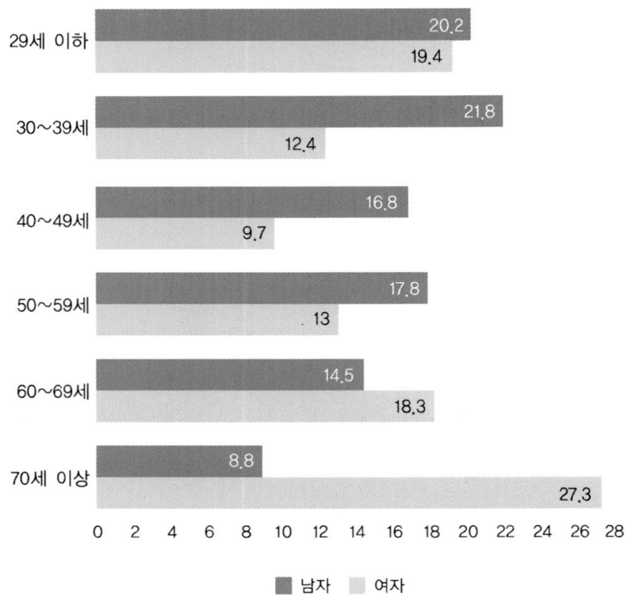

그림 14-2 ■ 1인가족의 연령별 비중

(3) 돌봄이 필요한 1인가구

1인가족의 경우 활동이 제약이 있는 가족이 40.2%를 차지하고 있으며, 이들 가족 중에서 방문요양보호사의 도움을 받는 가족은 46.8%, 돌봄이 필요하나 돌볼 사람이 없는 가족은 23.6%, 가족에 의해 도움을 받는 경우가 16.6%, 주간보호시설을 이용하는 경우가 8.7%로 나타났다(통계청, 2021). 돌봄이 필요한 1인가족 중 돌볼사람이 없거나 가족에 의해 돌봄을 받는 사람의 비중이 40.2%라는 점은 1인가족과 관련한 가족복지 정책의 필요성을 보여준다.

(4) 1인가족 형성 사유

1인가족의 형성사유로 가장 높은 것은 본인직장으로 34.3%였다(통계청, 2021). 그다음으로 본인독립이 26.2%, 가족사유가 17.0%, 가족사별이 15.5%, 학업이

4.9%로 나타났다. 특히 미혼이거나 배우자가 있는 경우에는 본인직장 사유가 각각 48.8%, 48.0%로 나타났다.

2) 1인가족의 문제

(1) 1인가족 빈곤의 문제

1인가구의 소득분포는 1,000만 원 미만이 21%, 1,000만 원에서 3,000만 원 미만이 46.7%로 전체 가구에 비해서 크게 낮았다(통계청, 2022). 전체가구의 경우에는 1,000만 원 미만이 6.0%, 1,000만 원에서 3,000만 원 미만이 23.2% 수준이었다.

1인가구의 경우 중위 시장소득 50% 기준 빈곤율이 2019년 59.6%였으며, 여성의 경우에는 68.6%, 남성의 경우에는 44.7%로 성별 차이도 크게 나타났다(여유진 외, 2021). 참고로 전체가구의 빈곤율의 경우에는 동일 기준으로 전체 21.4%, 여성 23.4%, 남성 19.3%를 보였다. 한국노동패널을 이용한 연구에서도 1인가족의 소득 불평등이 다인가족의 소득불평등보다 큰 것으로 나타났다(장건 · 윤승비, 2018).

표 14-1 ■ 1인가족과 전체 가구의 소득분포 (단위: %)

		계	1,000만 원 미만	1,000~3,000 만 원 미만	3,000~5,000 만 원 미만	5,000~7,000 만 원 미만	7,000~1억 원 미만	1억 원 이상
전체 가구	2017	100.0	9.3	24.5	22.0	15.9	14.4	13.9
	2018	100.0	8.6	24.5	21.4	16.4	14.3	14.8
	2019	100.0	7.8	24.7	20.9	16.2	15.3	15.2
	2020	100.0	6.2	24.4	21.1	16.5	16.2	15.7
	2021	100.0	6.0	23.2	20.5	16.1	16.3	17.8
1인 가구	2017	100.0	36.7	42.2	13.7	4.4	2.1	0.9
	2018	100.0	33.9	44.2	14.4	4.8	1.9	0.8
	2019	100.0	30.8	46.6	14.7	4.9	2.2	0.8
	2020	100.0	24.1	49.1	17.4	5.8	2.7	0.9
	2021	100.0	21.0	46.7	19.8	7.6	3.2	1.7

(2) 1인가족 건강의 문제

1인가족은 건강이 나쁘다고 생각하는 비중이 20.3%로 전체가구 중 건강이 나쁘다고 생각하는 비중인 12.0%보다 크게 높았다. 유병률도 1인가족은 38.3%, 전체가구는 26.5%로 1인가족이 높았다(통계청, 2022). 하지경과 이성림의 연구(2017)에서는 1인가족의 건강점수가 비1인가구에 비해서 낮았는데 특히 청년 1인가족에서 낮게 나타났고, 1인가족은 연령이 증가할수록 주관적 건강상태가 나빠졌다. 박지혜와 장영은(2022)의 연구에 의하면, 청년 1인가족 중에서 여성의 경우 남성에 비해서 주관적 건강수준이 낮게 나타났다. 중년 1인가족이 중년 다인가구에 비하여 흡연과 음주 등에서 취약한 것으로 나타났으나 중년 1인가족이 주관적 건강수준이 더 높은 것으로 나타났다(이하나 · 조영태, 2019).

표 14-2 ■ 유병률 및 유병기간 (단위: %, 일)

		유병률	유병자의 평균 유병일수	유병자의 평균 누워 지낸 일수
전체	2020	25.0	9.9	0.5
	2022	26.5	9.6	0.4
1인가구	2020	38.9	11.3	0.6
	2022	38.3	10.9	0.4

(3) 사회적 관계망

1인가족은 사회적 관계망에서 전체가구와 다소 차이가 있었다(통계청, 2022). 몸이 아파 집안일을 부탁할 경우 도움을 받을 사람이 있는 경우는 전체가구 72.8% 대비, 1인가족 67.7%, 갑자기 큰돈을 빌려야 할 경우의 도움을 받을 사람이 있는 경우는 전체 가구 50.1%, 1인가족 43.1%, 낙심하거나 우울해서 이야기 상태가 필요할 경우 도움 받을 사람이 있는 경우는 전체가구가 79.6%, 1인가족이 73.7%로 나타났다. 여기서 주목할 점은 2019년에 비해서 도움 받을 사람이 있는 경우는 전체가구와 1인가족 모두 비율이 감소하였다는 점이다.

표 14-3 ■ 1인가구와 전체 가구의 사회적 관계망 (단위: %)

		몸이 아파 집안일을 부탁할 경우		갑자기 큰돈을 빌려야 할 경우		낙심하거나 우울해서 이야기 상대가 필요할 경우	
		도움받을 사람있음	사람 수	도움받을 사람있음	사람 수	도움받을 사람있음	사람 수
전체	2019	79.6	2.3	51.4	2.2	83.3	2.9
	2021	72.8	2.3	50.1	2.2	79.6	2.9
1인 가구	2019	70.3	2.4	43.2	2.3	76.1	2.9
	2021	67.7	2.4	43.1	2.3	73.7	2.8

3 1인가족에 대한 정책 및 서비스

1) 1인가족 지원 관련 제도

1인가족과 관련해서는 독립된 법률은 존재하지 않고, 건강가정기본법 등 기존의 가족복지 관련 법제를 통해서 1인가족을 지원하고 있다. 지방자치단체가 만드는 자치법규인 조례의 측면에서는 1인가족을 지원하기 위한 조례가 상당히 많이 제정되었다.

〈1인가구 관련 지방자치단체 조례의 사례〉

- 강원도 1인가구 지원 조례
- 서울특별시 사회적 가족도시 구현을 위한 1인가구 지원 기본 조례
- 경기도 1인가구의 사회친화 촉진 및 지원에 관한 조례
- 인천광여역시 부평구 사회적 고립 1인가구 고독사 예방 및 지원 조례
- (인천)남동구 홀로 사는 노인과 장년층 1인가구 고독사 예방을 위한 조례
- 대전광역시 서구 사회적 가족도시 구현을 위한 1인가구 지원 조례
- 대전광역시 서구 청년 1인가구의 사회적 고립 및 고독사 예방에 관한 조례
- 성남시 1인가구 기본 조례
- 창원시 홀로 사는 노인과 장년층 1인가구 고독사 예방 및 지원 조례
- 청주시 1인가구 안전망 지원에 관한 조례

1인가족을 위한 조례는 1) 1인가족을 광범위하게 지원하는 조례, 2) 사회적 고립 및 고독사를 예방하는 데 집중하는 조례, 3) 청년, 장년, 노인 등 특정 연령대를 겨냥한 조례 등이 있다.

강원도에서는 '강원도 1인가구 지원 조례'를 2022년 10월 14일 제정하여 1인가구 지원에 관한 기본계획을 수립 · 시행할 것과 관련한 실태조사 실시, 주거안정 지원사업, 심리 · 상담 · 문화 · 여가생활 등 지원사업, 맞춤형 돌봄서비스 사업, 건강관리를 위한 건강지원사업, 1인가구 복지 관련 기관 지원 및 연구 · 조사 사업 등을 추진할 수 있도록 하고 있다.

서울시에서는 '서울특별시 사회적 가족도시 구현을 위한 1인가구 지원 기본 조례'를 제정하여 1인가구의 생활 편의 및 심리적 안정을 돕고 사회적 연결망 구축을 통해 공동체 회귀와 사회적 가족도시를 구현하는 것을 목적으로 하고 있다. 서울시의 개념에서 주목할 것은 '사회적 가족'으로 사회적 가족이란 혈연이나 혼인관계로 이루어지지 않은 사람들이 모여 취사, 취침 등 생계를 함께 유지하는 형태의 공동체를 말한다.

경기도에서는 '경기도 1인가구의 사회친화 촉진 및 지원에 관한 조례'를 통하여 1인가구의 복지지원 및 사회안전망 구축을 통한 공동체 강화 및 사회친화 환경 조성을 도모하고 있다. '사회친화 환경'이란 지역 사회 내 사회안전망 구축과 나눔 활동을 통한 공유 확산, 삶의 질 향상 등으로 사회 공동체를 강화하여 그 구성원이 상호 조화를 이루는 환경을 말한다. 지원사업으로는 공유주택 등 주거지원사업, 건강관리를 위한 건강지원 사업, 여가 프로그램 개발을 통한 여가생활 지원사업, 위기 상황 대처 및 사회 안전망 구축사업, 사회관계망 형성 등 공동체 활성화 사업 등을 추진할 수 있다.

인천광역시 부평구에서는 '인천광역시부평구 사회적 고립 1인가구 고독사 예방 및 지원 조례'를 통하여 1인가구의 사회적 고립과 고독사 예방을 하려고 하고 있다. 본 조례에서는 고독사 위험자와 사회적 고립가구를 정의하고 있다. '고독사

위험자'는 경제적 · 신체적 · 정서적 · 사회적 문제로 고독사가 우려되는 사람을 말하며, '사회적 고립가구'는 가족, 이웃, 친구 관계가 단절되었거나 단절되어 가는 1인가구를 말한다.

〈경기도 1인가구의 사회친화 촉진 및 지원에 관한 조례(일부 발췌)〉

제1조(목적) 이 조례는 경기도에 거주하는 1인가구의 복지지원 및 사회 안전망 구축 등에 관한 사항을 규정함으로써 지역사회 내 안정감 있는 생활 기반을 마련하여 공동체 강화 및 사회친화 환경 조성에 기여함을 목적으로 한다.

제2조(정의) 이 조례에서 사용하는 용어의 뜻은 다음과 같다.
1. "1인가구"이란 1명이 단독으로 생계를 유지하고 있는 생활 단위를 말한다.
2. "사회친화 환경"이란 지역 사회 내 사회안전망 구축과 나눔 활동을 통한 공유 확산, 삶의 질 향상 등으로 사회 공동체를 강화하여 그 구성원이 상호 조화를 이루는 환경을 말한다.

제3조(다른 조례 등과의 관계) 1인가구의 사회친화 촉진 및 지원에 관하여 다른 법령이나 조례에 특별한 규정이 있는 경우를 제외하고는 이 조례가 정하는 바에 따른다.

제4조(기본계획 수립) ① 도지사는 경기도 1인가구의 사회친화 촉진 및 지원에 관한 기본계획(이하 "기본계획"이라 한다)을 5년마다 수립·시행하여야 한다.
② 기본계획에는 다음 각 호의 내용이 포함되어야 한다.
1. 정책의 기본 방향 및 추진 목표
2. 분야별 발전 시책, 추진 과제 및 추진 방법
3. 제7조에 따른 실태조사 결과에 따른 시책 수립
4. 필요한 재원의 규모와 조달 방안 및 분배에 관한 사항
5. 그 밖에 1인가구의 복지 향상 및 사회친화 환경 조성을 위하여 필요한 사항
③ 도지사는 기본계획을 수립·시행할 때에는 1인가구의 의견을 충분히 수렴하고 도의 주요 정책과 연계되도록 하여야 한다.
④ 도지사는 주거복지 등 1인가구와 관련이 있는 주요 계획을 수립하거나 변경할 때에는 기본계획의 내용을 최대한 반영하도록 하여야 한다.
⑤ 도지사는 기본계획의 수립 및 시행을 위하여 필요한 경우에는 관련 기관 또는 단체에 협조를 요청할 수 있다.

제7조(지원사업) ① 도지사는 1인가구의 사회친화 촉진을 위한 다음 각 호의 사업을 추진할 수 있다.
1. 공유주택 등 주거 지원사업
2. 건강관리를 위한 건강 지원사업
3. 여가 프로그램 개발을 통한 여가생활 지원사업
4. 위기 상황 대처 및 사회 안전망 구축사업

5. 사회 관계망 형성 등 공동체 활성화 사업
6. 그 밖에 1인가구의 복지 향상과 사회친화 환경 조성을 위하여 도지사가 필요하다고 인정하는 사업
② 도지사는 제1항에 따른 사업 추진 시 관련 기관 또는 단체 등에 예산의 범위에서 그 경비의 전부 또는 일부를 지원할 수 있다.
③ 제1항에 따른 사업 추진 시 지원 대상은 각 사업의 취지에 따라 세부 시행계획에 의한다.
제8조(1인가구 지원시설 설치 및 운영 등) ① 도지사는 1인가구의 사회친화 촉진을 위한 지원사업 추진하기 위해 관련 시설을 설치 및 운영할 수 있다.
② 도지사는 제1항에 따른 지원시설의 운영을 법인·단체 또는 전문기관 등에 위탁할 수 있다.

2) 1인가족 지원을 위한 서비스

서울특별시에서는 서울1인가구포털(https://1in.seoul.go.kr)을 마련하여 1인가구 지원사업을 수행하고 있다. 서울1인가구포털인 '씽글벙글서울'에서는 각종 지원사업을 검색하고 홍보하고 있다.

서울1인가구포털

그림 14-3 ■ 서울1인가구 포털 홈페이지

서울시에서는 1인가구 특별대책으로 건강안심, 고립안심, 범죄안심, 주거안심의 4대 안심과제를 수행하고 있다. 서울시에서 수행되는 1인가구를 위한 서비스 검색을 위한 카테고리는 안전, 주거, 경제/일자리, 외로움, 질병, 기타로 구성되어 있으며, 연령별 · 성별로 서비스를 검색할 수 있다.

복지로(bokjiro.go.kr)에서도 '1인', '1인가구', '고독' 등의 키워드로 1인가족에게 지원되는 복지서비스를 중앙부터, 지방자치단체, 민간으로 구분하여 찾을 수 있다.

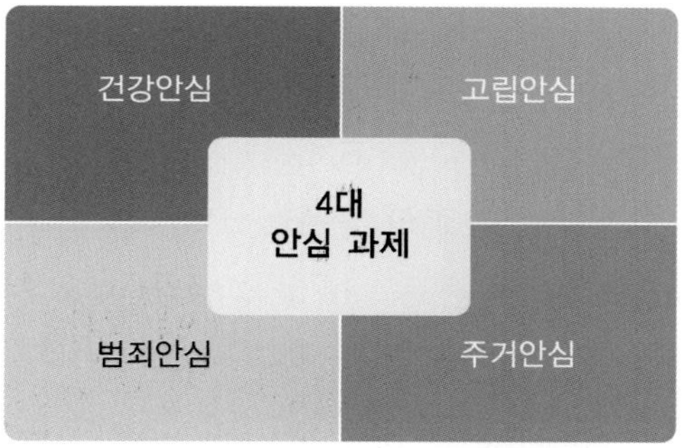

그림 14-4 ▪ 1인가구 특별대책의 추진과제

참고문헌

강마리아, 김명선, 현영렬 (2020). **가족복지론**. 경기: 대영문화사.

고명수, 나혜숙, 이승현, 서진숙, 박연희, 신경희 (2019). **장애인복지론**. 경기: 정민사.

고용노동부 (2019). 모성보호와 일가정 양립 지원 업무편람.

공세권 (1994). 가족의 변화: 그 관점과 쟁점. **한국청소년연구, 16**, 11-21.

교육부 (2019). 2018년 탈부학생 통계현황. 교육부.

국민일보 (2018. 4. 2). 급변한 세계 인구 이동 …'아시안 드림' 시작됐다. https://m.kmib.co.kr/view.asp?arcid=0923926516

권안나 (2021). 1인가구의 일·여가 유형에 따른 행복수준. **가족자원경영과 정책(구 한국가족자원경영학회지), 25**(4), 15-30.

권태환, 김혜란, 양현아, 한인섭, 황정미 (2005). **한국 여성정책의 쟁점과 전망**. 서울: 함께 읽는 책.

김광혁, 김예성 (2008). 가족빈곤이 아동학대 및 방임에 영향을 미치는 경로 -부모의 우울 및 가족관계의 매개효과를 중심으로. **한국생활과학회지, 17**(5), 847-859.

김광혁, 신다은 (2013). 빈곤한 주거환경과 학업성취도의 관계 메커니즘 -부부 및 가족갈등과 부정적 양육행동의 매개적 작용을 중심으로-. **사회과학논총, 28**(2), 73-93.

김규수 (2006). 알코올중독자의 가족기능과 대처행동이 알코올중독자의 병력에 미치는 영향. 사회복지개발연구.

김성이, 조학해, 노충래 (2004). **청소년복지학**. 경기: 집문당.

김성천 (1985). 가족복지의 이론체계 구성을 위한 일 연구. **사회복지**, 여름호.

김승권, 양옥경, 조애저, 김유경, 박세경, 김미희 (2004). 다양한 가족의 출현과 사회적 지원체계 구축방안. 한국보건사회연구원.

김연옥, 유채영, 이인정, 최해경 (2013). **가족복지론**. 경기: 나남출판.

김영학 (2022). 노인의 빈곤이 우울에 미치는 영향: 종교활동의 조절효과를 중심으로. **한국산학기술학회 논문지, 23**(9), 169-176.

김용태 (2000). **가족치료 이론**. 서울: 학지사.

김용환, 김태경, 신미애, 양정안, 이상민, 이순비, 이태자 (2019). **가족복지론**. 서울: 동문사.

김유숙 (2018). **가족치료 이론과 실제**. 서울: 학지사.

김유순, 이국향 (2010). 부모의 양육행동, 자아존중감, 부모효능감 향상을 위한 해결중심집단프로그램의 효과성 연구: 빈곤가정 부모를 중심으로. **가족과 가족치료(구 한국가족치료학회지), 18**(1), 157-184.

김자영 (2014). 노인빈곤이 정신건강에 미치는 영향. **한국노년학, 34**(4), 717-735.

김재경 (2020). 1인가족 시대에 '유교적' 삶의 의미 모색. **한국철학논집, 67**, 259-285.

김재엽, 류원정, 오세헌, 이현 (2014). 가정폭력의 세대 간 전이에 관한 연구: 여성의 생애주기 상 재피해 영향을 중심으로. **한국가족복지학, 19**(1), 81-101.

김재엽, 뭉크나릉, 최선아 (2017). 부부폭력 노출경험이 청소년의 음란물 이용에 미치는 영향: 우울/불안의 매개 효과. **청소년복지연구, 19**(3), 211-230.

김정혜, 주재선, 정수연, 동제연, 김홍미리, 심선희, 최현정, 허민숙 (2019). 2019년 가정폭력실태조사 연구. 여성가족부.

김진열, 김도경, 이명은, 조예신 (2019). **한국 사회 다문화현상의 이해**. 서울: 높이깊이.

김태현. 전길양, 이영자, 임선영 (2004). **현대가족복지** . 서울: 도서출판 하우.

김태홍, 고인아 (2001). 가족친화적인 고용정책의 현황과 활성화 방안. 한국여성개발원

김학주 (2004). 미국의 한부모가족 복지정책의 성과와 한계. **한국가족복지학, 13**.

김현경, 노충래 (2004). 중학생의 부부폭력 목격경험, 아동학대, 학교폭력 가해여부의 공존성 및 학교폭력 가해 예측요인에 관한 연구. **사회복지 실천과 연구, 5**, 79-107.

김현숙 (2011). 부모의 인적자본, 사회자본, 문화자본이 자녀의 학업성취에 미치는 영향 -빈곤 학생과 비빈곤 학생 차이를 중심으로-. **학교사회복지, 20**, 123-150.

김혜경, 도미향, 문혜숙, 박충선, 손홍숙, 오정옥, 홍달아기 (2020). **가족복지론(제6판)**. 경기: 공동체.

김혜영, 석말순, 최정숙, 김성경 (2020). **사회복지실천론(제3판)**. 경기: 공동체.

김혜영, 신영화, 김성경, 임원선, 최소연, 임은의, 홍나미, 전혜성, 이민영, 이은진, 유

진희, 박지현, 양경은 (2022). **사회복지와 문화다양성.** 서울: 학지사.

김효진, 송미령 (2020). 빈곤가정의 학령기 자녀를 둔 양육자의 양육스트레스 궤적 및 예측요인: 드림스타트사업 참여자 중심으로. **아동과 권리, 24**(1), 69-87.

남북하나재단 (2020). 2019 북한이탈주민 정착실태조사. 남북하나재단.

노혜련, 박선영 (2004). 빈곤가족 건강의 설명요인에 대한 탐색적 연구. **한국가족복지학, 14**, 147-175.

노혜진 (2019). 시간빈곤과 이중빈곤의 실태와 영향요인 - 다양한 시간빈곤 개념 적용 -. **사회복지정책, 46**(4), 65-90.

노혜진, 김교성 (2010). 시간과 소득의 이중빈곤. **사회복지연구, 41**(2), 159-187.

류종훈, 양경희, 이시진, 이애련, 추인호, 현영렬 (2016). **가족복지론.** 경기: 정민사.

박귀영, 김정옥, 백경숙, 유가효, 조희금, 홍계옥, 홍상욱 (2020). **가족과 젠더.** 경기: 양성원.

박미은, 신희정, 이혜경, 이미림 (2020). **가족복지론(제3판).** 경기: 공동체.

박지혜, 장영은(2022). 1인가구 청년의 주관적 건강 영향요인: 성차를 중심으로. **인문사회 21, 13**(4), 2857-2872.

배지연 (2004). 노인자살에 관한 사례 분석: 신문기사내용을 중심으로. **노인복지연구, 23**, 65-82.

백혜영 (2017). 빈곤이 부모우울과 가족 내 사회적 자본을 통해 학업성취에 미치는 영향 - 아동과 청소년의 다집단 분석-. **학교사회복지, 38**, 47-74.

백혜영, 강현아 (2016). 빈곤이 아동의 사회적 자본을 통해 행복감에 미치는 영향. **한국아동복지학, 54**, 113-144.

백혜영, 강현아 (2019). 다문화가정 아동과 비다문화가정 아동의 가족 내 사회적 자본이 진로성숙도에 미치는 영향: 자기효능감과 주관적 안녕감의 매개효과. **학교사회복지, 47**, 1-33.

변금선, 이혜림 (2022). 청년의 다차원적 빈곤 특성 -2010년과 2019년 청년층의 빈곤 비교-. **사회복지정책, 49**(1), 87-119.

변화순 (1997). 미국의 가족복지정책 연구 시찰보고서, 한국여성정책연구원.

변화순 (2001). 가족유형에 따른 생활실태와 복지욕구에 관한 여연. 한국여성개발원.

보건복지부 (2021). 2020년 장애인실태조사 보고서.

보건복지부 (2022). 2022년 노인돌봄서비스 안내.

보건복지부 (2022). 2022년 보육사업안내.

보건복지부 (2022). 2022년 장애인복지정책.

서지원 (2006). 중고령기 건강에 대한 인적자본과 사회자본의 효과. HER(Human Ecology Research, 44(10), 133-144.

성정현, 우국희, 최승희, 임세희, 김희주 (2020). **가족복지론**. 경기: 양서원.

송성자 (1995). **가족관계와 가족치료**. 서울: 홍익제.

송성자 (2000). **가족과 가족치료**. 서울: 법문사.

송성자 (2001). **한국 문화와 가족치료: 해결중심접근**. 서울: 법문사.

송성자, 정문자 (1994). **경험적 가족치료**. 서울: 중앙적성출판사.

송신영, 서문희 (2011). 프랑스의 가족 수당 정책. **육아정책포럼, 27**, 29-36.

송정애, 이승현, 이정숙 (2020). **가족복지론**. 경기: 양서원.

송지원 (2015). 아버지의 휴직사용을 장려하는 스웨덴의 육아휴직제도. 한국노동연구원.

신윤정 (2022). 합계 출산율 1.8명 강국을 만든 프랑스의 가족 수당 정책. 저출산고령사회위원회.

신정호 (2003). 중독의 원인과 사회적 대처방안. **참여연대-복지동향, 52**.

아동권리위원회 (2019). 아동권리협약 대한민국 제5~6차 국가보고서에 대한 최종견해. 국가인권위원회.

양옥경 (2000). 한국 가족개념에 관한 질적 연구. **한국가족복지학, 6**, 69-99.

양옥경, 최혜지, 이민영, 김선화, 김성남 (2017). 북한이탈주민 생활밀착형 지원 프로그램 개발. 남북하나재단.

여성가족부 (2019). 전국다문화가족실태조사.

여성가족부 (2019). 제3차 다문화정책 기본계획.

여성가족부 (2022). 가족사업안내.

여성가족부 (2022). 전국다문화가족실태조사.

여유진, 하은솔, 이원진 (2021). 2021년 빈곤통계연보. 한국보건사회연구원

오경자, 문경주(2006). 빈곤가정 청소년의 심리사회적 적응: 가족위험요인과 부모자녀 관계의 매개효과 검증. Korean Journal of Clinical Psychology, 25(1), 59-76.

우수명, 주경희, 김희주 (2015). **다문화사회복재개론**. 경기: 양서원.

원서진 (2020). 독거노인의 빈곤이 우울과 주관적 건강상태에 미치는 영향: 사회참여의 매개효과 분석. **한국산학기술학회 논문지, 21**(6), 520-526.

원서진, 송인욱 (2022). 여성노인의 빈곤이 우울에 미치는 영향: 건강행태의 매개효과 분석. **한국산학기술학회 논문지, 23**(1), 510-518.

웰페어 뉴스 (2022. 4. 28.). 장애인가족 돌봄부담·정신건강 등 '고위험' 직면.

유호인 (2000). 알코올중독 치료의 길잡이. 은혜병원 알코올 치료센터.

윤홍식, 송다영, 김인숙 (2010). **가족정책: 복지국가의 새로운 전망**. 경기: 공동체.

이민경, 오다은, 김성희, 김용진, 이동석, 심석순, 이현민 (2021). 장애인가족 지원 방안 연구: 대안 확대와 접근성 제고를 중심으로, 한국보건사회연구원 2021-47.

이상훈, 조상현 (2021). 가정폭력 피해경험이 데이트폭력에 미치는 영향: 폭력허용도와 이성 집착의 매개효과를 중심으로. **한국경찰연구, 20**(1), 251-272.

이영실, 김재경, 김봉순, 박용권, 조명희, 홍성희 (2013). **가족복지론**. 경기: 양서원.

이영실, 김재경, 김봉순, 박용권, 조명희, 홍성희 (2016). **가족복지론**. 경기: 양서원.

이영주, 최경화, 정윤태, 김현희, 오정아 (2015). **가족복지론**. 경기: 양서원.

이영주, 최경화, 정윤태, 김현희, 오정아 (2019). **가족복지론**. 경기: 양서원.

이윤정, 박수선, 이무영, 강기정 (2021). **가족복지론(2판)**. 경기: 공동체.

이인선, 황정임, 최지현, 조윤주 (2017). 가정폭력 실태와 과제. **한국여성정책연구원 연구보고서, 2017**(53), 1-286.

이중희, 구은미 (2016). 이주 아동의 인권에 대한 연구: 교육건과 건강권을 중심으로. **공공사회연구, 6**(4), 297-323.

이하나, 조영태 (2019). 중년 1인가구와 다인가구의 건강행태 및 질병 이환 비교. **보건사회연구, 39**(3), 380-407.

이해국, 이보혜 (2013). 4대 중독 원인 및 중독 예방 정책, 보건복지포럼(2013. 6.).

이화여대 사회사업학과 편 (2000). **가족치료총론. 서울**: 동인.

일요신문 (2014. 3. 5.). 이 주일의 죽음 - 생활고 시달리던 세 모녀 동반자살. https://ilyo.co.kr/?ac=article_view&entry_id=72307

임은의 (2020). 다문화주의 관점의 한국 사회통합정책의 발달과정에 대한 고찰. **사회복지법제연구, 11**(2), 65-92.

임은희 (2004). **사회복지실천론**.

임정문, 김숙경, 나직균, 이승현, 한현지 (2020). **가족복지론**. 서울: 동문사.

장건, 윤승비 (2018). 1인가구와 다인 가구의 소득 불평등과 빈곤 비교 분석. **사회과학연구, 44**(2), 15-37.

장수미 (2001). 알코올중독자 가족의 가족적응유연성 증진을 위한 개입모형 개발. 정신보건과 사회사업.

장수복, 이태희, 유영준, 정희정, 오봉욱, 최세영 (2017). **가족복지론.** 경기: 정민사.

장연진, 김영미 (2021). **가족복지론 -정책과 실천의 통합적 이해.** 서울: 신정.

장화정, 김광혁 (2006). 빈곤과 가족소득이 아동 신체학대에 미치는 영향: 부와 모의 학대를 중심으로. **아동과 권리, 10**(2), 237-258.

정재은, 장재홍 (2017). 청소년이 경험한 부부폭력, 자녀학대, 형제폭력과 학교폭력 가해/피해 간의 관계. **청소년학연구, 24**(5), 179-209.

정진욱, 윤시몬, 채수미, 최지희 (2014). 약물 및 알코올중독 현황과 대응방안. 한국 사회보건연구원.

조흥식, 김인숙, 김혜란, 김혜련, 신은주 (2017). **가족복지학.** 서울: 학지사.

채규만 (2013). **채박사의 중독 따라잡기.** 서울: 학지사

최경석, 김양희, 김성천, 김진희, 박정윤, 윤정향 (2001). **한국가족복지의 이해.** 서울: 인간과 복지.

최규련 (2014). **가족복지론(제2판).** 경기: 공동체.

최명민, 이기영, 김정진, 최현미 (2020). **다문화사회복지론.** 서울: 학지사.

통계청 (2021). 2021. 12.24. 보조자료. 2020 인구주택총조사 표본 집계 결과. 가구·주택 특성 항목.

통계청 (2021). 2021년 사회조사 결과_통계표.

통계청 (2022). 2021년 다문화 인구동태 통계.

통계청 (2022). 2022.12.7. 보도자료. 2022 통계로 보는 1인가구.

통계청 (2022a). 2022. 6. 28. 보조자료. 장래가구추계: 2020~2050년

통일부 (2020). 북한이탈주민 정착지원 시행계획.

하지경, 이성림 (2017). 1인가구의 건강관련 습관적 소비, 생활시간이 주관적 건강에 미치는 영향: 비1인가구와 세대별 비교를 중심으로. **HER(Human Ecology Research), 55**(2), 141-152.

한국가족사회복지학회 (2005). 한국 가족지원서비스에 대한 진단과 향후 발전방안 모색.

한국가족사회복지학회 (2023). 2003년 한국 사회복지학회 추계공동학술대회 자료집.

한국알코올과학회학술부 (2000). 생활 속의 음주문화.

한국임상사업학회 (2020). **가족복지론.** 서울: 신정.

함인희 (1995). **가족과 한국 사회.** 여성한국 사회연구회.

홍봉수, 강해자, 조당호, 김영호, 김남식, 황진유 (2022). **가족복지론(제2판).** 경기: 공동체.

홍승아 (2006). 미국의 보육정책- 시장화 전략과 잔여적 보육정책. 한국여성개발원.

홍승아, 성민정, 최진희, 김진욱, 김수진 (2018). 1인가구 증가에 따른 가족정책 대응방안 연구. **한국여성정책연구원 연구보고서.**

Ballew, J. R. (2001). **사례관리.** 권진숙, 전석균 공역. 하나의학사.

Black, C. (1981). *It will never happen to me.* NY: Ballentine Books.

Bolen, D. W., & Boyd, H. W. (1968). Gambling and gambler. *Archives of General Psychiatry, 18.*

Bowe, M. (1991). **가족치료: 선구자들의 이론과 실제.** 김중원, 강진상 공역. 서울: 하나의학사.

Catter, B., & McGoidrick, M. (1999). *The Expended Family Life Cycle: Individual, Family, and Social Perspectives*(3rd ed.). Boston: Allyn & Bacon.

Catter, B., & McGoidrick, M. (1999). *The Expended Family Life Cycle: Individual, Family, and Social Perspectives*(3rd ed.). Boston: Allyn & Bacon.

Custer, R. L. (1982). An overview of compulsive gambling, In P. A. Carone, S. F. Yolles, S. N. Kieffer, & I. W. Krinsky(eds.), *Addictive Disorders Update.* New York: Human Science Press.

Esping-Andersen, G. (1990). *The Three Worlds of Welfare Capitalism.* Princeton, NJ: Princeton University Press.

Goldenberg, H., & Goldenberg, I. (1998). *Counseling today's families*(3rd. ed.). Brooks/Cole Publishing Company.

Goldenberg, I., & Goldenberg, H. (2012). *Family therapy: an overview.*

Gove, P. B., & Editorial Staff (1976). *Webster's Third New International Dictionary.*

Kashani J. H., & Allan W. D. (1998). *The Impact of Family Violence on Children and Adolescents.* SAGE Publications.

Minuchin, S. (1974). *Families and Family Therapy.*

Nicholi, A. M. Jr. (1983). *The inhalants: An overview.* Psychosomatics.

Parsons, T., & Bales, R. F. (1995). *Family: socialization, and interaction process.* Glencoe, III: Free. Press.

Rubio-Stipec, M. (1991). Children of Alcoholic Parents in the Community, *Journal of Studies on Alcohol, 52.*

Wegscheider-Cruse, S. (1989). *Another Chance: Hope and Health for Alcoholic Family*(2rded.). Science and Behavior Books.

WHO (2002). Toward a Common Language for Functioning, Disability and Health.

Woititz, J. (1983). *Adult Children of Alcoholics.* FL: Health Communication.

Zimmerman, S. (1995). *Understanding Family Policy.* Sage Publications. Inc.

고용노동부. www.work.go.kr/jobcenter.

광주서구 중독관리통합지원센터. www.dsracc.or.kr

국가법령정보센터. https://www.law.go.kr.

다문화가족지원센터. https://www.liveinkorea.kr

법무부 출입국·외국인정책본부. https://www.immigration.go.kr

법제처. https://www.law.go.kr

보건복지부. mohw.go.kr

사단법인 한부모가족복지시설협회. http://www.womenbokji.or.kr/

사행산업통합감독위원회. www.ngcc.go.kr

서울대학교병원. snuh.org

저출산고령사회위원회. betterfuture.go.kr

질병관리청 국가건강정보포털-도박중독. kdca.go.kr

통계청. https://kostat.go.kr

통일부 하나포털. https://hanaportal.unikorea.go.kr/hanaportal

표준국어대사전. https://stdict.korean.go.kr

한국단도박모임. www.dandobak.or.kr

한국외국인노동자지원센터. https://k.migrantok.org

한국중독관리센터협회. kaacc.co.kr.

찾아보기

저자약력

박용오 서정대학교 글로벌융합복지학부 조교수

기은광 서정대학교 휴먼케어서비스과 조교수

탁순자 서정대학교 사회복지과 조교수

이정숙 동두천시가족센터장, 서정대학교 휴먼케어서비스과 겸임교수

조성상 연성대학교 사회복지과 교수

백혜영 수원대/수원여자대학교 사회복지학과 겸임교수

가족복지론

초판발행 2023년 2월 15일 **1판 1쇄 발행** | 2024년 3월 10일 **1판 2쇄 발행**
2025년 3월 10일 **1판 3쇄 발행**

지은이 박용오 기은광 탁순자 이정숙 조성상 백혜영
펴낸이 최용구 | **펴낸곳** 도서출판 **신정**
주소 (04316) 서울시 용산구 원효로 89길 19 (원효로1가)
전화 02)3211-4782, 0266(영업부), 3211-4783(편집부), 3211-4784(팩스)
이메일 shinjeong72@naver.com | **홈페이지** www.sjbook.co.kr
등록 2001년 5월 11일 제13-702호
기획마케팅 최용구 장만동 송대용 최충구 | **책임편집** 석기은 황가연

ISBN 978-89-5912-843-3 93330
정가 22,000원